高等教育"十四五"规划教材

创新创业基础

主　编　王炎彬　孔　原
副主编　邱莉霞　沈文骥　吉敏生

华中科技大学出版社
http://www.hustp.com
中国·武汉

图书在版编目(CIP)数据

创新创业基础/王炎彬,孔原主编. —武汉：华中科技大学出版社，2021.9(2023.2 重印)
ISBN 978-7-5680-7546-6

Ⅰ.①创⋯　Ⅱ.①王⋯　②孔⋯　Ⅲ.①创业-教材　Ⅳ.①F241.4

中国版本图书馆 CIP 数据核字(2021)第 189239 号

创新创业基础
Chuangxin Chuangye Jichu

王炎彬　孔原　主编

策划编辑：	聂亚文
责任编辑：	狄宝珠
责任监印：	朱　玢
出版发行：	华中科技大学出版社(中国·武汉)　　电话：(027)81321913
	武汉市东湖新技术开发区华工科技园　　邮编：430223
录　　排：	武汉创易图文工作室
印　　刷：	武汉开心印刷有限公司
开　　本：	787 mm×1092 mm　1/16
印　　张：	15
字　　数：	403 千字
版　　次：	2023 年 2 月第 1 版第 3 次印刷
定　　价：	45.00 元

本书若有印装质量问题，请向出版社营销中心调换
全国免费服务热线：400-6679-118　竭诚为您服务
版权所有　侵权必究

前言

当前,我国的社会经济发展已经由要素驱动全面向创新驱动转型升级,经济高质量发展迫切需要善于发现问题、善于分析解决问题、具备独立思考能力、敢于创新、能创业、有担当的大学生。在这个"大众创业、万众创新"的时代,每一个创业人都渴望走向成功,然而,创新创业知识技能严重不对称,导致创业成功机会极度不均等。

面对我国经济发展新常态下的新趋势和新特点,本书通过创新创业场景的真实再现,以"复盘＋学习"的方式,提高学生对创业复杂度的认知和对创新问题的敏感度,培养学生的创业意识,并使其形成创新思维。

本书分为4大核心模块,32个真实场景,几乎涵盖了创业初期的各个环节:

(1)认识创新创业:创意获取是起点,创新是科学实践,创业是坚持与进取。

(2)看懂商业规则:市场是落脚点,产品服务是方向,营销运营是方法。

(3)学会创业管理:创业团队是实现梦想的基石,创业融资是成功的杠杆。

(4)熟悉创业计划:创业计划是对创业梦想的科学梳理,创业计划推荐是成功的第一步。

本书编写团队在创新创业关键能力分析的基础上,对一份创业计划按照"商业创意筛选—可行性分析—产业分析—市场分析—营销计划—团队架构—运营(服务)计划—融资计划—项目计划推荐"的过程进行内容的选取。同时,本书在阐述理论知识的同时,着力于打造案例内容的多元化,案例内容涵盖了"互联网＋"背景下国内外不同行业的创新企业案例,例如华为、小米、特斯拉、字节跳动、蚂蚁集团、Costco、三只松鼠、Netflix、谷歌、京东、美团点评、拼多多、携程等,使本书更具时代性。

在内容结构方面,本书设有"引导案例",使读者能够对每一节内容先有一个生动的感性认识;在每一节中间,穿插安排了各类案例和前沿动态,以加深读者对知识点的理解与认识。本书还设有"拓展延伸"模块,其中的内容是与读者分享的"干货",例如风险清单等,读者可以根据"拓展延伸"的内容进一步完善自己的创业计划书。

为方便教师教学和学生自学,本书配有江苏省在线开放课程"由创意走向创业——带你玩转创业计划"等全套课程资源,读者可以通过扫描二维码的形式观看相关的课程资源,提高本书的可读性和综合阅读体验。

本书在编写过程中参考了与本书主题相关的文献,吸取和借鉴了同行的相关研究成果,在此向有关作者表示衷心的感谢。

　　本书由王炎彬,孔原任主编,邱莉霞,沈文骥、吉敏生(海澜之家集团股份有限公司人力资源部总监)任副主编。本书是相关高职院校与企业倾力合作和集体智慧的结晶。尽管在本书的特色建设方面我们做出了很多努力,但由于水平所限,书中难免有不当之处,恳请各相关高职院校和读者在使用本书的过程中予以关注,并将意见或建议及时反馈给我们,以便修订时完善。本书作者的邮箱是:wybjsit@163.com,欢迎在线交流。

编　者
2020 年 10 月

由创意走向创业——带你玩转创业计划

目录

第一章　导论：创业维艰，唯创不变 …………………………………… (1)
　第一节　创业是一种态度 …………………………………………… (4)
　第二节　创业有多难 ………………………………………………… (6)
　第三节　创业计划让梦想照进现实 ………………………………… (8)

第二章　创意的形成：创意唯新，创新唯实 …………………………… (13)
　第一节　商业创意的源泉 …………………………………………… (16)
　第二节　获得商业创意的方法 ……………………………………… (18)
　第三节　创新模式与可行性分析 …………………………………… (21)

第三章　行业分析：把握趋势，拥抱蓝海 ……………………………… (25)
　第一节　行业分析框架 ……………………………………………… (28)
　第二节　行业分析方法 ……………………………………………… (37)

第四章　市场分析：找准定位，细分市场 ……………………………… (49)
　第一节　市场现状 …………………………………………………… (51)
　第二节　市场细分与目标市场选择 ………………………………… (56)
　第三节　消费者购买行为与市场竞争 ……………………………… (62)

第五章　商业模式：设计体验，制定路径 ……………………………… (75)
　第一节　商业模式概述 ……………………………………………… (78)
　第二节　商业模式画布 ……………………………………………… (83)
　第三节　市场中的常见商业模式 …………………………………… (89)

第六章　营销计划：制定策略，形成品牌 ……………………………… (96)
　第一节　营销策略 …………………………………………………… (98)
　第二节　营销模式 …………………………………………………… (107)

第七章　团队管理：组织架构，塑造文化 ……………………………… (115)
　第一节　组建创业团队 ……………………………………………… (117)
　第二节　组织结构与岗位设置 ……………………………………… (126)

  第三节 创业团队管理 …………………………………………………… (133)

第八章 创业融资：合理杠杆，计划融资 ………………………………………… (141)
  第一节 创业融资渠道 …………………………………………………… (143)
  第二节 创业融资过程 …………………………………………………… (149)
  第三节 财务预测 ………………………………………………………… (153)

第九章 公司治理：创业不易，守业更难 ………………………………………… (165)
  第一节 公司治理的概念 ………………………………………………… (167)
  第二节 股权结构 ………………………………………………………… (172)
  第三节 股权激励 ………………………………………………………… (177)

第十章 创业风险：有效识别，合理控制 ………………………………………… (184)
  第一节 风险的相关概念 ………………………………………………… (186)
  第二节 风险管理 ………………………………………………………… (191)
  第三节 初创企业面临的一般风险 ……………………………………… (197)

第十一章 创业计划推荐：实践真知，落地见效 ………………………………… (205)
  第一节 创业者创业计划推荐准备 ……………………………………… (210)
  第二节 大学生创业计划演讲 …………………………………………… (213)

第十二章 创业计划解析：他山之石，可以攻玉 ………………………………… (217)
  第一节 创新创业类大赛解读 …………………………………………… (221)
  第二节 大学生创业计划解析 …………………………………………… (224)

参考文献 ……………………………………………………………………………… (230)

第一章
导论：
创业维艰，唯创不变

> 发展是第一要务，人才是第一资源，创新是第一动力。
>
> ——习近平

知识目标
理解创新的内涵和意义；
掌握创新的科学思维方式。

能力目标
掌握创业计划的编制方法。

素质目标
培养守正创新的企业家精神和勇于实践、艰苦奋斗的创客精神。

创新创业基础

引导案例 从0到1，从1到N

> 创新始终是推动一个国家、一个民族向前发展的重要力量，也是推动整个人类社会向前发展的重要力量。
>
> ——习近平

创新是世界经济长远发展的动力，不论是技术创新、商业模式创新，还是机制体制创新，都能深刻改变世界，影响人们生活。抓住了创新，就牵住了牵动经济发展全局的牛鼻子。

习总书记指出，"创新始终是推动一个国家、一个民族向前发展的重要力量"。实施创新驱动发展战略，是应对发展环境变化、把握发展自主权、提高核心竞争力的必然选择，是更好地引领我国经济发展新常态、保持我国经济持续健康发展的必然选择。

一、创新是从0到1，复制是从1到N

从0到1是从无到有的过程，在商业上就是通过技术创新、模式创新，给人类带来更多的可能性，创造新价值。以技术创新来说，可以在水平方向上照搬已经取得的成功的经验，进行复制，直接从1跨越到N，也可以在垂直方向探索尝试从未做过的事，探索由0到1的新方法。比如，你根据一台打字机造出了100台打字机，那仅仅是水平方向上的进步；如果你根据一台打字机创造了一台文字处理器，那你就取得了由0到1的垂直方向上的进步。

从宏观上来看，改革开放四十多年，中国经济取得了巨大成功，全球化是一个很重要的支撑，全球化更多表现为水平复制而不是垂直进步。按照从1到N的全球化方式竞争，商业的技术优势、品牌优势无法形成，单纯比拼资源和劳动力优势，我们就无法获得经济的可持续高质量发展。

二、从0到1对创新创业的重要性

从0到1就是从无到有，这也意味着企业要善于创造与创新，要能够借助技术专利、网络营销、市场规模、品牌等要素形成"护城河"，从而实现质的垂直性层级跨越，创造出一片只属于自己的蓝海，并成为市场中的唯一成员，这样才可以使企业获得丰厚的利润。从整个商业角度来说，从0到1的模式开拓了非零和博弈的疆域，给市场创造了新价值。所以，从1到N仅仅是复制，难以创造新的价值，以至于在更多的时候成为低质量山寨模式的代名词。

经济学上完全竞争和垄断经营这两个商业模型是常被讨论的经典问题。完全竞争是一种理想的经济状态，指的是在供求相当时达到平衡，处于竞争市场中的企业都没有市场支配力，企业之间销售的也是同样的产品，产品定价由市场来完成，只要有利润就会有源源不断的新企业涌入，如果进入的企业太多，就会有一部分企业亏损或倒闭，最终价格回升到可维持的水平。从长远角度来看，完全竞争状态下没有企业能获得经济利益。垄断经营则恰恰相反。垄断可以通过获得政府特约、技术创新等方式获得，我们这里说的垄断主要指通过从0到1的技术创新形成。垄断经营一方面给企业带来了超额的利润，另一方面可以为创新发展提供持续的动力。

竞争企业的问题远远不止利润问题，想象一下，如果你创办了一家餐馆，这家餐馆与市面上其他餐馆相比并没有什么差异，那你就必须费尽心力将餐馆维持下去。如果想要薄利多销，那

第一章

导论：创业维艰，唯创不变

么自己获利就少，只能给员工发低工资，不得不减少在创新等方面的投入，着眼于短期利益。类似谷歌、腾讯、字节跳动等技术创新型垄断企业则不同，它们不用担心和别的企业竞争，这也使得它们有更多的自主权去关心员工、产品和更广阔世界里的影响力以及不断迭代的技术创新。

因此，在完全竞争中，企业很难对未来进行长期规划，要想将企业从日常的生存竞赛中解放出来，只能通过技术研发、模式创新等创新方式，构筑企业的"护城河"，找到属于企业自身的蓝海。

三、从0到1创新创业的实现

托尔斯泰在《安娜·卡列尼娜》中写道："幸福的家庭总是相似的，不幸的家庭各有各的不幸。"这句话在商业世界里是行不通的，企业成功的原因或许不同，但失败的原因却出奇地一致——它们都无法逃脱惨烈的市场竞争。此时，创业成功的企业要在市场生态中生存，就必须找到特有的生态位，获得持续进步的能力。找到生态位的过程中，相比已有规模的企业，很多时候初创企业更有活力。

（一）初创企业更容易实现从0到1

很多我们耳熟能详的创新型公司都是由小企业快速成长起来的，它们的共同特征就是技术创新。初创企业往往是科技创新的诞生地，因为在大企业中所有的组织都已经固化，组织机构臃肿，官僚阶层行动迟缓，效率低下，既得利益者不愿冒险，使得大企业很难迅速发展。相反，初创企业因为规模小才有思考的空间。它们更敢于质疑现有的观念，从零开始审视自己从事的业务。

柯达就是一个最好的例子。早在1975年，柯达便研发出世界上第一台数码相机，比索尼第一台数码相机早了6年，这本该是它开启数码时代的按钮，可是，世界上第一台数码相机却被柯达雪藏了，因为它的管理者固执地认为这台数码相机的研发会影响现有传统胶卷的销售，既得利益或者说原来的优势阻碍了公司的技术创新，最终导致了柯达相机破产的悲剧。

（二）初创企业如何实现从0到1的创业

从0到1的创业，核心是考虑如何形成具有特色的垄断优势，通常我们需要从专利技术创新、网络效应、模式创新及品牌优势等方面思考拓展。

1. 专利技术创新

专利技术创新是企业最实质性的垄断，它可以使企业的产品很难被别人所复制。例如，百度的搜索算法，超短的页面加载时间和超精准的自动查询增加了核心搜索产品的文件和防御能力。再如，字节跳动的今日头条，基于人工智能支撑用户喜好的推送等。判断专利技术是否具有实质性作用，通常我们采用10倍标准，也就是说专利技术必须比最相近的替代品好10倍。

2. 网络效应

网络效应指的是一项产品会随着用户数量的增加而变得更加有用。Facebook最初也仅仅是在哈佛大学的学生群体中流行，马克·扎克伯格设计这个产品也只是为了让他的同学注册，而不是面向全球的使用者。网络效应告诉我们，创业的时候，最初的市场一般都不会很大，甚至在很多时候看上去根本不像一次商机，如果你自己觉得市场切入点太大了，那一定就太大了，创业的切口要"小而美"。

3. 模式创新

模式创新的本质是商业模式的创新设计，以实现规模经济。开发产品的固定成本，在规模批量情况下会通过有效分摊,实现规模经济效益。一个创业企业在设计规划初期,就应该考虑未来大规模发展的可能性和发展潜力。

4.品牌优势

打造一个强势品牌是形成垄断的有效途径,正如国内最强势的科技品牌华为所推出的折叠屏手机,其极具吸引力的外观、一流的用料、时尚简约的设计、极致的用户体验、无处不在的广告、优质产品该有的价格以及任正非的科技创新和艰苦奋斗的企业家精神,都是华为塑造品牌的方式。小米也是极好的例子,用户参与系统开发、工程师担任客服构建米粉群、创建极致的用户体验、高性价比以及雷军"雷 boss"的魅力演讲,都使小米获得了垄断优势,实现了 10 倍增长。

思考题:

创新是从 0 到 1 的过程,良好的创新提高了创业成功的概率,你的项目在哪些方面体现了从 0 到 1 呢?

第一节　创业是一种态度

当今社会中,正在创业和准备创业的人很多,然而相当一部分人对创业并不理解,或是存在很大的误解。有人认为,创业就是找几个朋友开一家公司,策划一下方向,印几盒名片,就可以开门迎客了。如果你认为这就是创业,那就大错特错了。

一、创业的精神

很多时候,创业是一种人生的态度,是一群人为了实现梦想而孜孜不倦地奋斗,拼尽全力、精益求精,是工匠精神,也是永远热血沸腾,永不满足现状的艰苦奋斗的创客精神,是守正创新、敢于担当、善于组织协调的企业家精神。

(一)想方设法求突破、精益求精的工匠精神

工匠精神是一种信仰,当一个人将工作视为信仰,充满对工作执着、热爱的职业精神,秉持着对工作的敬畏之心,把职业当事业,精益求精、一丝不苟、专注敬业地去追求一种人生的极致,那么获得最终的成功是必然的。创新是工匠精神的重要内容,工匠技艺和精神的传承本身就是一个不断学习、不断完善、不断提高、不断创造的过程。例如,无锡微研股份有限公司的"工匠"陈亮和他的科技团队始终秉持技能报国的初心,在一次次"1 微米"的任务中,想方设法求突破,精益求精,力求打破国外技术垄断。2014 年,他们与清华大学合作承接国家 863 计划重点项目。在没有经验可循的情况下,陈亮带领他的团队在短短半年内就研制出国内首个具有自主知识产权的高精密微喷孔加工装备,直接创造产值上亿元。

(二)吃苦耐劳、艰苦奋斗的创客精神

创业的场景不是影视剧中呈现的"穿着西装革履,喝着咖啡、谈着项目",也不仅仅是"项目路演,PPT 展示分享",更多的时候,创业是坚持,比的是创业者艰苦奋斗的拼搏精神。例如,

第一章
导论：创业维艰，唯创不变

1960年大庆油田建设期间，从玉门调运到大庆的60多吨重的钻机设备无法卸车、搬运和安装，铁人王进喜对工作同伴说："有条件要上，没有条件创造条件也要上。只能上，不能等；只准干，不准拖！"在王进喜的带领下，工人们把钻机化整为零，采用人拉肩扛的办法，连续苦干三天三夜，没离开车站和井场，终于按计划完成了大庆油田的建设任务，为国家新时期社会主义建设做出了巨大的贡献。

（三）守正创新、敢于担当的企业家精神

1978年11月24日，小岗村民召开秘密会议，小岗村生产队的18个农民，冒着坐牢的风险把队里的土地分到了户，首创"大包干"联产承包责任制，这18个人用"托孤"的方式立下生死状，分田到户，"大包干"由此开始。干一番事业，即创业，需要创业者有勇于创新的勇气和敢于担当的气魄，创业时我们需要具备企业家精神。

二、大学生创业的正确认识

创业是一种态度，是大学生对当下的把握，对未来发展的期许。

（一）树立创业的心态

作为一个在校大学生，如果你不满足于修够学分，更不满足于考试及格，而是用很多时间和精力去学习新工具软件，去关心创新创业前沿技术，去参加导师的产学研项目，提升自己的实践能力，这就是树立了创业心态。

（二）保持创业的心态

创业不是今天注册公司，明天就能上市，后天市值就能赶超腾讯、阿里的，相反，中国当下的市场竞争非常激烈，一个初创企业的生存压力非常大，如果创业者没有经验与资源，那么再好的创意和创新都无法获得成功。所以，大学生不要冲动式创业，如果有创业的心态和想法，可以加入一家创业公司或是种子公司，去学习并感受创业。从某种意义上来说，拥有并保持创业心态的企业员工，就是一名创业者。

（三）认知自我，融入团队

世界上有两类人，其中一类人非常罕见，他们有领导力与领袖风范，只要给他们一个合适的时机，他们就能组建一个团队并搭建一个平台，这类人天生适合创业。绝大多数人并不属于此类，一般创业者要想有所成就，一定是需要合伙人和创业团队的。因此，对绝大多数人来说，加入创业团队是最好的选择，大家团结在一起，照样可以做一番大事。例如，1999年马云和他的阿里巴巴团队在杭州湖畔创业，马云作为阿里的精神领袖，指引了企业的发展方向，团队则是阿里发展的根本动力来源，最终，阿里团队创造了伟大的商业传奇。

（四）延迟满足，坚持梦想

一个创业者必须胸怀梦想，创业者的出发点必须是要做一个有价值的产品，而不仅仅是提高自己的生活质量。如今移动互联网、万物互联、区块链等各种概念更迭快速，对于创业者而言，需要不断学习和积累，只有创业者胸怀梦想，才能让自己保持创业的热情。

2019年11月18日，雷军的金山办公软件股份有限公司上市，公司开盘市值超600亿元。如果说"金山办公"你不熟悉，那说"WPS"你一定知道。软件行业的人会说："因为有WPS，才让

微软在中国乃至世界办公软件市场不敢掉以轻心。因为WPS,让全世界了解到在中国还有一家公司能和微软抗衡。"雷军开创中文办公系统WPS项目,是他18岁在武大读书期间,读了《硅谷之火》之后立下的发展目标。引用雷军的原话:"我的内心有一团火焰燃烧起来,很难平静,在操场上我奠定了一个梦想:日后一定要做一个伟大的人。"这个创业项目从立志到成功上市前前后后经过了31年,雷军一直坚持自己的梦想没有放弃。

第二节 创业有多难

创业者参与市场竞争,首先需要知道企业的定位在哪里,竞争对手在哪里。知名营销专家梁宁把企业分成四种,即草莽企业、腰部企业、头部企业和顶级企业。草莽企业依靠抓住市场中的某一个机会,崭露头角,大部分初创企业都是这样开始的。随着初创企业自身核心能力的不断强化,一部分企业会在市场中找到企业自身的生态定位,成为腰部企业。例如,创建微信公众号制作者比较熟悉的第三方编辑软件秀米等企业伴随微信公众号而生,以特有的便捷性和专业性赢得了自媒体从业者的青睐,找到了自己的生存空间。还有一小部分企业则会依靠自身的技术创新或模式创新优势,快速发展成为在某一领域拥有主导权的头部企业,如互联网视频领域快速崛起的抖音和今日头条。然而,更多没有核心优势、没有定位的初创企业,最终起于草莽、归于草莽,被市场无情地淘汰。

一、市场特色定位是初创企业生存的首要条件

2017年美团发布的《中国餐饮报告(白皮书2017)》显示,北京有20.4万家餐馆,2017年关门11.4万家,新开张8.5万家。广州、成都等20个城市的数据也大致如此。也就是说,中国一个城市的餐馆,一年内有将近一半关门,再有新的餐馆开张,然后再关、再开。中国餐饮业的市场统计,也是中国草莽企业创业的真实写照。

初创企业不想卑微地活着,就要把根扎下去,要有更长线的、稳定的资源,需要形成自有的特色定位,就像物种在自然生态中找定位一样,初创企业要在市场中找到自己的生态定位,至少形成一个有核心价值输出的腰部企业。例如,我们在生活中仔细观察社区服务可以发现,身边社区的很多餐厅也都是今年开、明年关的,但也有那么1~2家餐厅,长期驻扎在社区,而且经营状况还非常好。应该说,这些餐厅一定有其特色的核心优势,这样的优势使它们拥有了自身的一个生态定位。

我们继续来看餐厅创业项目的例子。梁宁在她的"增长思维30讲"中,给大家分享了云海肴和茶马古道的案例。2009年,北京有两个云南菜馆,一个装修得很高大上,叫茶马古道,另一个则是云海肴。这两个企业都是初创企业。到了2019年,茶马古道已经消失,而云海肴开了300家分店,已经是找到自己生态位的腰部企业了。两者为何有这么大的差别?梁宁认为,这两个项目至少有一个关键选择不同,就是企业附着生态环境不同。茶马古道附着在北京后海,后海风光秀丽,环境很好;云海肴只在城市综合商业体里开店。过去10年,中国消费升级,零售业

态改造,其中一个变化是全国开了8000多家城市综合商业体,而每开一个都要组建餐饮类项目。云海肴有一个核心能力,就是与商场的对接能力,让这些城市商业结合体引入云海肴的整个流程无比顺畅。对比两家餐饮企业的定位选择,茶马古道是在风光美丽的北京后海,顾客去的时候感觉很好,但由于北京的冬天很冷,后海要冰冻,其实这个环境只能利用半年;而云海肴附着的城市综合商业体不仅不受季节影响,还是整个城市中新崛起的大流量。两者生态附着一对比,差距就非常悬殊了。

二、互联网时代的跨界融合是一把双刃剑

草莽企业如果找不到赖以生存的生态位,企业消亡就是必然的趋势,但找到了市场定位,在竞争中就没有危机了吗?答案是否定的。我们所处的时代被形象地归纳为"物大云智"时代,以信息技术为代表的技术革新快速改变着技术和商业模式。互联网时代的跨界融合一方面给商业创新创业带来了巨大的机会,理论上来说,所有的传统行业都可以用互联网的方式重新来塑造;另一方面,跨界融合也通过"跨界攻击"的方式,扮演"家门口的野蛮人"。拿电视行业来说,海信一直以为它的竞争者是TCL,结果做手机的小米,做播放软件的暴风影音,竟然都开始做电视了。网易做互联网的,竟然开始养猪。阿里不仅是天猫,腾讯不仅是QQ,它们已成为新基建的领头羊,正在打造物联网时代的自来水公司和供电公司,也开始介入工业和商业的方方面面。

梁宁在"增长思维30讲"中分享的格瓦拉的创业案例非常典型。现在很多人可能已经不知道格瓦拉了。它曾经是中国最早一批做互联网电影票线上选座的公司,专业度和用户体验都做得很好。2010年以前,看电影都是到了电影院再排队买票,由售票员给你选座。售票员使用的电影票选座系统是由专门的软件公司做的。不同院线用的系统不一样,也不互联互通。2010年有一家叫火凤凰的公司,打通了上海所有影院的订票系统,并向互联网企业开放。这时候,格瓦拉与其他几个网站,都拿到火凤凰的系统接口,可以对上海用户提供网上订票选座服务。与此同时,公司制造了自助取票机这个硬件设施,帮助顾客完成自主买票、取票,形成体验闭环,构建了增值服务体系,找到了企业自身的位置。然而,随着订票系统的全国联通,格瓦拉并没有走出上海、快速扩大到全国,而是消失了。原因很简单,前期订票系统仅仅是上海互联互通的时候,市场还不够大,愿意进入的企业比较少。当全国订票系统都被打通的时候,面对这样一个超级市场,腾讯和阿里就开始"下场"了,这两个顶级企业不仅有流量优势、支付优势,更有强大的资源优势。比如,当年使用9.9元高补贴电影票优惠活动,就直接把格瓦拉"清理出场",终结了其在这个领域的竞争,现在我们看到的都是腾讯猫眼电影和阿里的淘票票电影了。这个案例告诉我们,获得生态位、提前出发布局的企业,随着技术发展、市场规模扩大,还面临着来自对手、来自潜在进入者等多方面的竞争,企业创业生存真的不容易。

三、初创企业生存发展的七个问题

初创企业想要真正在市场中站稳脚跟,必须要想清楚以下七个问题。

(一)工程问题:你是具备突破性的技术还是仅仅稍有改进?

工程问题,优秀的创业企业,其拥有的专业技术应该比最相近的技术高一个数量级别,只有10倍地改进产品才能带来明显的优势,吸引客户注意,比如,你开发了新的风力涡轮机,比现有的技术效率高20%,这是实验室数据,听起来不错,但实验室数据在进行推广时还要考虑新产品

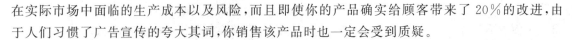

在实际市场中面临的生产成本以及风险,而且即使你的产品确实给顾客带来了20%的改进,由于人们习惯了广告宣传的夸大其词,你销售该产品时也一定会受到质疑。

(二)时机问题:现在开创事业时机合适吗?

创业赶早真不如赶巧。反观格瓦拉的创业,当市场很小的时候企业生存、发展得很好,但当市场规模快速扩大的时候,企业反而因为腾讯和阿里的"下场"博弈瞬间出局了。因此,对于初创企业,找到合适的市场机会,是能否创业成功的重要条件。

(三)垄断问题:创业项目是在一个小市场抢占大份额吗?

初创企业在创业之初就必须清楚,自身产品功能是否能击中消费者的痛点,是否能为客户创造超出预期的增值服务,以及这个市场是否是小而美的领域。在大市场中初创企业是不具有竞争力的。

(四)人员问题:你有合适的团队吗?

每一个成功的企业背后都有一支优秀的创业团队,这个团队是技术能力和销售能力、理性和感性并存的优秀团队。

(五)销售问题:除了创造产品,你有没有办法销售产品?

真正的销售不是西装革履到处跑,很多时候最佳销售员总是深藏不露。和演戏一样,不露声色、会讲故事的销售员才是最佳销售员。市场营销行业有一个经典的描述:推销广告的人被称为业务经理,推销客户的人被称为业务开发员,推销公司的人被称为投资银行家,推销自己的人被称为政治家。这种称谓的改变,大有道理。

(六)时间问题:未来10年或20年,你是否能够保住自己的市场地位?

成功的创业者应该做好做自己特定市场的坚守者的准备,在刚开始创业时就要问自己:10~20年后世界会是什么样?我的企业如何才能与之相适应?

(七)秘密问题:你有没有找到一个其他人没有发现的独特机会?

秘密分为两种,分别是关于自然和关于人的。自然界的秘密是无处不在的。思考要成立哪种企业,需要问自己两个不同的问题:自然没有告诉你的秘密是什么?人类没有告诉你的秘密又是什么?

初创企业要在市场中生存,会遇到来自各个方面的挑战,互联网时代的不确定性进一步加大了企业生存的难度。对此,初创企业不仅需要思考自身生态环境中的生态位,还必须做好长线资源布局考虑,充分考虑创业项目的天时、地利、人和,以使企业获得最佳的发展。

第三节 创业计划让梦想照进现实

很多时候,好的创新创意就来自深夜时分期望改变世界的灵光乍现,一份好的创业计划则可以让梦想照进现实。那创业计划的作用是什么呢?

一、编制创业计划的意义

(一)理性筛选创意,合理化创业方案

进入新时代,消费者对健康形体的需求日益迫切,但传统的室内健身训练比较单调乏味,假如我们希望在这个方面进行一个运动品牌的创业项目计划,这个创业项目计划通过增加体育社交属性来提高体育锻炼的趣味性,为此我们需要购置训练设备,安装一些播放器,可以让用户模拟各种各样的运动类型,并自我矫正自己的运动状态,还可以和虚拟的竞争对手来展开一种互动的健身比赛。那么,大家可以设想一下,如果我们开展这个项目的创业,我们会遇到哪些问题?

仔细思考后,我们还需要去分析、回答这些问题。这样的一个创业项目,它的目标客户是谁?它的市场规模有多大?比如说创业周期是五年,每年应该开发多少用户才能做到收支平衡?营销团队应该怎么进行架构?所需设备应该采用什么样的选型标准?怎么去进行投入?这些都值得我们在创业之初进行深入的分析。

创业的梦想和创业过程中遇到的实实在在的问题必定会产生冲突,这个时候,准备一份创业计划,理性筛选创意,把握机会,合理化创业方案,可以显著增加创业的成功率。

(二)增加团队成员信心,获取创业支持

创业计划也是一个企业的推销文本。它能让初创企业向风险投资方、商业孵化中心、潜在的合作伙伴等展示企业自我。业界流行这样一种说法,资本市场永远不差钱,缺的只是有创新、有创意的项目。

作为推销文本的创业计划,有助于初创企业可靠性的塑造。大家可以设想这样一个场景,假设你是一位天使投资人或者风险投资商,并有足够的钱投资一家新企业,在一次大学生创业竞赛中,你发现有两个项目值得进一步了解。然后,你联系了第一个项目的创业者要求他提供创业计划,但他还没有真实的创业计划,只是希望和你详细谈谈他的创业想法;联系第二个项目的创业者,他很快就把一份详细的创业计划和详解企业价值的PPT发到了你的个人邮箱,计划简约但切中要害。这个时候,大家一定会选择第二个项目的创业者,因为他提供的不仅仅是一份创业计划,还有这个项目创业的具体信息,同时,这些资料也表明他对创业的每个要素经过了认真的思考,并且花费了足够的时间和精力,特别是足够的责任感,去投入到创新创业的过程中,所以对投资者来讲,第二个项目的创业者相对而言是更值得关注的。

创业计划的编制有一些基本的原则,作为一个初创企业者,应该按照传统的结构与模块,有目的、有步骤地开展创业计划的编制。

二、创业计划指南

(一)创业计划的结构和体例

为方便投资者阅读创业计划,最好按照一般的结构进行撰写,确保创业计划的阅读者能够很容易地找到关键信息。创业计划的具体结构将在后文进行介绍。

创业计划如何能在众多商业计划中胜出,必要的包装是不可少的,通常可以按照"精致简约"的标准进行包装。比如给企业计划设计一个精美的徽标,这会给人细致的感觉,在吸引阅读

者眼球的同时,给投资人塑造良好的印象,但要注意,过度运用某些设计工具或者包装,会使创业计划显得业余,不够专业。

一份好的创业计划,应当遵循一个重要的原则,就是要传递一个清晰易懂的创业计划故事。这个故事要求简洁准确地说明"要做什么""将怎么做"。

(二)创业计划的红色标记

投资者在阅读创业计划时,会在创业计划中存在瑕疵的位置用红色笔做标记,一般称为"red flags",这在很大程度上会影响创业计划的作用。一般创业计划的红色标记容易因以下几个方面而出现:

第一是创业者没有任何资金储备就在尝试创业。如果创业者自己都不愿意付出资金来进行创业,那其他人又为什么要为创业项目买单呢?

第二是计划缺乏引证。创业计划应该建立在有力的证据和充分的调研基础上。

第三是界定的市场规模过于宽泛,一般表现在对目标市场界定不明确。一个新创的企业,它的切口必须要小,创业者必须明确要解决什么问题,聚焦在哪一个细分市场(或者是产业类的一个特定市场),只有从小的做起才有可能扩展成大规模。

第四是财务分析过于大胆,通常表现为财务分析的理由不充分或者盲目乐观,失去了基本的可信度。

第五是隐藏或者回避不足之处,通常新创建的企业容易在创业计划中试图掩饰或者回避自身的不足。

另外,创业计划让投资者读起来很费劲,错字连篇,出现不平衡的资产负债表,排版的细节问题以及冗长或空洞的内容,都会极大地降低创业者的专业可信度。

(三)创业计划的过程

创业计划一般可以分为三个部分:第一部分是前期的工作;第二部分是创业计划的编制;第三部分是创业计划的推荐。

在制订创业计划的初期,我们首先要完成商业创意的形成与筛选,要对可行性分析进行有效的判断。创业计划的第二部分包括创业计划的前景描述、产业分析、市场分析、营销计划、团队架构、产品运营和服务开展,以及必要的融资财务结构等方面的内容。最后一部分是创业计划的推荐,创业计划的成功必要的条件之一就是要能引起潜在投资者的兴趣。良好的创业计划推荐是保证创新创业成功的重要条件。

三、个人目标与创业计划

古代西方有一句谚语叫"小心你的许愿",这在生活领域和创业活动中都是极为正确的。我们开始编制创业计划的时候,必须和个人目标进行对接。例如,有的创业者希望拥有企业的同时还希望有足够的时间用于休闲和家庭活动,这时创建一个风险资本支持的企业,就是一种错误的选择,抱有这种想法的创业者更加适合的是在某一个细分市场上去创建一个新的企业,在大型企业竞争者尚不充分的市场缝隙中获取收益,在这类创业者编制企业的创业计划时,可侧重于从朋友、家人甚至领导处获得资金支持。相较而言,另外一部分创业者则更倾向于在高压环境条件下奋斗,他们所追求的是获得更多的金钱,属于这一类的创业者更适合创办风险资本型的企业。

很多时候放弃创业决定,不失为一种成功的行为。主动放弃并不意味着失败,应该说善于处理失败的创业者才是最成功的创业者。古人云,善败者不亡。善败者就是能够正确对待失败的人,善于在失败中总结经验的人才是最有希望获得成功的。创业者必须能够正确看待顺境与逆境:顺境时多勤谨、求胜果、守胜局;逆境时争小败、肯隐忍、蓄能量。如果非败不可,那就去做一个"善败者",安下心来,等待时机。古代有司马懿,现代有大家熟悉的史玉柱等好多企业家,都是典型的案例。

创业术语

非零和博弈(non-zero-sum game)是一种合作下的博弈,博弈中各方的收益或损失的总和不是零值。在这种状况下,自己的所得并不与他人的损失大小相等,自己的幸福也未必建立在他人的痛苦之上,即使伤害他人也可能"损人不利己",博弈双方存在"双赢"的可能,进而达成合作。

生态位(ecological niche)是指一个种群在生态系统中,在时间、空间上所占据的位置及其与相关种群之间的功能关系与作用。

痛点(pain point)是指消费者在体验产品或服务过程中原本的期望没有得到满足而造成的心理落差或不满,这种心理落差或不满最终在消费者心智模式中形成负面情绪爆发,让消费者感觉到"痛"。

企业孵化中心(business incubator center)是一种新型的社会经济组织,也称企业孵化器。孵化器本义指人工孵化禽蛋的专门设备,后来引入经济领域,指通过提供研发、生产、经营的场地,通信、网络与办公等方面的共享设施,系统的培训和咨询,以及政策、融资、法律和市场推广等方面的支持,降低创业企业的创业风险和创业成本,提高企业的成活率和成功率。

本章小结

1. 创业者需要有想方设法求突破、精益求精的工匠精神,吃苦耐劳、艰苦奋斗的创客精神,以及守正创新、敢于担当的企业家精神。创业是一种态度,大学生应当树立创业的心态,保持创业的心态,认知自我,融入团队,延迟满足,坚持梦想。

2. 初创企业要真正在市场中立足,创业公司必须要回答以下七个问题,即工程问题、时机问题、垄断问题、人员问题、销售问题、时间问题和秘密问题。

3. 编制创业计划可以帮助创业者理性筛选创意,合理化创业方案,还能增加团队成员信心,获取创业支持。创业计划一般可以分为三个部分:第一部分是前期的工作;第二部分是创业计划的编制;第三部分是创业计划的推荐。

思考与讨论

1. 通过网络检索并了解雷军的创业史,谈谈你的感受。

2.在实际商业运营中,哪些企业是草莽企业?哪些是腰部企业?哪些是头部企业?你认为如何才能实现从草莽企业向头部企业的升级?

3.找一份创业计划试着阅读一下。这份创业计划的项目推荐对你有吸引力吗?

学生分为若干组,各组利用头脑风暴的方法,对以下问题提出不同的看法,并尽量多地将它们列示出来。

讨论问题:作为创业者,你应该如何将你的个人目标与创业计划紧密联系在一起?

第二章

创意的形成：创意唯新，创新唯实

> 创意有如原子裂变，每一盎司的创意都能带来不计其数的商业奇迹和商业效益。
>
> ——比尔·盖茨

创意是有创造性的想法和构思，也是一种突破。在创业活动中，一个好的创意，往往是企业通向成功的必备要素，而当一个企业失去了创意，一旦停顿下来就意味着落后。

知识目标
理解第一性原理和创意的形成规律；
掌握创意形成的基本方法。

能力目标
学会创新创意的筛选和方案可行性分析。

素质目标
培养创业者的逻辑思维和独立思考的能力，提升科学创新基本素养。

引导案例　第一性原理与马斯克颠覆式创新

> 如果你真的想做一些新的东西出来,就必须依赖物理学的方法。创业者应该运用第一性原理思维而不是比较思维去思考问题。
>
> ——埃隆·马斯克

一、第一性原理与马斯克的颠覆式创新

(一)第一性原理

第一性原理也可以被称为"第一原理",最早可以追溯到古希腊哲学家亚里士多德提出的哲学观点"每个系统中存在一个最基本的命题,它不能被违背或删除"。所以,它是一种创新思维的方式,也是解决复杂问题和产生原创解决方案最有效的策略之一。在生活中,我们总是在观望,看到某一件事已经有人做过了或是正在做,我们也去做同样的事情,这样做的结果只能是产生细微的迭代发展。运用第一性原理的思考方式是从物理学的角度看待世界,它指导我们一层层剥开事物的表象,看到里面的本质,然后再从本质一层层看清事物。

(二)马斯克的颠覆式创新

马斯克被称为"一个将世界远远甩在身后的人",他是 SpaceX、特斯拉及 PayPal 三家伟大公司的创始人,一手缔造了世界上最大的网络支付平台,实现了私人企业成功发射火箭的壮举,还打造出了世界领先的电动汽车品牌。马斯克在谈个人创业体会时,讲得最多的理论就是第一性原理。

马斯克在特斯拉汽车研发的早期,遇到了电池成本过高的问题,在当时,储能电池的价格是 600 美元/千瓦时,85 千瓦时电池的价格高达 5 万多美元。这时,马斯克的第一性原理"登场"了,他抛开了电池的价格回到了问题的本质,即"电池是由什么构成的?""无论如何也减不下去的电池成本是什么?"。按照第一性原理思考,电池是由包括碳、镍、铝和一些聚合物在内的物质组成。马斯克惊喜地发现,假设特斯拉研发团队从伦敦金属交易所购买这些原材料然后自行组合成电池,成本竟然低至 80 美元/千瓦时,其他溢出的成本都源于人工协作,马斯克认为其中有很大的可优化空间。比如,可以通过将生产部分迁移出美国以规避昂贵的税费;可以通过大规模量产将某些昂贵的技术路线的价格降下来;可以通过改变和优化设计来弥补原有模块的设计缺陷。回到物理学的角度看电池这个产品,既然它是一些金属的组合,就有可能使它的价格无限趋近于这些金属原材料本身的价格。

同样的思路,在埃隆·马斯克的另一个创业项目——造火箭中也有所运用。2002 年,马斯克开始了他的求索——目标是将第一枚火箭发送到火星,这个想法最终促成了美国太空探索技术公司(SpaceX)的诞生。创业之初,在参观拜访全球各地的航空制造商后,马斯克发现,购买运载火箭的成本高达 6 500 万美元。这时,埃隆·马斯克的第一性原理再次"登场"。他说:"我算了一笔账:一架火箭是由航空级铝合金,再加上一些钛、铜和碳纤维组成的,它的原料成本只占火箭的总成本的 2%,那就有巨大创新空间。"经过千万次研究探索,如今他的 SpaceX 公司已经将火箭成本降低到原有的 10%,再一次实现了他的创新愿望。

第二章 创意的形成：创意唯新，创新唯实

二、第一性原理对创新创业的启示

（一）第一性原理思维的挑战

描述第一性原理很容易，但运用这一原理思维实践起来却有很大的阻力。第一性原理思维的主要障碍之一是，人们总是更多地倾向于形式而不是功能，就如下面这个有关行李箱的故事所讲述的一样。

古罗马时期的士兵使用皮制邮差包和背包来运送食物。在当时，有很多带轮子的交通工具，像敞篷双轮马车、载客四轮马车、运货四轮马车等，然而多年来从未有人想过将包袋与轮子结合起来使用。第一个滚轮行李箱是由伯纳德·萨多夫在1970年发明的。某天，他正在机场吃力地运送自己的行李，看见一个工人用滑轮来使一台硕大的机器移动，创新的念头就萌发了。整个19世纪和20世纪，皮包都仅仅用来作为上学背包、登山背包或是旅行箱。创新者把所有时间都用在了同一主题的微小重复上，有时候这些"创新"看起来仅仅是形式上的改变，而不是核心功能的改进。当其他人都在绞尽脑汁思考如何做出更美观、更实用的包袋时，萨多夫考虑的是，如何更加有效地在功能上装载和运输物品。

（二）如何开展独立思考

人类的模仿倾向也是第一性原理思维的常见障碍。大多数创业者在进行产品的创新时，都会倾向于对当前形式的递进，而不是完全抛弃形式，着眼于功能的改造。例如，有些人会问："会飞的车在哪儿呢？"事实是我们有会飞的车，它们被称为飞机。问这个问题的人都过于专注于形式（看起来像汽车的飞行物），而忽略了实际的功能（通过飞行来运输）。这就是马斯克说的"人们通常用类比来生活"的真正所指。我们需要警惕自己的一些固有思想。旧习俗和过往的形式以及一些根深蒂固的思想会严重影响创造力。

第一性原理思维要求创业者抛弃对先前形式的固化认知，把功能放在更中心的位置，深入思考"你的目的是什么？""你希望达到的功能结果是什么？"等问题，优化功能，忽略形式。这就是学会独立思考的方法。

《人民日报》曾有篇文章提到，第二次世界大战时英国空军规定，必须通过骆驼粪来保养战斗机牛皮座椅。新兵难以忍受刺鼻的气味，老兵劝说道："既然一直以来都是这样做的，那就一定有这样做的道理。"日后人们才知道，这样做的原因是第一次世界大战时英军在北非沙漠使用骆驼运送物资时，骆驼对牛皮鞍具的气味十分反感，怎么打也不肯走。后来有人用骆驼粪来掩盖牛皮气味，骆驼果然乖乖听话。这两场战争间隔了大约30年，骆驼粪却从驾牲口的路上一直"跟"到战斗机上。这个故事听起来固然可笑，但在现实生活中的很多时候，人们往往会不经思考便套用过去成功的经验，复制别人成功的案例，而很少去考虑这是不是符合当今的时代和自己的实际情况。

（三）保持第一性原理思维思考

以第一性原理为基础进行思考的思维方式首先强调的是质疑，不轻易地接受否定的答案。世界是发展的，从前人们无法做成的事，在各类条件发生变化后可能可以轻易完成，不能因为听到很多人说不能做就不做，受思维定式局限。很多结论实际上是在特定的时间和环境下得出的，那个时候的不成功更多的是因为时机和条件不成熟，并不能代表这件事是永远不可能实现的。比如，苹果公司在1983年推出了智能掌上电脑"牛顿"，外观像如今的大屏幕手机，可用手写笔书写。但是，当时售价太高，没有获得消费者的认可。时隔24年后，苹果公司推出了

iPhone，完美开启了全新的智能手机时代。

第一性原理思维还强调用实践去验证。硅谷一位风险投资家说过，很多聪明的人喜欢用类比推理，但是很少有人真正动手去做实验。世界上读书的人很多，思考的人很多，但真正动手的人很少。假设有同一个创新想法的人有1 000个人，其中有100个人去论证想法变成行动的步骤，100个人中只有10个人去动手实现，最后可能只有1个人成功。

第一性原理不仅在创新中有指导作用，在工作生活中的应用也非常普遍。例如，新手初学开车，老是开不直，老司机就会告诉新手，开车时要看着远方的一棵树，不要去想手里的方向盘，自然就直了。在这个故事里，"手"就是比较思维，"远方的那棵树"就是第一性原理。

思考题：
你的创业项目若用第一性原理分析是什么？

第一节　商业创意的源泉

很多创业者创业失败的原因并不是自己不努力，更多的是缺少一个有价值的创意。有的时候创意很多，但靠谱并可以转化为创业项目的创意并不多。想得到有价值的创意，首先需要我们按照科学的路径去思考；其次，在更多时候需要我们像侦探一样灵敏细致地去寻找线索，推敲自己的想法，验证假设和各项证据，形成科学的判断。一个成功的创业者，必须要有足够敏感性，懂得去寻找和发现商业创意，与此同时，还需要具备理性检查和推敲创意的判断力，只有这样，创业者才能抓住好的商业机会，并更好地理解和把握，进而成为乘风起的大鹏，而不是风停了就掉下来的猪。

创业者想要创业成功，离不开新颖且价值独特的创意，而创意不是凭空产生的，是有迹可循的，一般可以从不断变化的环境、尚未解决的问题和市场存在的缝隙三个方面去寻求与判断。

一、变化的环境趋势

商业创意可以来源于变化的环境趋势，较为常见的环境趋势有经济趋势、社会趋势、技术进步、政治行为以及国家政策变化等，这些环境趋势发生变化后往往都会刺激新的商业创意的诞生。比如，人类寻找更有效利用资源方法的需求，催生了共享经济，如滴滴打车；人口老龄化趋势，催生了一大批面向家庭护理、保健服务的健康品牌企业；消费者个性化需求及消费升级，催生了小米等多元智能品牌；健康生活追求体型完美，催生了 Keep、咕咚；智能手机技术快速升级，催生了基于移动端的支付宝、微信；基因工程技术快速进步，催生了一大批基因诊断企业；政治行为政策变化，如中美贸易冲突加剧，催生了自主芯片研发、自主操作系统研发、软件开发的巨大市场，华为成为这个领域杰出的代表者之一。

（一）环境趋势的第一项就是经济趋势

经济趋势通常可以通过利率、采购经理人指数等指标来辅助判断。例如，反映市场资金价格的利率下调，通常意味着经济繁荣时代的来临，消费者更偏爱购买非必需消费品从而提升生活质量,比如置换汽车及购买奢侈品。进一步根据经济因素判断商业机会,还需要我们深入分析,谁有可支配的收入?那些人在什么地方花钱?

当下,"北上广容不下肉身,三四线放不下灵魂"已经不再是主流调调。别再说逃离北上广的年轻人都是失败者,那些回去建设家乡的"小镇青年"们,早已经过上了很多"北漂"梦寐以求又遥不可及的生活。2020年的"双十一",京东70%的新用户来自下沉市场,根据聚划算统计,无论是美菱、海尔等家电爆款,还是百雀羚、一叶子等美妆爆款,都有超过60%的订单来自三四五线城市。所以,如果要创业,目标客户千万不能漏了"小镇青年"。

了解经济趋势还有助于我们回避一些产业,例如,随着人力资源成本的上升,劳动密集型企业领域的一些创业,从长期来讲是不具有生命力的,在这个领域进行创新创业就不是一个很好的选择。

(二)环境趋势的第二项是社会趋势

社会趋势经常表现为人的生活方式和消费、服务类型变化,例如城镇化的加速、绿色健康生活追求、个性化需求代表的消费升级等。就绿色健康生活追求来说,现代人对生活质量、健康锻炼需求日益提升,在这个方面就存在很多商机。比如,我们经常使用的咕咚、悦跑、Keep锻炼APP都是典型的优秀创业项目。

(三)环境趋势的第三项是技术进步

技术进步为商业创业提供了持续不断的动力,而且很多时候是一种聚合发展的巨大动力。智能手机的例子最为典型。苹果手机不仅完成了技术革新,它更成功创造了平台经济的商业模式。今天上传到苹果"App Store"的应用,创业者每获得一笔收入就必须向苹果支付15%~20%的回报。目前世界上最伟大的公司,如苹果、亚马逊、阿里巴巴、腾讯无不是这种商业模式的代表,可以说平台经济商业模式形成,技术进步是根本原因。

(四)环境趋势的第四项是政治行为与政策变化

政治行为与政策变化同样也是商业创意形成的重要基础。随着中国的腾飞,中美贸易冲突不断加剧,美国对中国以信息技术为代表的产业及其关键核心技术进行了封锁和打压。面对这种情况,中国对信息技术、物联网等关键领域自主创新给予税收减免、政府购买等各种政策扶持。目前,围绕信息技术、集成电路制造等相关领域进行创新创业,必然有更大的发展机会。

二、尚未解决的问题

信息技术时代是一个信息爆炸的时代,理论上,我们有什么不懂都可以通过百度等信息查询工具来解决,所以很多人认为,在未来的时代,作为一个专业领域内的成功者,一定要掌握两种能力,一种是发现问题的能力,另一种是学习和解决问题的能力。如果一定要将这两种能力进行排序的话,那么更为重要的应该是发现问题的能力。形成商业创意的第二个源泉,就是找到尚未解决的问题,这些问题可以存在于日常的学习生活中或娱乐休闲中,也可以存在于工作中。感受这些问题,在解决问题的过程中就能发现这些商业创意。

例如,广州大学生余佳文超级课表的创业创意,就产生于他在学习过程中碰到问题时的思考。"明天在哪上课啊?""上什么课?""这个女生看过来了,能要到她的微信吗?"解决这些问题就是余佳文超级课表创业项目的出发点。

创新创业基础

有些问题往往和时代的发展趋势有密切的关系,观察到这些问题需要专业知识积累,更需要敏锐的感受力,获得这些能力,需要养成好的学习习惯,更需要保持足够的好奇心。

无论是发现问题还是解决问题,都需要创业者拥有充分的知识储备。在创业者解决某个棘手问题或是碰到难题时,可以尝试思考其他人是怎样来解决类似问题的,思考他人的解决方法是否可以借鉴。比如,美国著名瑜伽品牌Yogitoes是以生产防滑瑜伽垫起家的,其创始人是一名瑜伽爱好者,他在生活中发现许多瑜伽练习者在做一些特定动作时,要使自己获得足够的支撑并尽力保持平衡,而在普通垫子上做这些动作很容易打滑或是摔倒,他找遍了所有的商场也找不到希望买到的防滑瑜伽垫,于是他开始思考如何才能做出在硬地板上也能防滑的瑜伽垫,直到他发现一种底部有橡胶圈的狗食盆,能防止大狗进食时狗食盆在地板上打滑,所以他模仿狗食盆的设计做出了一种带有小PVC垫圈的防滑瑜伽垫。正是基于这个小创意,他成立了自己的企业,并获得了巨大成功。

三、市场缝隙

商业创意的最后一个源泉是市场缝隙。有很多消费者所需要的商品在特定地区无法购买,或是市场上根本就没有,造成这一现象的原因有很多,比如大型零售商针对主流消费者进行价格竞争,销售绝大多数消费者需要的主流商品。虽然说这些大型零售商已经率先实现了规模经济,然而它们也不可避免地留下了很多的市场缝隙。比如,极具个性化的时装精品店、"7×24"小时便利店,这些业态就以它们特殊的定位和良好的市场服务在市场缝隙中生存和发展。市场缝隙通常意味着潜在的商业机会,例如为肥胖者提供大码尺寸的专门服饰商店,再如现在的消费者越来越喜欢符合当地市场需求的创意,如24小时不间断营业的商店、交通便利的健身房等。

类似的创意很多,例如开发面向老年人的健身APP,开设线下面向老年人的运动会馆;面向儿童开发销售智力玩具的玩具店、主题网店;面向家庭主妇开发基于社交属性的母婴用品社群营销平台,比如面向家庭主妇的微商平台云集就是最好的社群营销例子。

应该说,很多时候商业创意的三大源泉是若隐若现的,有些时候可能就是偶然发现,甚至是天注定式的运气,才能获得创意。运气可遇不可求,实践中一般按照相对科学的程序来形成创意,我们将在后文来进行学习。

第二节　获得商业创意的方法

商业创意的形成具有一定的随机性。很多时候,商业创意就来源于灵光乍现的一瞬间,有偶然,甚至有运气的因素在里面,当然,必需的知识储备和敏感性也是不可或缺的。

一、获得商业创意的基本方法

获得商业创意需要时间,很多时候,冥思苦想无法获得好的商业创意是很正常的,不要因此而垂头丧气。我们一定要认识到,创意最好并不等于最具原创性,创业领域里有一句非常流行的话:"所有传统的商业,都值得用互联网的方法重新做一遍。"这里充满了巨大的商机。比如,传统电台+网络,创造了喜马拉雅;传统视频+网络,创造了优酷;传统制片人+网络,创造了类似《纸牌屋》的经典网络自拍剧。我们应该如何寻求商业创意呢?

(一)头脑风暴法

想要形成有价值的商业创意,创业者可以采用头脑风暴法。头脑风暴是指不同的人产生不同的想法,而用以形成商业创意的头脑风暴通常不会十分正式。比如,在挖掘校园商业创意的时候,创业者可使用"烦恼报告法"来帮助大家集思广益,形成商业创意。创业者可以请一群学生并让其列出100项在日常生活中令他们感到烦恼与困惑的事情。通过这样的方式使学生过滤掉一些显而易见的烦恼,从而让烦恼更具体,也能使找到的问题更深刻。

此外,创业者也可以以前文所介绍的商业创意的源泉为线索组织头脑风暴。以健身中心为例,创业者发现在越来越激烈的市场竞争中,普通健身中心几乎没有立足之地,所以创业者迫切需要找到一个独特的创意。创业者可以在白板上画出三列,分别标注"环境趋势""尚未解决的问题""市场缝隙",接着组织大家群策群力通过头脑风暴想出各种创意,再按照以上三个类别进行归纳与分类。通过这一过程,创业者很有可能获得一些有价值的创意,比如在人口老龄化、老年人越来越关注身体健康的当下,许多训练课程以及锻炼的器材都不适合老年人,也缺少为50岁以上的老人专门设计的健身房,此时,创业者完全可以形成一个初步的创意,就是专门开办一家为50岁以上的人群服务的健身房。

(二)焦点小组

焦点小组也是获得商业创意的常用方法。焦点小组是指将与讨论主题相关的5~10人集中在一起的小组。焦点小组通常由对主题熟悉的人构成,他们集中在一起回答问题,再通过集体讨论的双向反馈方式将问题答案变得明朗。焦点小组通常作为头脑风暴的后置项目,主要由训练有素的主持人来主持,其主要任务是让小组讨论集中在"焦点"上和维持热烈的讨论气氛。焦点小组最终是否能够奏效,在很大程度上由主持人提问和引导讨论的能力所决定。

比如,为了进一步完善面向50岁以上人群开设健身房的创意,创业者就可以组织20位50~60岁的老人展开讨论。主持人可以以目前市面上的健身房有哪些缺点为切入点询问这些老人并收集答案,这些老人可能会回答:"我不喜欢那里的训练课,里面的动作太多、强度太大,更主要的是伴奏音乐实在太吵、节奏太快,而教练都是20岁左右的小伙子,他们根本不了解我们,也与我们没有共同语言。"主持人可以据此接着发问:"那么有人愿意让同龄人当你们的教练吗?"如果20人中有超过15人举起了手,创业者很可能就找到了商业创意需要完善的那一部分。

(三)图书馆与网络调查

图书馆与网络调查也是形成商业创意不可缺少的方法。查阅资料可以使创业者对自己的创意有更深刻的了解,从而使本来模糊的创意得以不断完善,最终形成最佳创意。比如通过网络调查,创业者把原先"开一家新健身房"的创意进行进一步完善,重新定义为"开某种特定类型中最好的健身房"。

在收集商业创意信息时,我们要充分利用图书馆及网络查询专业的文献,如商业期刊、专业杂志、产业报告等。比如,我们继续研究开办健身房,就要去查询有关健身、健康与健身俱乐部的综合性研究报告,从而快速地了解这个行业的发展情况。网络调查也非常重要,我们在对一个新领域进行初期探索的时候,通过百度、谷歌查询是最简单的入门方法,还可以进一步通过查询知识产权专利网站,查找新的技术方法或新的商业模式。通过网络调查是效率较高的,创业者每天都能获得新的相关信息。

二、寻找商业创意活动的组织

在创业实践中,寻找商业创意最根本的还是做好发散和收敛两个方面的工作。下面我们以挖掘校园创业为例,来看看应该如何组织好商业创意的探索活动。

(一)穷举发散

寻找校园创业项目,第一步应该穷举发散,例如安排工作人员召集一定数量的学生分组讨论。分组讨论什么呢?我们可以做穷举。以穷举的方式,让学生把想到的在大学里做过的所有事,写在便利贴上,写下来,贴上去。我们可以设想一下,当你回顾校园生活的时候,你会想到哪些?你可能会概括为上课、吃饭、上自习、打工、参加社团、考试,这些都没有错,但这些高度概念化的认知,对我们寻找商业创意没有任何作用。大学生活是人生历程的中间过渡带,考上大学,就从父母主导的生活秩序走了出来,到毕业就业进入成人社会,自己建立自己的生活秩序。因此,实际探索中,我们要用时间轴的颗粒度来描述大学生活。

上大学第一件事是收到入学通知书,准备学费。不同的人有不一样的筹集学费方式,学费不够时有人借钱,有人贷款,也有人去打工。大学毕业后也不一样,有人就业,有人考研,有人出国,有人可能就在"家里蹲"了,中间则是大一、大二、大三、大四、寒假、暑假等,这都是学生们有记忆的关键节点。按照这样的方式来观察,我们可以找出很多发生在大学时的事。类似的调研中,京东调研组在高校开展实际调研的时候,学生讨论组找到了460件在大学做过的事。

(二)按线索收敛

寻找校园创业项目,第二步就是按线索收敛。我们可以根据上文提到的460件独立的事,得到若干条线索,比如学习、考试、社交等。在贯穿线索的基础上,我们需要进一步洞察机会。怎么洞察机会呢?梁宁老师推荐了一个工具,叫"机会paper"。这个"机会paper"其实很简单,就是一页白纸,画了三栏:

第一栏,问题点,将线索上所有的事,带入你的主观感受,全都感觉一遍,哪些事情让你特别不舒服,哪些让你感到痛苦,把有问题的地方列出来。

第二栏,将遇到的问题抽象化,如果仅仅是头痛医头、脚痛医脚的话就很难抓住最本质的"病因"。创业者找到了痛点,找不到本质,后续创意的解决方案就一定不靠谱了。

第三栏,就是根据本质提出解决方案。我们把前面归纳的线索全部扫一遍,可能我们能找到20~30个机会点。这些机会点是否都可以成为商业创意呢?这就有待进一步评估了。

(三)机会评估

获得机会点后,实施哪个放弃哪个,必须进行科学的选择。京东调研组是这样做的:直接邀请100个学生,给他们看项目的"机会paper",面对面地向这些大学生访谈三个问题:第一,我觉得这个是你们大学生的痛点你同意吗?第二,我是这样理解你们这个痛点的本质原因的,我的理解你觉得对吗？第三，我给了这样的解决方案，你觉得能解决你们的问题吗？

这个评判过程叫客观校验，即让你的产品用户直接向你反馈，你怀着充分的热情所做的这件事，究竟是否具备可行性。比如，京东调研组找到了20个机会点，但在面对面访谈中，被学生直接"拍死"了12个——调研组的方案大部分学生觉得完全没有价值。这个例子告诉我们，不要高估自己的主观判断，要警惕自己的直觉。用《原则》作者桥水基金创始人达里奥的话来说，就是"做一个无比现实的人"。

第三节 创新模式与可行性分析

独特新颖的商业创意经过创业机会的初步筛选，下一阶段就需要开展全面的可行性分析。可行性分析可以从产品与服务的可行性、产业目标市场可行性、组织可行性和财务可行性这四个方面展开。

一、产品与服务的可行性分析

产品与服务的可行性分析是评估企业将要生产的产品或服务的总体吸引力，通常可以从两个方面展开。

（一）产品与服务的合理程度

在产品与服务可行性分析中，首先要确定将要生产的产品或服务到底是不是客户需要的，是不是能够满足市场的需求。创业者想要判断产品或服务是否具备吸引力，可以尝试回答以下几个问题：我们的产品有存在的意义吗？我们的产品有能够让消费者兴奋的地方吗？我们的产品能解决行业中的痛点吗？能填补市场的空白吗？此时是将我们的产品投放市场的最好时机吗？

（二）产品与服务需求

创业者在完成产品合理程度分析后，还需要确定市场究竟是否需要自己的产品或服务。创业者通常可以通过向用户发放问卷、通过网络工具在线调研等了解用户的购买意向。

在产品与服务可行性分析的最后，创业者需要对宏观产业环境和目标市场切入点的有效性展开分析。

二、产业目标市场可行性分析

在产业目标市场可行性分析中，创业者需要分析的是整个产业与企业将要生产的产品对目标市场的吸引力。企业所处产业与其目标市场并不一定重叠，产业是指生产类似产品、提供类似服务的企业总体，如互联网产业、零售产业、信息技术产业等。企业的目标市场指的是被企业选定为服务对象或试图用产品吸引的那一部分市场。创业者实施产业可行性分析主要是判断宏观机会；开展目标市场可行性分析，则是初创企业对目标市场切入点的再次确认。产业目标市场可行性分析，对初创企业能否由草莽企业过渡到具有竞争生态位的腰部企业具有重要意义。

(一)产业吸引力

创业者通过产业可行性分析来确定其将要进入的产业的吸引力,通常情况下,处于生命周期早期的朝阳产业对初创企业最有吸引力,与之相反的是处于晚期的夕阳产业。例如,高端产业如物联网行业和智能制造行业就是典型的朝阳产业,这类产业资本、资源集聚,为该领域的创新创业提供了良好的环境;而高能耗、高排放、高污染的夕阳产业,受环境规制约束和高质量发展绩效的要求,资本和资源支持都非常少,该领域的创业成功率就非常低了。

(二)目标市场吸引力

对于初创企业而言,目标市场的选择并不简单。基于初创企业自身的规模与生命周期,其通常会选择一个相对较小的目标市场,这样可以有效避免与产业主导者展开直接竞争,同时方便其更有效、更集中地耕耘专一市场。辨识目标市场最难的地方在于"既大又小","大"指的是目标市场对于初创企业来说要足够大,能够满足初创企业的后续发展,"小"指的是初创企业的目标市场要小到不至于吸引行业中的大企业参与,从而使初创企业获得良好的创新创业发展环境。

(三)市场时机

在产业目标市场可行性分析的最后,是判断产品或服务的机会之窗是否已经开启。对此,通常需要考虑两个问题:①产品市场目前处在哪一个阶段,是蓝海还是临近红海;②企业拟进入产业的时机是否合适,例如,当前 5G 时代已然开启,服务 5G 通信的手机生产商是否需要快速开发 5G 机型。

三、组织可行性分析

初创企业是否具备足够的管理能力、组织能力和资源保障能力是企业能否持续发展的关键,对此创业者需要进行组织可行性分析,通常可以从管理能力和资源充裕性两个方面入手。

(一)管理能力

对于初创企业而言,创业者在创办企业之前都需要对自身的管理能力进行评估,在评估管理能力时,可以从创业者的创业热情、对拟进入市场的了解程度、先前创业经历、创业者社会资源角度去评价。管理能力很多时候是天使投资人确定创业投资项目的重要因素,例如,2000 年,马云在融资四处碰壁时,经"小灵通之父"吴鹰的介绍,获得了日本软银集团投资人孙正义六分钟的会面时间。就是这六分钟,马云侃侃而谈,口若悬河,孙正义大为惊奇,拍案叫绝,两人相见恨晚,孙正义当即决定投资给马云 2 000 万美元。就是靠着这 2 000 万美元,阿里走过了它"出生"以来最艰难的一个冬天。应该说,当年的孙正义投资的不是项目,他真正投资的是马云这个创业者和他的团队。

(二)资源充裕性

创业者还需要就拟创建企业是否具有或是否能获得充裕的发展资源进行评估。例如,我们初创一家科技企业,是否邻近同类企业就十分重要,这是容易被初创企业忽视的资源充裕性问题。科技企业发展对人力资源要求较高,如果它位于科技企业集聚的科技园区,资金、人才、政府政策等资源就都能便捷高效地获得。

四、财务可行性分析

创业者还需要进行财务可行性分析,初创企业现金需求、同类企业财务业绩和拟创建企业整体财务吸引力是重要的评判依据。

(一)企业开张现金流量估测

创业者在预估企业开张现金流量时需要详细列出所需的前期运营成本、各项资产成本以及人工费用等,计算出需要的资金总额以及资金来源,这是财务可行性分析的第一个方面。资金按照来源不同分为内部资金和外部资金。如果资金属于外部债券融资,创业者还需要制订合理的还款计划,以便到期还本付息;如果资金属于股权融资,创业者则要计算需要出让的股份以及企业的估值。在实际中,创业者宁愿高估启动资金,也不要低估。墨菲定律在创业中同样适用——凡事只要有可能出错,那就一定会出错。创业时产生的意外支出几乎是不可避免的。

(二)初创企业的财务业绩估测

财务可行性分析的第二个方面是通过与同类企业进行比较,来预计初创企业的财务业绩。财务业绩的估测的方法一般有以下几种:

首先,通过网络获取同类上市公司数据或通过行业协会了解同类企业销售额与利润率数据,有些时候也可以通过各种途径,与类似的拟创建企业企业主交流获取销售和盈利情况预测;

其次,通过网络搜索查询专题相关的产业分析报告,获取收益测算依据;

最后,通过现场观察的方法取得同类企业的财务数据。例如,创业者想要创立一家餐馆,可以选择在不同的时间段到同类餐馆中去统计到店消费人数。现场统计核算也是一种很好的估算方法。

(三)企业整体财务吸引力估测

财务可行性分析的第三个方面就是企业整体财务吸引力估测。企业前三年的预期销售额增长率是多少?预期重复购买率多大?两年内企业自有盈余支持企业增长的可能性与投资者的退出机会等,都是创业者需要回答的财务问题。

财务可行性分析是确定与完善商业创意的关键步骤,它可以使创业项目问题明朗化,也能使创业者深入了解商业创意,为后续创业计划的展开打好坚实的基础。

创业术语

可行性分析(feasibility analysis)是通过对项目的主要内容和配套条件,如市场需求、资源供应、建设规模、工艺路线、设备选型、环境影响、资金筹措、盈利能力等,从技术、经济、工程等方面进行调查研究和分析比较,并对项目建成以后可能取得的财务、经济效益及社会环境影响进行预测,从而提出该项目是否值得投资和如何进行建设的咨询意见,为项目决策提供依据的一种综合性的系统分析方法。

朝阳产业(sunrise industry)是指新兴产业,是具有强大生命力的、能使技术突破创新并以此带动企业发展的产业,市场前景广阔,代表未来发展的趋势,一定条件下可演变为主导产业甚至支柱产业。

夕阳产业(sunset industry)是对趋向衰落的传统工业部门的一种形象称呼,指产品销售总量在持续时间内绝对下降,或增长出现有规则减速的产业,其基本特征是需求增长减速或停滞,产业收益率低于各产业的平均值,呈下降趋势。

现金流量(cash flow)是指投资项目在其整个生命周期内所发生的现金流出和现金流入的全部资金收付数量。

本章小结

1. 成功创业,离不开新颖且价值独特的商业创意,商业创意的形成是有套路的。商业创意一般可以从变化的环境趋势、尚未解决的问题和市场存在的缝隙三个方面进行寻求与判断。

2. 获得商业创意的基本方法有头脑风暴法、焦点小组、图书馆与网络调查等,在实践中,寻找商业创意最根本的是做好发散和收敛两个方面的工作。

3. 创新创业活动的可行性分析可以从产品与服务的可行性、产业目标市场可行性、组织可行性和财务可行性四个方面展开。产品与服务的可行性分析可以从产品或服务的合理程度和产品或服务需求两方面进行分析;产业目标市场可行性分析可以从产业吸引力、目标市场吸引力和市场时机三个方面进行分析;组织可行性分析一般从管理能力和资源充裕性两个方面入手;财务可行性分析需要重点分析预测的分别是初创现金需求、同类企业财务业绩和拟创建企业的整体财务吸引力。

思考与讨论

1. 根据商业创意的三大源泉,寻找身边的商业创意并判断创意的可行性。

2. 请你用"发散事件—收敛线索—机会点—客观校验"的商业创意获取方法,评估一下你正在考虑的创业机会,并把你的思考用"机会 paper"表达出来。

3. 请结合你正在思考的创业项目,依据可行性分析的四个维度进行分析评价,并把结论写出来。

头脑风暴

学生分为若干组,各组利用头脑风暴的方法,对以下问题提出不同的看法,并尽量多地将它们列示出来。

讨论问题:根据商业创意的源泉,如何判断商业创意的可行性?将分析的结果和分析过程尽可能详细地列示出来。

第三章

行业分析：把握趋势，拥抱蓝海

人生就像滚雪球，最重要之事是发现湿雪和长长的山坡。

——巴菲特

创业公司的发展也像滚雪球，"湿雪"代表着企业自身的能力，"长长的山坡"则意味着企业所处的行业发展空间巨大，企业发展的"天花板"还远没有到达。当企业所处的行业拥有广阔的发展空间时，创业者创业成功的概率更大。

知识目标
熟悉行业分析的框架；
掌握行业分析方法。

能力目标
学会运用行业分析框架和方法识别适合自己进入的行业。

素质目标
培养创业者的逻辑思维和独立思考的能力，提升思维的高度，包括战略思维高度和商业敏锐度。

引导案例　人工智能引领产业变革

人工智能是新一轮科技革命和产业变革的重要驱动力量，加快发展新一代人工智能是事关我国能否抓住新一轮科技革命和产业变革机遇的战略问题。

——习近平

一、人工智能产业发展概况

数字经济已经成为提升经济效率、优化经济结构的重要动力。以人工智能为代表的一大批创新技术和应用将作为数字经济时代的重要基石，推动传统经济的转型升级和新兴经济的快速增长。可以预见，数字经济将是继农业经济、工业经济之后的一个全新的社会经济形态。

以云计算、大数据和IoT（物联网）为代表的信息技术在快速迭代的同时也加大了人工智能走向实践应用的可能性，而各种数据和图形处理器技术以及以深度神经网络为代表的技术被融合到人工智能体系，更是让人工智能技术进入新的发展阶段。技术与实践应用之间的差距迅速缩小，语音识别、图像分类、无人驾驶等若干细分应用领域内的人工智能技术已经迈进可用、好用的阶段，未来人工智能技术应用在场景落地的过程中将迎来爆发式增长的新高潮。

二、人工智能产业格局

随着人工智能产业的快速发展，全球人工智能已经形成较完整的生态体系，在人工智能生态的基础层、技术层和应用层走出了一大批领先的科技创新企业。

（一）基础层

基础层为人工智能产业链提供算力资源和数据服务支撑。以 AWS（Amazon web services）、Azure、阿里云、腾讯云、百度云等行业巨头为代表的基础层，为人工智能的发展提供了充足的算力资源；传统芯片巨头 NVIDIA、Intel 和国内科技"新贵"寒武纪、地平线等正致力于为人工智能的计算需求提供专用芯片；另外，数据服务领域也存在大量公司，如国内的数据堂、海天瑞声以及国外的 Saagie 等。

（二）技术层

技术层为人工智能产业链提供通用性的技术能力。以 Google、Facebook、阿里巴巴、百度为代表的互联网巨头，利用资金及人才优势，较早地全面布局了人工智能相关技术领域；同时，有一大批创新公司深耕细分技术领域，例如专攻智能语音领域的科大讯飞、致力于计算机视觉领域的商汤、致力于机器学习领域的第四范式等。在国外，Proxem、XMOS 等企业也分别在自然语言处理、智能语音等领域做出了积极的实践和探索。

（三）应用层

应用层面向服务对象提供各类具体应用和适配行业应用场景的产品或服务，包含自动驾驶、智慧城市、智慧金融、智慧医疗、智慧教育、智慧零售、智慧建筑、智能家居、智慧安防、智能制造和智能客服等领域。目前全球绝大部分人工智能领域的创新科技公司聚集于应用层。应用层典型企业有智慧建筑领域的 Verdigris、特斯联，智慧安防领域的 Genetec、宇视，智慧医疗领域的 Flatiron、推想科技等。

三、我国人工智能产业规模

当前人工智能已经成为各国创新技术竞争的焦点领域,包括我国在内的诸多国家都将人工智能列入国家科技战略部署序列。中国、美国、英国、德国、俄罗斯、日本、韩国、印度等国家在2016年至2019年间密集发布人工智能专项政策及行动规划,引导、推动人工智能产业发展已成为全球经济共同体的重要共识。

在我国,随着人工智能产业实践的深入发展,人工智能已经成为数字经济时代的重要标志,以人工智能为代表的数字经济将成为我国经济发展的新引擎。在企业服务市场,人工智能使得政务、安防、制造、金融、医疗、物流仓储以及更多行业的内外部治理变得更加智能与高效,极大程度上促进了这些行业内的公司实现数字化转型;在个人消费领域,蕴含人工智能元素的产品和服务也进入了快速发展阶段,智能音箱、家庭机器人、可穿戴设备等智能化设备深受消费者的追捧和青睐。在各种消费场景中,人工智能正在帮助商家更懂消费者,提升双方服务交互过程中的质量。相关研究机构估算,2022年我国人工智能产业规模将超过270亿美元。

四、我国人工智能产业发展特征

(一)我国人工智能产业基础研究能力亟待提高

人工智能科研能力是保障人工智能产业持续发展的源动力,现阶段我国人工智能专利申请数量占全球总量的37.1%,位居全球第一,相关论文产出量也高达141 840篇。虽然我国在专利申请和论文产出方面已经跻身全球领先行列,但我国从事人工智能基础研究的学者数量仅占全球总量的11%,科研机构数量仅占全球总量的5%,仍落后于全球顶尖水平。

(二)我国人工智能企业众多、应用广泛

2018年,我国专注于人工智能领域的企业数量已达1 000余家,位居全球第二,并且仍在快速增长。此外,在快速发展的数字经济环境和庞大的人工智能用户面前,不仅软件、互联网相关企业是人工智能市场的主要参与者,而且传统工业、金融业、服务业也加速参与到人工智能的实践进程中来。

(三)我国人工智能产业受到资本市场的高度关注

资金是人工智能产业持续向好发展的重要保障,现阶段我国是全球人工智能产业投融资最为活跃的国家之一。总投融资事件数量占全球的31.7%,投融资资金总额占全球的60.0%,有力地支撑和推动了我国人工智能产业化落地和数字经济的深化发展。

五、我国人工智能产业发展优势

(一)国家多部委联动,顶层设计人工智能发展规划,凝聚政策优势

习近平总书记强调,人工智能是引领这一轮科技革命和产业变革的战略性技术,具有溢出带动性很强的"头雁"效应。加快发展新一代人工智能是我们赢得全球科技竞争主动权的重要战略抓手,是推动我国科技跨越发展、产业优化升级、生产力整体跃升的重要战略资源。在中央顶层制度设计的基础上,各地方政府根据各区域产业发展实际需求,纷纷出台了相应的产业发展规划与政策指导意见,为人工智能产业发展提供了良好的社会政策环境。

(二)数字时代助力,广袤市场搭配先进信息技术,累积数据优势

数据是新一轮人工智能发展需要具备的三大核心要素之一,丰富的市场数据量为人工智能应用的深化实践提供了基础条件。随着我国迈入数字经济时代,互联网、云计算、大数据等现代信息技术在各领域持续深入,当前已积累了大量的消费级数据和企业级数据。据互联网数据中

心(internet data center,IDC)、希捷统计数据显示,2018年我国数据总量占全球的23.4%,为7.6 ZB(1 ZB≈1×10^{12}GB),预计到2025年将增至48.6 ZB,届时将占全球数据总量的27.8%。

(三)网民基数大,中小企业众多,增强开发场景优势

我国庞大的人口数量和企业基数为人工智能提供了丰富的应用场景,并由此衍生出大量基于人工智能技术的商业和应用模式的创新。根据《人工智能产业人才发展报告(2019—2020年版)》2017年我国企业法人单位为1 809.77万个,而个体工商户总数更是达到了6 579.37万户。另外,2018年我国人口总数达到13.953 8亿人,其中互联网上网人数已经达到8.285 1亿人。人工智能技术作为实践数字经济的重要构成和基石,逐步与互联网时代的社交电商服务、共享经济服务、网络直播服务和互联网金融服务等融合,探索新型应用模式。

思考题:

作为创业者,结合我国人工智能产业格局和发展情况,你是否能够看到数字经济时代下人工智能产业中所存在的新机会和潜在增长点?你该如何去选择适合自己的"赛道"呢?

第一节 行业分析框架

随着大众创业、万众创新的蓬勃兴起以及战略性新兴产业的广泛融合,传统产业转型升级逐渐加速,不断涌现出新的技术、产品、业态与模式。在未来的10年里,全球新一轮科技革命与产业变革从蓄势待发转为群体迸发。信息革命进程将会持续演进,物联网、云计算、大数据、人工智能等新兴技术将会广泛渗透到经济社会的各个领域。对于志在创业的创业者而言,选中一个有潜力且适合自己的行业是创业成功的前提,只有对行业进行全面、彻底的分析,才能更加清晰地了解某个行业的发展状况,以及它所处的生命周期的位置,并据此做出正确的决策。

一、行业分类

行业分类是指从事国民经济中同性质的生产单位、其他经济社会的经营单位或者个体的组织结构体系的详细划分,如林业、汽车业、银行业等,行业分类可以解释行业本身所处的发展阶段及其在国民经济中的地位。在国家质量监督检验检疫总局和国家标准化管理委员会联合发布的国民经济行业分类标准中,将我国的行业分为20个行业门类、97个行业大类,如表3-1所示。

表3-1 我国国民经济行业分类

行业门类	行业大类
农、林、牧、渔业	农业、林业、畜牧业、渔业等
采矿业	煤炭开采和洗选业、石油和天然气开采业等
制造业	农副食品加工业、食品制造业、纺织业等

第三章 行业分析：把握趋势，拥抱蓝海

续表

行 业 门 类	行 业 大 类
电力、热力、燃气及水生产和供应业	电力、热力生产和供应业,燃气生产和供应业等
建筑业	房屋建筑业、土木工程建筑业等
批发和零售业	批发业、零售业
交通运输、仓储和邮政业	铁路运输业、道路运输业、水上运输业等
住宿和餐饮业	住宿业、餐饮业
信息传输、软件和信息技术服务业	电信、广播电视和卫星传输服务,互联网和相关服务等
金融业	货币金融服务、资本市场服务、保险业等
房地产业	房地产业
租赁和商务服务业	租赁业、商务服务业
科学研究和技术服务业	研究和试验发展、专业技术服务业等
水利、环境和公共设施管理业	水利管理业、生态保护和环境治理业等
居民服务、修理和其他服务业	居民服务业,机动车、电子产品和日用产品修理业等
教育	教育
卫生和社会工作	卫生、社会工作
文化、体育和娱乐业	新闻和出版业、文化艺术业、体育、娱乐业等
公共管理、社会保障和社会组织	国家机构、基层群众自治组织及其他组织等
国际组织	国际组织

二、行业基本状况

行业的基本状况就是行业的前世与今生,包括行业的发展历程、现状以及对未来的预测。创业者需要先对整个行业有一个整体认知,可以从行业的发展历史、态势等方面入手,具体的方法首推阅读行业报告,行业报告获取的渠道(网站)在本章的"拓展延伸"中有详细介绍。创业者可以把该行业能够找到的分析报告按年度依次阅读,重点关注规模、盈利、态势等方面的信息。通常来说,每一年度的行业报告中都会有一些对于未来发展的预测,创业者可以从近几年的行业报告中验证当时的预测逻辑是否正确,看看这期间有哪些是与预期相符的,又有哪些未按预期发生,再分析其中的原因。通过这样的方法,创业者不但能够理清行业发展的脉络,建立对整个行业的通盘认知,还可以梳理出行业发展的关键要素。

艾瑞咨询发布的《2020年中国直播电商生态研究报告》中指出,2019年,直播电商整体的成交额超过4 512亿元,同比增长200%,在网购整体规模中比重达到4.5%,有很大的成长空间,预计在明后年依然将维持较强的增长趋势。随着内容平台与电商交易的融合程度不断加深,预计2022年直播带货的渗透率将超过20%。从长远来看,直播电商将逐渐从"粗放式业态渗透"向"稳定商业链路"转化。2017—2022年中国直播电商交易规模及增速如图3-1所示。

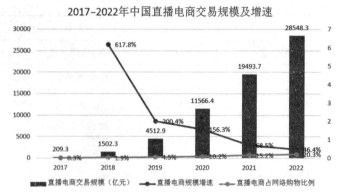

图 3-1　2017—2022 年中国直播电商交易规模及增速

（数据来源：2020 年中国直播电商生态研究报告，艾瑞咨询）

三、行业特征

在不同的行业中，它们之间的经济结构、变动规律、营收能力、财务状况以及经营稳定性都是各不相同的，在创业者选择将要进入的行业之前，一定要首先对行业特征有一定了解。就行业特征进行分类的方式方法有很多，从行业竞争结构来看，可以被分为完全竞争、垄断竞争、寡头垄断以及完全垄断四类，它们之间的特点各不相同，如表 3-2 所示。

表 3-2　四类行业的概念、特点和代表行业

完全竞争型	概念	行业中有很多生产者，他们以几乎相同的方式向市场投放同质产品
	特点	企业是价格的被动接受者，无法左右产品的定价
		所有企业向市场提供的产品都是一样的，没有差别
		生产者较多，所有资源都可以自由流动
		市场信息完全透明，可随意进入或退出行业
	代表行业	完全竞争型行业的条件要求较为严苛，现实中只有部分农产品生产行业较为接近
垄断竞争型	概念	有较多企业生产同类产品，但其提供的产品并不完全相同
	特点	生产同类产品，但是产品之间是有不同的，主要体现在质量、商标、尺寸、售后服务等方面
		企业对产品的定价能够施加一定的影响
		由于生产者很多，所以资源可以流动，新企业进入该行业也较为简单
	代表行业	在当前的市场中，大部分的行业都属于垄断竞争型，例如餐饮行业、食品零售行业等
寡头垄断型	概念	行业中只有寥寥几家大型企业，它们占据了整个行业中绝大部分的市场份额
	特点	企业数量较少，相互之间存在一定的关联，每一个行业内企业的战略决策都可能对行业内其他企业施加影响
		企业在产品的定价上具有很强的决定权
		行业内企业数量有限，故而想要进入这类行业并不容易
	代表行业	寡头垄断在现实生活中是存在的，比如金融业和石油产业等

续表

完全垄断型	概念	一个行业中只有一个企业,行业中的所有产品均来源于这一家企业。根据主体的不同,可进一步分为政府垄断和私人垄断两类
	特点	行业里只存在一家企业,其他企业根本无法进入该行业
		产品不具备替代性,所以行业内的企业可以完全掌握产品的定价权,是产品价格的拟定者
	代表行业	在现实生活中,公用事业、资本和技术高度密集型行业和稀有金属矿藏的开采业都属于完全垄断型企业

从行业与国民经济总体周期变动关系的密切程度上来看,行业可被分为发展型行业、周期型行业、稳定型行业三类。

(一)发展型行业

属于发展型行业的企业主要依靠技术突破以及产品研发,不断迭代推出新产品来带动消费需求增长,也可以凭借全新的组合模式以及服务方法,刺激产品销售,使其大幅提升。这一类行业的营收很可观,创业者想要在这一类行业中站稳脚跟,除了必须拥有丰富的知识储备和经验外,还须具备敏锐的眼光和强大的执行力,可以带领企业持续发展。

(二)周期型行业

周期型行业同经济周期有着密切的关联。在整体经济情况向好并稳定发展时,此类行业发展较快,但是只要经济出现向下发展的趋势,这类行业的生存环境会立刻恶化。房地产、新能源汽车、石油化工等行业便是这一类行业的代表。

(三)稳定型行业

在市场中,有一类行业拥有固定的消费群体,其消费需求较为稳定,受到外界经济波动的影响较少,无论处于何种经济周期,此类行业的营收都保持稳定的态势,在经济上行时企业收入情况不会大幅上升,经济下行时也不会影响此类行业产品的需求量。此类行业的产品通常是生活必需品或公共产品,无论外界环境如何,消费者此类企业产品需求都较为稳定。食品行业、医药行业等就属于这一类行业的典型代表。

四、行业周期分析

行业生命周期是由行业规模和竞争强度的变化来决定的,指的是从这个行业诞生直到完全从社会经济活动中消失所经历的整个阶段,正如每一个人都要接受生老病死一样,任何一个行业都无法逃过行业的周期。行业周期可以被分为初创期、成长期、成熟期和衰退期。对于创业者而言,研究一个行业的生命周期可以作为其是否进入这一行业的判断依据。

创业者想要识别行业所处的生命周期,可以从市场增长率、需求增长潜力、产品品种数量、竞争者数量、市场集中度、进入壁垒、技术革新和用户购买行为等方面进行判断。不同行业周期对应的企业特征如表3-3所示。

表 3-3 不同行业周期对应的企业特征

行业周期	初创期	成长期	成熟期	衰退期
市场增长率	市场增长率较高	市场增长率很高	市场增长率下滑	市场增长率严重下滑
技术	技术更迭快	技术趋于稳定	技术已经成熟	技术即将被淘汰
竞争壁垒	企业进入壁垒较低	逐渐构筑起竞争壁垒	企业进入壁垒较高	行业产能过剩
竞争对手数量	竞争者较少	竞争者逐渐增多	竞争者数量稳定在一定水平	竞争者逐渐减少
竞争策略	跟踪对手、参与或观望	增加投入、提高市场占有率	成为行业内效率和成本的领先者、研发新品	及时退出行业
代表行业	基因检测、新能源	通信、科技、生物医药	汽车、手机制造	煤炭、钢材、石油

（一）初创期

当产业尚处于初创期时，通常其市场还没有足够大，消费者对整个行业还不太了解，对产品缺乏足够的了解，整体处于接受阶段。这个时候的行业内的企业的营收状况一定不会太好，取得的收入也无法覆盖前期开办企业、研发产品以及开辟市场所支出的各项成本，同时产品和技术的未来发展方向还比较模糊，发生亏损的可能性较大，对应的企业风险较高。好处则在于整个行业的发展水平处于起步阶段，企业之间的竞争尚不激烈，新企业进入行业的"护城河"很低，同时便于资本的进入，这个阶段的行业就像初生的婴儿，尽管抵抗力很弱，随时可能夭折，但是还是有成长的空间。

（二）成长期

处于成长期的产业开始逐步被消费者所认可与接受，对行业产品的需求开始大幅提升，市场增长率普遍较高。得益于整个产业规模的增长，产业内的所有企业销售规模都有可能同步增加，而且相互之间的竞争并不是很激烈，利润率都会处于一个较高的水平，此阶段依然是产业外企业进入的良好时机。

（三）成熟期

当产业处于成熟期时，其市场需求往往已经达到饱和状态，行业内的市场竞争也达到白热化状态，竞争对手们开始进入对方的细分市场中。这个时候的产品和技术往往已经完全成熟，拜激烈的市场竞争所赐，整个行业的平均利润逐步走低，部分规模较小的企业慢慢被市场所淘汰，产业内企业开始频繁地兼并以及重组，市场集中度慢慢变高，产业竞争格局缓缓浮现。此阶段的产业的"护城河"较高，对资本的需求较低，产业外的企业想要进入十分困难。

（四）衰退期

产业在维系了一定时期的成熟期后，产品和技术逐步跟不上时代，新产品及新技术不断涌现，旧产品市场份额慢慢萎缩，大量企业开始从产业中撤退。

第三章
行业分析：把握趋势，拥抱蓝海

至此为止，行业经历了一个完整的行业周期。创业者可以通过市场规模、竞争情况等特征来判断一个行业处于哪一个生命周期，从而确认企业的基本战略。

直播研究报告中列举了中国直播电商的发展历程，如表3-4所示，中国电商直播起始于2016年，从最初以内容建设与流量变现为目的的起步尝试至今，产业链已经逐步完整化和多元化，目前行业处于爆发式增长阶段，直播带货几乎成了各大平台的标配。

表3-4 中国直播电商发展历程

2016年 萌芽期	2017年 起步期	2018年 成长期	2019年至今 爆发期
电商平台与短视频平台陆续上线直播功能；短视频开始进行电商、付费等多种商业模式的尝试	主播身份多元化，从明星网红向素人拓展转移；直播品类多元化；行业角色分化，MCN机构出现	直播平台在各个内嵌平台的重要性逐渐上升；各大平台转型并推出"内容补贴"战略，扶持内容创作；内容平台建设自有供货平台	行业进入爆发期，交易额高涨，电商直播标配化；主播的身份更加多元化；精细化运营，供应链建设得以强化

五、产业链分析

产业链的本质是用来描述一个具有某种内在联系的企业群结构，产业链中有着数量十分庞大的上下游关系以及相互价值的交换，上游环节向下游环节输送产品与服务，下游环节向上游环节反馈信息。每一个行业其实仅仅是产业链中的一个环节，通过产业链分析，创业者可以了解所处行业从原始资源到终端消费的全过程，清楚行业在价值链上所处的环境，有助于建立有大局观的行业视觉，以产业链为出发点思考行业的价值。

直播研究报告认为按照现有速度，当前的直播电商已然不是蓝海，产业链中存在三类有获利机会的企业，分别是：头部平台方、新兴品牌和头部MCN机构、第三方服务商。

头部电商平台具备稳定和高黏性的用户群体与完善的电商交易基础设施，所以能够将收益分配的主动权牢牢握在手中。对头部内容平台而言，流量正在向更加可视化、碎片化的短视频类APP聚集，作为流量资源的掌握方，内容平台与电商平台合力构成了庞大的互补链。它们之间的合作模式和流量变现模式都十分稳固，当下抖音与快手两大内容平台上自建平台的直播带货成交额占总成交额的18%，并将会处于稳定缓慢增长的态势。

在商户端最有可能的受益者是处于上升期的新兴品牌或者供应链源头，得益于直播的扁平化结构和流量爆发性以及相对低成本的投入，这些品牌获取了很多自然流量，这也使它们能够更加充分地借助直播渠道，在带货的同时快速形成自有品牌，建立品牌影响力。

在流量上拥有优势的头部MCN机构对供应链甚至平台方具有强大的议价能力，带来的价格优势又能继续带来更大的声望与号召力来巩固自身的壁垒，进而持续获得优质商业资源，形成良性循环，所以头部MCN机构对于腰部和尾部MCN机构的优势在短期内会一直存在。

六、行业趋势

创业者在进行行业分析时,最重要的是能够基于以上的分析结果,判断行业的未来前景和发展趋势。

(一)政策环境

任何一个行业的发展,都与时代的大背景息息相关,改革开放以来,互联网、房地产、高科技行业蓬勃发展,这些都得益于产业发展的外部环境,其中最重要的就是产业政策。产业政策可以是鼓励性的,例如对风电和太阳能行业进行补贴;也可以是惩罚性的,例如对环保排放实施严厉的监管,甚至每个区域、每个行业发展阶段其政策环境都是不同的。创业者在判断行业趋势时一定要先了解这个行业的具体政策环境。

(二)需求和供给端

从需求端来分析,一个行业未来的天花板还有多高,首先要判断行业的需求来源发生了哪些变化,例如国产产品替代进口产品的需求、外部环境以及市场的变化产生的需求等。

以企业直播行业为例,以2020年疫情为节点,疫情之前我国企业直播服务市场逐年逐步增长,主要以大型企业客户为主。疫情暴发后,企业正常的线下商业运转遭受严重影响,蒙受巨大损失,企业直播服务成了大量中小型客户提高风险能力的重要补充。此外,阿里、腾讯等互联网巨头纷纷入局,凭借巨大的流量和低价策略吸引更多中小客户使用企业直播服务,提升整个企业直播服务行业的天花板,企业直播服务在迎来短期爆发增长后,其长期发展依旧被看好。

供给端则会受行业竞争格局的影响,一般来说,对于一个处于初创期的行业而言,其集中度通常较低,整个行业均呈现跑马圈地的态势,谁能率先占领市场,谁就有可能在竞争中活下来,当行业进入到成熟阶段,集中度不断提升,若是企业想跻身行业领先者,需要利用资本市场快速整合市场,同时不断寻找差异化定位和构建竞争壁垒。

在企业直播行业中,随着企业间竞争的加剧和基础技术的同质化,塑造差异化定位和品牌特色成了企业直播服务商构建竞争壁垒的关键。从需求端看,企业直播客户行业分布广泛,例如教育、电商、金融、医疗、地产、汽车等,而各个行业都有自身行业特有的直播需求和功能偏好,存在差异化需求和发展机会,因此,只有提供更多样的服务,才有望在激烈的竞争中脱颖而出。从供给端看,企业直播软件从本质上看仅仅是一个工具,企业直播服务商想要永葆创新和可持续发展,需要不断探索多种直播场景从而挖掘新需求,例如已有的营销、电商、培训、协同办公等场景,未来仍存在广阔的探索空间。

(三)新技术的产生

随着以技术为驱动的创新的空前扩张,行业中的企业能否利用技术保持先进的能力将决定其生死存亡,如今,各个行业的领导者们都将技术提升为企业的战略重点,这些新技术也在悄悄地改变着行业的未来。

德勤发布的《2020技术趋势报告》中提到,过去十年中,数字化体验、分析技术和云技术为各项技术赋能,展现了它们自身的价值,已然成为众多企业有效地推进战略和新商业模式的核心基础,接下来十年中,数字现实、认知技术和区块链将成为企业变革的颠覆性驱动力。

5G商用的快速落地,将企业直播的应用场景不断拓宽。2019年工信部向中国移动、中国联通、中国电信、中国广电发放5G商用牌照,当年10月三大电信运营商共同宣布5G商用服务启动并发布了相应5G套餐。全国工业和信息化工作会议内容显示,全国已开通5G基站超过12万个,2019年10月至12月5G套餐签约用户超300万,预计到2025年中国5G用户将超过8亿。

5G技术网络的商业化运用将为企业直播和直播电商注入新的推动力,5G将激发行业云的大规模应用,使得许多业务场景数据存储和计算从终端走向云端,推动市场数字信息化进程,在用户体验上,5G拥有更高的速率、更宽的带宽以及更低的时延,将极大改善用户体验效果,使AR、VR互动直播及超高清8K画面直播、多视角全景直播成为可能,拓展了更多的应用场景。

在创业者对行业的未来做出判断前,首先要分析产业政策发生的变化,然后从需求和供给的角度分析未来的天花板有多高、行业的竞争格局会产生哪些变化、何种企业会从中获得最大的收益,最后从影响行业的新技术的角度分析行业的发展趋势。

引导案例　产业互联网释放传统行业潜能

扎根消费互联网,拥抱产业互联网。

——马化腾

当下,互联网浪潮席卷传统行业,云计算、大数据、人工智能开始大规模融入金融、制造、教育、医疗、零售、文娱、物流等行业的生产环节中。在金融领域,移动支付、互联网银行让资金精准地在需求者与供给者之间流动;在制造领域,数字化管理和智能生产让几乎任何一种需求、任何一个细分领域的订单都能够被快速、准确地匹配;在零售领域,线上零售的便捷延伸到线下,无人超市已成为可能,我们将这种融合称为产业互联网,其带来的信息联通、流程优化、效率提升将释放各个行业的巨大潜能,其中受到最大影响的,是作为国民经济支柱的传统行业,最具代表性的有以下七大传统行业。

一、金融行业

金融行业最基本的作用是融通资金,将资金在供需双方之间不断流动,方式包括贷款、融资、资产管理和金融支付等。在金融行业中,以商业银行为代表的间接中介机构以及以股票和债券市场为代表的直接融资机构扮演着重要的角色。

产业互联网首先推动的是金融业务的非柜台化,就拿银行业务来说,2019年全国个人银行用户中手机银行的用户占所有用户的比重为63%,网上银行用户占比56%,微信银行用户占比42%,银行业行业平均离柜率超过88%,用户的广泛链接和业务在线化是产业互联网的发展基础,能够形成完善的线上数据,降低交易的时间和成本,使金融机构与用户之间的信息流动更加高效。同时,在消费互联网的驱动下,用户在日常生活中使用移动支付的习惯已经养成,并表现出交易额度小、频次高的显著特征。最后,在金融行业监管越来越严的趋势下,互联网金融的业务规模与资产质量下降,行业发展重点从产品和模式创新转向金融科技、小微企业融资等细分领域。

二、制造行业

制造业的基本作用是生产实体工具、工业品与消费品,满足社会经济的物质需求。传统制造业的关键角色是各类制造厂商,制造厂商将人力、原材料、资本等生产要素投入到生产中并产出产品,创造产品的增加值并获得收益。目前我国制造业的行业规模化和集约化发展迅速,但是行业的效率和利润率仍有待提升,汽车、化工、机械设备等行业的税前利润率不足10%,计算机通信设备、食品加工、石油、纺织等行业的税前利润率不足5%,制造业的平均利润率仅为2.59%,制造业附加值不高、生产要素使用效率低等问题普遍存在。

在国家相关政策的扶持和产业互联网的驱动下,我国制造业的生产数字化水平正在不断提升,具备了一定的基础,但距离全部普及仍有距离。虽然制造业的整体数字化仍有较大提升空间,但是已经有大量的制造业企业从电子商务出发,实现与需求端的连接,并逐步实现网络协同、服务型制造、个性化定制等生产方式。

三、物流行业

物流行业的作用是实现货物的运输和流动,支持实体行业的生产和供应链运转。通过外包或自营方式提供服务的物流服务商是物流行业的关键角色。物流行业涉及资源管理、运输、仓储、配送、服务等多个环节,其中运输和仓储是基础环节。

目前,RFID、条形码、数据记录仪、GPS等设备已经能够实现货物和物流主体的追踪,并基于数据的整合实现流程的优化和精简,实现仓储、运输、配送等流程的管理。同时,借助互联互通、自主控制的智能设备,诸如无人机、仓储机器人、智能快递柜,物流行业正在慢慢实现仓储、分拣、配送等流程的自动化和智能化。目前我国物流行业应用自动化技术的比例仍然较低,自动分拣、仓储机器人等智能设备的应用比例不足5%。

四、零售行业

零售行业通过交易的形式将商品和服务提供给最终的消费者,业务流程涉及批发、分销、物流、消费者营销和服务,主要业态包括商超百货、专卖店、便利店和购物综合体等。零售行业的发展深受电商影响,零售商是零售行业的关键主体,成熟的零售企业在供应链、规模、质量、服务上的优势和效率是个人从业者无法比拟的。目前我国零售行业的集聚度仍然较低,零售行业整体的流通环节和供应体系仍有大量优化空间。

在产业互联网的驱动下,消费者已经逐步形成在网络上购物与消费的习惯,电商被很多品牌商家视为最重要的销售渠道之一。零售行业受到消费互联网冲击的时间最早,在电子商务、O2O、互联网出行、移动支付等消费互联网创新的推动下,零售行业完成了移动支付、供应链整合以及配送系统、平台系统和物流系统的优化。

五、文娱行业

文化娱乐行业通过内容生产满足用户的精神活动需求,是典型的随收入提升而繁荣的行业,包括新闻广播、电视电影、娱乐广告、出版发行和版权等形态。文娱行业的核心是内容,关键角色包括各类内容生产、内容服务的组织和个人。

在产业互联网的驱动下,网络已经脱离电视、影院等传统媒体,成为独立的大众传播渠道,不但催生了短视频和直播这种完全根植于网络的娱乐互动形式,也将相当一部分传统内容的生产和发行转移到了线上。与此同时,用户接收内容方式的多样化和短视频、直播等娱乐平台的爆发,使消费者越来越多地参与到内容生产的过程中,使众多"素人"成为大众化娱乐内容的生产者,更加快速、精准、灵活地响应市场需求。

六、教育行业

教育的核心是人力资源的再生产,涵盖了特征差异巨大的两个市场:一是面向校内的教育信息化市场,用户为学校或政府;二是校外非学历培训市场,包括早幼教、K12教育、高等教育、职业培训、语言学习、素质教育等,消费者是个体或机构。教育行业的关键角色是掌握教育资源的学校和各类教育机构。目前,我国教育行业本地化、分散化的特征明显,各类教育机构数量众多,优质资源的配置效率不高。

我国教育行业的发展还处于数字化和在线化阶段,产业互联网对教育行业的作用主要集中在教学管理、辅助学习、资源匹配和渠道分发等方面,对于核心教学环节的提升作用十分有限。

七、医疗行业

医疗行业的核心是保持人的健康和生活质量,以医院为中心的医疗机构是医疗行业的关键角色,其中公立医疗体系是我国医疗行业的绝对核心,拥有最优质的医疗资源。

我国医疗行业的产业互联网发展尚处于早期阶段,行业中的信息化仍然以个体医疗机构为主要单位,系统连接尚未完全建立,而线上医保支付的实施,将促进细分行业医药电商以及互联网医院的进一步发展,在一定程度上促进互联网在医疗体系的渗透。互联网、保险公司等第三方服务机构也能够在支付数据的基础上优化产品结构,提供个性化的服务产品。同时,产业互联网的不断发展还能推进医疗产业服务流程的优化,逐步实现就医便捷化和在线化。

思考题:

产业互联网的技术条件和产业环境已经成熟,新一轮的技术浪潮正在渗透到上一轮产业革命塑造的传统行业中。作为创业者,你的创业项目属于以上七大传统行业吗?产业互联网的发展又对你的项目产生了什么样的影响呢?

第二节 行业分析方法

创业者除了要掌握行业分析的框架,还需要掌握并灵活运用行业分析的具体方法,本节将介绍四种常见的行业分析方法。

一、麦肯锡七步分析法

"七步分析法"是麦肯锡公司在其经手过的大量案例中,归纳得出的一套分析方法。"七步分析法"共七步,如表3-5所示。

表 3-5 麦肯锡七步分析法

步骤	内容
第一步:确定初创企业的市场在哪里	首先创业者需要清楚自己的企业处于行业中的哪一个环节?看清了自己所处的市场后,才能识别出竞争对手和随之而来的机遇
第二步:分析影响行业的每一种因素	明确了自己的定位后,创业者就要分析该行业中的抑制和驱动因素。也就是能够合理判断影响行业的不利和有利因素,此外还需要了解这个不利和有利因素是否会长期存在以及对行业的影响究竟有多大,从而考虑自己是否还要进入这一个行业
第三步:找出需求点	在创业者分析了行业中的各类因素之后,行业中的需求点就会慢慢浮出水面,为了找出这些需求点,创业者首先要对市场中的客户进行划分,掌握每种客户的增长趋势,逐步摸清楚消费者的关键购买因素,也就是消费者在购买产品时最关心的事情有哪些
第四步:做行业供应分析	在初创企业所在的产业链中,上下游都是为企业提供服务的,然而每个企业所处的位置各不相同,也并不是每一个同行都是你的竞争对手。就像在奶制品市场中,有养奶牛的,有制造牛奶的,有做奶制品分销的,如果企业是养奶牛的,那后面两个下游企业都是你的合作伙伴。与此同时,创业者还要结合市场需求,找出合作伙伴在供应市场中的优劣势
第五步:找出初创企业的机遇	在这一步创业者需要思考供应商如何去覆盖市场中的每一块,思考在关键购买因素增长极快导致供应商无法满足它的情况下,如果出现一种新的创业模式正好能填补这一空白,那这就是创业的机会。对初创企业来说,这是需要集中火力攻克的一点,也是能吸引风险投资商的砝码
第六步:创业模式的细分	创业者完成了前几步后,应该能够总结出初创企业竞争需要具备的优势是什么并能够据此设计商业模式
第七步:风险投资决策	这一步主要针对风险投资机构,需要结合自身的财务能力、公司的背景、经历来进行投资决策

二、五力分析法

迈克尔·波特在 20 世纪 80 年代初提出了波特五力分析模型,他认为在行业中有着决定竞争规模和程度的"五种力量",分别是供应商的议价能力、购买者的议价能力、潜在竞争者进入的能力、替代品的替代能力、行业内竞争者现有的竞争能力。这五种力量能够影响产业吸引力以及行业中企业的战略决策。这五种力量的不同组合变化会影响到整个行业。

(一)供应商的议价能力

供应商指的是提供产品、服务或其他资源的企业或个人。在行业中,供应商竞争力的强弱主要取决于供应商所在行业的市场情况和所提供产品的不可替代性。供应商用以威胁下游企业的手段有两种,一是将供应产品涨价,二是降低相应产品或服务的质量,进而迫使下游行业利润下滑。

会造成供应商议价能力过高的情形有很多,比如:

(1)供应商下游客户数量众多,但是创业者所在企业的购买量占供应商的整体供应量比重较低;

(2)供应商提供的产品具备一定的独特性,下游企业难以模仿与转换,从而导致下游企业对供应商的极度依赖;

(3)供应商提供的产品在市场中具备不可替代性。

以苹果公司为例,其供应商的议价能力相对较弱,主动权基本在苹果公司手里。首先,苹果公司所需的产品对技术的要求并不高,所以可供选择的代工企业很多,不存在依赖性,与之相反的是,苹果公司的供应商的收入来源在很大程度上拜苹果手机的销量所赐,与此同时,供应商们得益于苹果公司独特的供应链管理,得到了技术的提升和规模的扩大,因此不具备较强的议价能力。

(二)购买者的议价能力

购买者就是购买企业产品或服务的个人或企业,也包括分销商。购买者的竞争力主要由买方所需产品的数量、买方转而购买其他替代产品所需的成本和买方各自追求的目标这三部分所决定。购买者主要通过打压价格与要求提供较高的产品或服务质量的能力来对行业企业的营收施加影响。

通常情况下,购买者具备较强的讨价还价能力的原因如下:

(1)购买者的数量很少,同时每一个购买者的采购量很大,在销售方的销售总量中占据的份额很大;

(2)卖方行业是由数量众多的规模较小的企业所构成的;

(3)购买者所购买的产品标准化较强,不具备不可替代性,故而购买者完全可以同时向多个卖主购买产品;

(4)购买者具备实现后向一体化的能力,然而销售方却难以进行前向一体化。比如一家奶制品加工厂可以轻松地收购一家养牛场,而养牛场想要创办一家奶制品工厂却并不容易。

苹果公司的购买者议价能力也较弱。原因之一就是其产品的主要目标客户群体集中在中青年群体及高收入阶层,资金相对较为充裕;购买苹果产品也主要是因为其用户体验好,对其价格并不敏感;其次苹果的品牌号召力十分强大,客户群的忠诚度较高,对苹果产品的需求度很高。

(三)潜在竞争者进入的能力

当企业刚刚进入某个行业的时候往往会为行业注入新的生产能力,带来新的行业资源,但是当市场已被行业内现有的企业抢夺一空时,新进企业要想分得一杯羹,一定会和现有企业在抢夺市场份额与上下游企业等方面爆发激烈的竞争。潜在的行业新进入者是行业竞争中无法被忽视的一股力量,这些新进入者大多拥有新的生产能力和企业发展所必需的资源。

新进入者在刚进入一个新行业时一定会引发和现有企业的激烈竞争,从而造成产品价格下跌;同时,新进入者会想方设法获取充足的资源开展生产活动,这样就会造成原材料等成本上升,从而导致行业生产成本升高。产品单价的下降以及成本的上升均会导致行业获利能力下降,所以在很多细分市场中,都存在一些无形的屏障来保障现有企业所拥有的市场资源和份额。行业中的企业要是可以有效防范新进入者的威胁,在提升自身"护城河"的同时也有利于企业保持稳定的市场占有率和提高在市场中的话语权。

在苹果公司所处的行业中,其进入成本和技术壁垒均很高,技术更迭快,新进入者需要投入巨量的资本才能在行业中站稳脚跟。同时行业内格局相对固定,苹果公司凭借多年积累的原材料和技术资源以及相当规模忠诚度高的人脉资源掌握了上游供应商和下游流通商,在行业中占据很大市场份额,新进入者并不会对其产生太大威胁。

(四)替代品的替代能力

在很多时候,行业与行业之间也会存在竞争关系,因为哪怕身处不同行业,有些企业的产品依然具备相互替代的特质。替代品的价格如果比较低,那么当它投放市场的时候,一定会导致本行业产品的价格下滑,从而被限制在一个较低的水平,进而影响本行业的整体收益。所以,一个行业与生产替代产品的其他行业进行的竞争,往往需要本行业的所有成员一起采取共同措施和集体行动。

替代品产生的威胁会限制企业现有产品的价格和获利能力的提高,假如消费者更愿意接受替代品,那么这种限制的影响会被成倍放大,在面对替代品的威胁时,企业若不采取应对措施,那么其营收一定会受到冲击,企业可以采取以下措施来应对替代品的威胁:

(1)提升产品质量;
(2)努力压缩成本,从而降低售价;
(3)改进现有产品,赋予产品新的卖点;
(4)提高营销预算与优惠幅度。

以苹果手机为例,光从替代品的角度(从拍照这个方面)来看,苹果手机的替代品随处可见,例如各类数码相机和苹果手机就互为替代品。但是从替代能力的角度来看,具备高性能、多用途、能够完全替代苹果手机的其他行业替代品还没有出现。因此,替代品对苹果公司产生的威胁较小。

(五)行业内竞争者现有的竞争能力

在大多数行业中,企业与企业之间的利益都是密不可分的。但是,企业的竞争战略从来都没有被忽视过,制定竞争策略的目的就在于取得相对于竞争对手的优势,故而企业运营过程中常常伴随着激烈的纠缠与对抗,这些纠缠与对抗便构成了企业间的竞争。企业间的竞争往往体现在定价、营销、产品特征、售后等方面,竞争强度的大小取决于多方面的因素,通常来说,出现下列情况意味着行业中现有企业之间竞争激烈:

(1)行业"护城河"较低,企业之间难以拉开足够大的差距,市场中的竞争者广泛存在;

(2)市场逐渐成熟,产品需求增长放缓,企业之间争夺市场份额;

(3)竞争者想要采取降价等手段进行促销;

(4)竞争者提供的产品与服务几乎没有差异,用户转换成本很低;

(5)某个战略行动若是成功的话可以给企业带来相当丰厚的收益;

(6)行业外部实力强劲的企业在吸收了行业中实力薄弱的企业后,发起进攻,导致刚被吸收的企业成为市场的有力竞争者;

(7)行业退出壁垒较高,企业无法轻易退出行业,只能继续参与竞争。

行业中的每一个企业均无法逃避以上各种力量所构成的威胁,在应对威胁的同时还要注意行业中竞争对手的一举一动。除非创业者判断正面交锋不可避免且对企业有利,否则企业可以通过提高"护城河"的方式来保护自己,从而能够有效地对其他企业的举动做出应对。

虽然苹果公司有很多强大的竞争对手,但它在生态系统、技术、供应链、网络、品牌、营销和顾客忠诚度方面都有优势。在电脑硬件方面苹果面临着戴尔、联想等品牌的竞争,它有着设计前卫、性能好且做工精湛的优势,但它昂贵的价格也让很多消费者望而却步;在手机方面苹果面临着更多的竞争对手:华为、三星、联想、OPPO、vivo等品牌"虎视眈眈",在手机行业的竞争中,苹果以其出色的人机交互方式、独特的系统配置、其他手机无法比拟的软件库、创新的产品设计作为其优势。同时,其价格过高、系统兼容性差、电池待机时间短、信号强度偏弱等劣势也成为其他品牌发力赶超的突破点。近几年,苹果手机的销量增长放缓,技术上的优势也不再明显,若苹果公司无法长期保持竞争优势,很有可能会在未来与同行的竞争中落于下风。

三、PEST 分析法

PEST 分析法主要是对宏观环境展开的分析,P 是政治(politics),E 是经济(economy),S 是社会(society),T 是技术(technology)。在分析一个行业所处背景的时候,通常是通过这四个因素来分析整个行业所面临的状况。

在进行 PEST 分析时,创业者首先要掌握充分的相关资料,同时对所分析的行业有着较深入的认识,不然是无法进行下去的。创业者可以按照"拓展延伸"中的方法查阅行业报告,结合行业分析框架来进行分析。经济方面的主要内容有经济发展水平、规模、增长率、政府收支、通货膨胀率等。政治方面有政治制度、政府政策、国家的产业政策、相关法律及法规等。社会方面有人口、价值观念、道德水平等。技术方面有高新技术、工艺技术和基础研究的突破性进展等。

(一)政治法律环境

政治法律环境指的是能够对行业的经济活动施加实际与潜在影响力的政治因素以及相关法律法规因素。在政治制度与体制、政府对行业的态度发生变化的时候,比如政府出台了能够对行业经营进行约束的法律法规时,行业中企业的经营战略必须随之做出调整。

政治环境包括一个国家的社会制度、执政党的性质及政府的方针、政策、法令等;不同的国家与地区的社会性质各不相同,迥异的社会制度对行业经济活动有着不同的限制与要求;即使在社会制度未发生改变的同一国家的不同时期,其政府的方针特点、政策倾向对行业的态度和影响也是不断变化的。

以我国 K12 在线教育为例,"K12"又名"K-12",是"Kindergarten to 12"的简称,当前 K12 教育普遍被用来代指基础教育,时间阶段涵盖幼儿园到高中阶段,内容上包括传统学科教育、素质教育以及兴趣类教育等。2019 年 7 月,教育部等六部门联合发布《关于规范校外线上培训的实施意见》;2019 年 9 月,教育部等十一部门再次联合印发《关于促进在线教育健康发展的指导意见》;2020 年 5 月,教育部发布《加快建立完整、系统的在线教育公共服务体系》。可以看到我国的政策旨在建立系统完整的在线教育体系,推动在线教育行业健康发展。

(二)经济环境

经济环境指的是行业所处国家或地区的经济制度与结构、产业布局、资源状况、经济发展水平和未来的经济发展趋势等。行业中的每一个企业都是宏观大环境里的微观个体,企业战略的制定受经济环境的影响较大,经济全球化带来了国家之间经济上的相互依赖性,企业在制定战略决策的过程中不可避免地需要关注、搜索、监测、预测和评估本国以外其他国家的经济状况。

经济环境主要包括宏观和微观两方面:宏观经济环境是一个国家的人口数量和增长趋势、国民收入、国民生产总值和变化情况以及通过这些指标反映出的国民经济发展水平与速度。微观经济环境指的是行业中企业所在地区的消费者收入水平、消费偏好、资金支配情况、文化水平与就业情况等。它们直接决定着行业中企业的市场有多大。

在我国 K12 在线教育领域中,2019 年国家财政性教育经费为 40049 亿元,比上年增长 8.25%,全国教育经费总投入为 50175 亿元,比上年增长 8.74%。其中,全国学前教育、义务教育、高中阶段教育、高等教育经费总投入分别为 4099 亿元、22780 亿元、7730 亿元、13464 亿元。受疫情影响下,下沉市场的用户开始关注并了解 K12 在线教育,伴随着下沉市场用户教育培训需求的持续提升以及线上教育消费的迁移,三、四线城市逐渐成为 K12 在线教育机构争夺的主战场,这些城市中的用户收入水平和消费水平均较一、二线城市而言总体偏低。

(三)社会文化环境

社会文化环境指的是行业所在社会中成员的民族特征、文化传统、价值观念、宗教信仰、教育水平以及风俗习惯等。每一个社会都有自己独特的核心价值观,它们往往具备高度的持续性,这些价值观和文化传统是历史的沉淀,通过家庭繁衍和社会教育而传播延续,所以具有较高的稳定性,相对于核心价值观,一些次价值观的改变较为容易。每一种文化都是由共同语言、共同价值观念体系及共同生活经验或生活环境的群体所构成的,不同的群体有不同的社会态度、爱好和行为,进而表现出迥异的市场需求和消费行为。

社会文化环境包括一个国家或地区的居民教育程度和文化水平、宗教信仰、风俗习惯、审美观点、价值观念等。

随着升学压力增大、社会对教育的重视程度逐渐增强,伴随着 80、90 后这些新生父母对素质教育的日益重视,在线素质教育垂直平台也在逐渐崛起。与此同时,国内社会收到消费升级的影响,人们的精神文化需求愈加迫切,从而推动教育向"刚需化"转变。在二孩政策、升学压力、社会对教育重视程度提高的共同推动下,K12 在线教育规模不断扩大。

(四)技术环境

技术要素不单单包含那些引起革命性变化的发明,还包括与行业有关的新技术、新工艺和新材料。在之前的半个多世纪中,最剧烈的变化恰恰就发生在技术领域,阿里、华为、腾讯、苹果等高技术公司的崛起改变着世界和人类的生活方式。

创业者除了要考虑与企业所处行业息息相关的技术领域的发展变化外,还应及时了解国家对科技开发的投资和支持重点、该领域技术发展动态和研究开发费用总额、技术转移和技术商品化的速度、专利及其保护情况等。

在我国K12在线教育行业中,大数据、人工智能、生物特征识别技术等被应用于在线教育平台中,智能学习系统有利于精准匹配知识需求,及时反馈学生的学习成果。随着5G技术的推广,直播教育的用户体验也会得到进一步的提升。

四、SWOT分析法

SWOT分析法也叫优劣势分析法,它是一种可以较为客观准确地分析与研究某个行业或产品现实情况的方法。SWOT分析法将组织内外环境所形成的机会、风险、优势、劣势四个方面的情况结合起来进行分析,如表3-6所示,以寻找并制定适合组织实际情况的经营战略和策略。运用这种方法,可以对研究对象所处的情景进行全面、系统、准确的研究,从而根据研究结果制定相应的发展战略、计划以及对策。

表3-6 SWOT分析法的四个要素

SWOT分析法的四个要素	
S:strengths(优势)	O:opportunities(机会)
内部的有利因素	外部的有利因素
W:weaknesses(劣势)	T:threats(威胁)
内部的不利因素	外部的不利因素

Gartner针对华为在全球数据中心基础设施市场中的优劣势、机会和威胁展开了SWOT分析,如表3-7所示。

表3-7 华为全球数据中心基础设施业务SWOT分析

优 势	机 会
(1)数据中心基础设施业务具有多样的产品组合和强力的交付能力; (2)华为投入了大量的研发资金以应对全球技术革新; (3)华为虽为民营企业但具备独特的企业文化和有效的激励机制来吸引人才; (4)在核心市场的增长和渗透强劲; (5)存储技术的变革将增强华为在市场的渗透; (6)在国内以及运营商中有很强的品牌效益	(1)具备地域政治优势,对国内和其他国家的中国供应商是有利的; (2)中国日益增长的影响力能够为中国供应商带来更多的机会; (3)利用其在运营商中的领导地位和专业性,在服务器提供商以及企业级数据中心市场展开交叉销售; (4)利用其在云服务、网络服务以及手机设备领域的优势来发展其长期业务; (5)公有云服务的发展将带动数据中心基础设施业务的增长

续表

劣　势	威　胁
(1)在北美市场的渗透力度不够； (2)在国外的业务渠道覆盖度不够； (3)欠缺新兴的营销能力和执行力； (4)缺乏成功的并购以促进其业务的增长； (5)在生态圈中的能力仍然处于发展中水平； (6)咨询服务能力不够完善	(1)国外可能会限制其业务销售； (2)中国国内其他供应商的激烈竞争； (3)有开源基础设施、ODM和基础设施软件多种选择； (4)客户的业务会往公有云迁移

除了将行业或企业面临的各类情况罗列出来分析以外，创业者还可以通过内外部交叉的方式，来找到应对的策略。

优势—机会(SO)战略可以帮助企业在发挥内部优势的同时运用外部机会。对于创业者而言，每一个人都希望能够利用自己企业的内部优势去抓住并利用外部环境变化所提供的机会。

劣势—机会(WO)战略主要是利用外部机会来弥补企业内部的劣势。在企业存在较好的外部机会，但其内部的劣势却阻碍它利用这些外部机会时，一方面创业者可以找到更合适的合作伙伴一同开发，利用技术优势一起将蛋糕做大；另一方面则是进行内部的改造和调整，合力攻坚，使企业逐步具备利用外部机会的条件与能力。

优势—威胁(ST)战略是利用自身的优势规避或降低外部威胁的影响。外部威胁是普遍存在的，可能是来自第三方的跨界打劫，也可能是新产品、新材料、新技术对原有企业的潜在冲击，企业要利用好现在的优势，做好应对策略，总会找到一片新的蓝海。

劣势—威胁(WT)战略是通过减少内部劣势以规避外部环境威胁的防御性战略。这个阶段的企业是岌岌可危的，一步踏错就可能面临被并购、破产或清算，所以在这个阶段创业者要果断做减法，砍掉多余的人、舍弃不赚钱的业务、关掉亏损的门店等，只保留最强的一部分，休养生息，整顿管理与业务，等待机会。

拓展延伸　行业报告(数据)获取的渠道(网站)

行业报告(数据)通常通过各类数据网站获取，如表3-8所示。

表3-8　行业报告(数据)获取的渠道

信息类型	获取渠道
国内咨询机构 网站数据报告	艾瑞研究—艾瑞网(行业报告) http://report.iresearch.cn 中国互联网络信息中心(CNNIC) http://www.cnnic.net.cn/hlwfzyj/hlwxzbg 199IT中文互联网数据网络资讯网 http://www.199it.com 易观 https://www.analysys.cn

续表

信息类型	获取渠道
国内咨询机构网站数据报告	阿里研究院 http://www.aliresearch.com/cn/index
	亿欧智库研究报告 https://www.iyiou.com/intelligence/report
	友盟＋数据报告 https://www.umeng.com/reports.html
	DCCI未来智库 http://www.dcci.com.cn/report/index.html
	移动观象台 http://mi.talkingdata.com/reports.html
	艾媒网 https://www.iimedia.cn/#shuju
	国金证券 https://www.gjzq.com.cn/main/invest-advisory/index.html
	清华大学金融科技研究院 http://thuifr.pbcsf.tsinghua.edu.cn
	36氪研究院 https://36kr.com/academe.html
	链塔智库 http://www.blockdata.club
	普华永道：研究与洞察 https://www.pwccn.com/zh/research-and-insights.html
国家机构公开数据	国家便民服务查询 http://www.gov.cn/fuwu/
	国家宏观经济数据查询 http://www.gov.cn/shuju/chaxun/index.htm
	国家统计局 http://www.stats.gov.cn/tjsj/
	世界银行公开数据库 https://data.worldbank.org.cn/indicator?tab=all

续表

信息类型	获取渠道
上市公司财务数据	上海证券交易所 http://www.sse.com.cn/ 深圳证券交易所 http://www.szse.cn/ 巨潮资讯网 http://www.cninfo.com.cn/new/index 新浪财经 https://finance.sina.com.cn/ 中国注册会计师协会 http://www.cicpa.org.cn/

创业术语

垄断(monopoly)一般分为卖方垄断和买方垄断。卖方垄断指的是唯一的卖者在市场中面对多个互相竞争的消费者的情况,买方垄断则恰恰相反。

寡头(oligopoly)指的是为数不多的销售者,在寡头垄断市场上,只有少数几家厂商供给该行业全部或大部分产品,每个厂家的产量占市场总量的份额相当大,对市场价格和产量有举足轻重的影响。

生命周期(life cycle)的基本含义可以通俗地理解为"从摇篮到坟墓"的整个过程。

行业壁垒(trade barrier)是指跨行业经营者丢掉擅长的业务而去开拓不擅长业务所会遇到的"陌生的困难",壁垒的高低是由市场竞争、社会发展状况、法律体系完善程度等综合因素决定的。

市场饱和度(market saturation)指某产品的市场总销售量与市场潜量之比。

行业集中度(concentration ratio)是指某行业内前 N 家最大的企业所占市场份额的总和,是对整个行业的市场结构集中程度的测量指标,用来衡量企业的数目和相对规模的差异。

MCN(multi-channel network)模式源于国外成熟的网红经济运作,其本质是一个多频道网络的产品形态,将专业内容生产的内容联合起来,在资本的有力支持下,保障内容的持续输出,从而最终实现商业的稳定变现。

上游产业(upstream)指处在整个产业链的开始端,包括重要资源和原材料的采掘、供应业以及零部件制造和生产的行业,这一行业决定着其他行业的发展速度,具有基础性、原料性、联系性强的特点。

下游产业(downstream)指处在整个产业链的末端,一般为加工原材料和零部件,制造成品和从事生产、服务的行业。

蓝海(blue ocean)指的是未知的市场空间。企业要启动和保持获利性增长,就必须超越产业竞争,开创全新的市场。

买方议价能力(bargaining power of customers)是指买方采用压低价格、要求较高的产品质量或索取更多的服务项目等竞争手段,从多个卖方之间彼此对立的状态中获利的能力。

卖方议价能力(bargaining power of suppliers)指供应商通过提价或降低所购产品或服务的质量,向某个产业中的企业施加压力的能力。它是供应商参与产业竞争的强有力的手段。

购买行为(purchase behavior)是指人们为满足需要和欲望而寻找、选择、购买、使用、评价及处置产品、服务时介入的过程活动。

分销商(distributors)是指贸易中获得商品所有权的中间商,他们通过购买取得商品的所有权并转售出去,所以要承担各种风险。

本章小结

1.在创业者开始分析一个行业时,首先需要了解行业的基本情况,其次需要明确行业的特征:根据行业竞争结构的不同,行业可以被分为完全竞争、垄断竞争、寡头垄断和完全垄断四种类型,根据行业与国民经济总体周期变动关系的密切程度,可以将行业分为发展型行业、周期型行业和稳定型行业。行业周期则可以被划分为初创期、成长期、成熟期以及衰退期四个周期,最后结合行业的产业链分析整个行业未来的前景和趋势。

2.创业者可以通过多种分析方法来判断行业是否适合自己:可以通过麦肯锡七步分析法来指导自己的思路;通过"供应商的议价能力、购买者的议价能力、潜在竞争者进入的能力、替代品的替代能力、行业内竞争者现有的竞争能力"这五种力量来分析行业的竞争结构;根据PEST分析法来分析行业所处的宏观环境和背景;通过SWOT分析的结果来制定相应的发展战略、计划以及对策。

思考与讨论

1.请举例说明,你想要或者已经创业的项目属于哪一个行业门类和大类?行业中有哪些龙头?

2.请举例说明,你所处或将要处于的行业有什么特征?

3.请举例说明,你所处或将要处于的行业处于哪一个生命周期?你是如何判断出来的?

4.你想要或者已经创业的项目属于产业链的什么位置?你对产业链上的其他企业是否了解?

5.请从需求、供给和新技术的产生三个角度谈谈你所处或将要处于的行业的未来发展趋势。

6.请举例说明,几类常见的行业分析方法各自的适用范围。

头脑风暴

学生分为若干组,各组利用头脑风暴的方法,对以下问题提出不同的看法,并尽量多地将它们列示出来。

讨论问题:利用"拓展延伸"中提到的方法,搜集团队项目所处行业的行业报告,尽可能多地将报告中对行业分析有用的信息摘录下来,并尝试利用行业分析方法展开分析。

第四章

市场分析：
找准定位，细分市场

创业者首先应该考虑的是——让100个人彻底、死心塌地疯狂爱上你，而不是10000个人喜欢你。

——保罗·格雷厄姆

当创业者决定进入一个新的市场时，对该市场进行相应的市场分析是必不可少的。恰到好处的市场分析能够帮助创业者找到市场的需求所在，找到产品的市场定位，确定相应的战略。

知识目标

了解市场分析的基本框架；

熟悉市场细分的类型；

掌握消费者的购买行为及市场竞争者的类型。

能力目标

能够进行市场细分并选择适合自己的目标市场；

能够识别出市场中的竞争对手并形成自己的竞争优势。

素质目标

培养创业者勇于追求变化，敢于抓住市场机会，利用创造性的思维填补市场空缺，塑造自身竞争力的素质。

引导案例　下沉市场三巨头

> 拼多多的核心是五环内的人理解不了的。
>
> ——黄峥

下沉市场指的是三线以下城市的市场，包括三线、四线、五线城市和广大乡镇农村地区。相较于一、二线城市的发达，三四五线城市基于历史沿革和基础设施配套等原因，还属于欠发达区域，也就是我们一般所说的"五环外"。2018 年，成立只有 3 年的拼多多成功上市，打开了这片长久以来为人们所忽视的市场，紧接着，创立不过两年的趣头条就凭借更快的速度登陆纳斯达克，让人们再一次领教到了下沉市场的威力。在获客成本日益高涨，一、二线城市流量红利逐渐消退的当下，下沉市场已然成为当今互联网增量红利的全新蓝海。

一、下沉市场的规模与潜力

下沉市场的体量远比我们想象得要更大，如果把"北上广深"定义为一线城市，其后 33 个城市（包括其他 2 个直辖市、26 个省会城市和 5 个最富裕的城市）定义为二线城市，地级市、县级市和其他城市定义为三线及以下城市，不难发现，下沉市场囊括了大约三百个地级市、两千个县城、四万个乡镇和六十六万个村庄。而在未来的 5 到 10 年内，这 66 万个村庄的人口，一定会逐渐向乡镇、县城迁移，最终形成接近 1000 个 50 到 100 万人口的"超级县城"，这 1000 个超级县城将成为节点，连接起生活在 97% 国土面积上，相当于 3 个美国人口总量的 10 亿人口。

下沉市场的潜力体现在用户更强的消费意愿、更出色的消费能力和更多的娱乐闲暇时间上。下沉市场用户的租房比例很低，大部分人都有自己的房产，或是与父母居住在一起。考虑到下沉市场房价比一、二线城市低，这些用户的住房成本也会低很多，拥有更大比例的可支配消费金额和闲暇时间，所以他们在消费、文娱等方面拥有比一、二线城市更强的意愿和能力。

二、下沉市场用户的特有属性

在下沉市场中，熟人社会属性被体现得淋漓尽致。"熟人社会"是基于亲朋好友和邻里关系而形成的复杂庞大的关系网络，大家彼此熟悉，故而可以相互帮衬。在下沉市场中，熟人社会属性特征要明显高于一、二线城市，这一特征也使得"口碑传播"较一、二线城市更容易达成。

下沉市场的另一个属性是价格敏感属性。诚然，通过多年发展，下沉市场的居民生活得到了极大的改善，然而他们的收入水平较一、二线城市依旧偏低，同时，基础设施建设的相对滞后也造成下沉市场消费者的消费选择还是比较少，因此消费者对产品的定价变动十分敏感，纵然产品的价格发生了微小的波动，也会对消费者的消费决策造成影响。

下沉市场还具备闲暇娱乐属性。与一、二线城市居民动不动就要加班相比，下沉市场居民的可支配时间较多，下沉市场居民每周工作时间远低于一、二线城市。这也导致下沉市场居民们在下班后还能有大量的时间用以娱乐与消遣，所以他们会愿意为了优惠而发动身边的"熟人"一起拼团消费，完全不觉得这是浪费时间。同时，由于娱乐基础设施有限，大家便顺理成章地去线上寻找轻娱乐资讯的相关内容来打发时间。

三、下沉市场三巨头

在下沉市场中，不得不提到三家企业，它们各自用自己独特的运营手段，牢牢地控制着下沉市场的用户们，成为市场新的流量霸主，它们被称为下沉市场三巨头，分别是拼多多、快手和趣头条。

将用户定位于三四线城市的快手是对下沉市场最初的尝试者，其打出的口号就是"记录普通人的生活"。快手只用了五年时间，注册用户就已经超过7亿，如今日活用户更是突破3亿，近一半的国人都在使用它。与抖音相比，快手在社交属性上更胜一筹，"发现"挖掘用户喜欢的内容并进行推荐，"同城"则是鼓励用户社交，形成自己的圈子。而在抖音上，对于喜欢的人能做到的只有关注、点赞和评论，无法获取更多的信息。

拼多多则针对三四线城市用户亲熟人社交、信赖朋友推荐和追求性价比等特点，走的是熟人社交、低价拼团的模式。社交裂变带来的效果如同化学反应一般，自2018年7月成功登陆纳斯达克以来，拼多多在两年间活跃用户超过6亿，GMV（成交总额）突破万亿，市值从上市初的100亿美元涨到现在的1000多亿美元，一度超过京东。

最后一个崛起的巨头是趣头条，趣头条与今日头条在产品形态上有很多相似之处，然而两者之间的用户重合度却不到30%，趣头条与拼多多的用户重合度却有60%，其用户更多存在于四五线城市中，更以女性用户居多。造成这种现象的原因是趣头条的看新闻赚钱模式，用户可以边看新闻边完成平台任务，从而挣得现金奖励，甚至用户还能够依靠收徒来取得收入，还可以从徒弟的收益中取得持续分成，趣头条也借此收割了大量下沉市场的用户。

从利用社交媒介实现裂变式传播快速获客，到主打低价爆款商品与大面积补贴用户，再到拼团购买消遣娱乐，下沉市场三巨头的崛起体现出对下沉市场用户属性的深刻理解。更别说三巨头身后都站着同一个投资者，那就是腾讯，微信作为这个时代即时通信的基础工具，成了下沉市场三巨头产品里社交最好的放大器。目前看来，下沉是寻找新用户，获取新增长的一种有效方式，但是也需要创业者结合自身产品的特点，做好市场调查与分析，以做到知己知彼，百战不殆。

思考题：

作为创业者，如何结合自身产品进行市场分析？又该如何判断某个市场是否真正适合自己呢？

第一节　市场现状

一、市场背景与发展阶段

本书上一章的行业分析中已经介绍了如何利用PSET分析法和波特五力分析法等方式来分析行业和市场背景，行业背景告诉我们这个行业是做哪一行的，以及行业所涉及的机构、用户、产品都立足于哪些市场。而围绕市场背景的分析更多的是为了让创业者对市场生态环境有更深入的了解,从而了解行业运营的规则并以此制定相应的战略决策。

所有的事物都是有生命周期的,市场也不例外。按照发展程度的不同可以将市场分为导入阶段、发展阶段、成熟阶段和衰退阶段四个发展阶段。

处于导入阶段的市场发展得较为缓慢,一个新市场的开拓往往伴随着较少的竞争对手,比如无人驾驶汽车领域。但是因为用户习惯还没有培养起来,用户量也很少,因此存在很大的风险,创业者会面临未知的领域和未知的商业模式,能不能存活下去都是未知。

处于发展阶段的市场发展迅速,是市场发展的"黄金期",此时会有大量的竞争者涌入市场,例如红极一时的共享单车领域。此时的市场呈现百家争鸣的态势,因为行业内出现了一两个成功的商业模式,只要加以修正传承,就可获取大量的收益。

处于成熟阶段的市场发展逐渐放缓,行业用户数基本固定,市场开始淘汰产品,好的产品市场占有额更高,只有少数一两家成为行业中的寡头,霸占着绝大部分的市场份额,比如社交聊天软件领域。

衰退阶段的市场在经历了疯涨之后,受到经济政策环境影响,增长率呈负增长,市场开始出现新的产品对原有的产品进行替代,整体属于衰退阶段,例如煤炭行业。

二、市场规模与市场增长率

市场规模主要用以研究目标产品或行业的整体规模,是一定时期内,企业的产品或服务在特定范围内的市场销售额。不管是创业者还是投资人,都非常关注市场规模,因为市场规模直接决定了初创企业可以发展到何种规模,可以取得多少的收益。

创业者如果需要了解整个市场的规模和自己的企业在市场中的份额,可以通过本书上一章"拓展延伸"中提到的报告查阅方式获取3~5份不同研究机构对创业者所处行业的研究报告,选取其中关于市场规模的数据并求出均值,以对创业者需要进入的市场规模有一个初步的了解。关于市场规模的测算方式,需要根据不同行业的不同情况进行调整,由于涉及的财务知识较多,本书归纳了一些常规预测方式,可以在本章"拓展延伸"中继续学习。

市场增长率指的是产品的市场销售量或销售额在比较期中的增长比率。其公式为:

$$市场增长率 = \frac{比较期市场销售量(额) - 前期市场销售量(额)}{前期市场销售量(额)} \times 100\%$$

按照比较期的不同,市场增长率可以分为同比增长率和环比增长率,同比表示统计段今年与去年之间的比值,如2020年9月的市场规模与2019年9月的市场规模之间的对比。环比是将本期数据与上期数据进行比较,即相邻时间段的比较,如将2020年9月的市场规模与2020年8月的市场规模做对比。创业者可以根据市场增长率的变化判断行业的发展状况,找出发生变动可能的原因并做出应对的决策。

以我国2020年第一季度第三方支付市场为例,2020年第一季度第三方移动支付交易规模下降至53.2万亿,与去年同期相比下降4.0%,如图4-1所示,成为首个同比下降的季度。本季度交易规模下降主要有三方面原因:

(1) 2—3月,受疫情影响,居民外出减少,线下消费行为收缩;

(2) 疫情期间部分物流受阻,加之居民收入预期下降,导致线上消费行为减少、客单价下降;

(3) 尽管一季度是传统的春节季,但是部分受消费带动的转账类交易减少,抵消了红包效应的增量。

从图中数据也可以看到,伴随着复工复产的逐步推进,居民生活已经趋于正常化,加之"五一"和"端午"假期的来临,预计2020年第二季度的交易规模会出现显著回升。

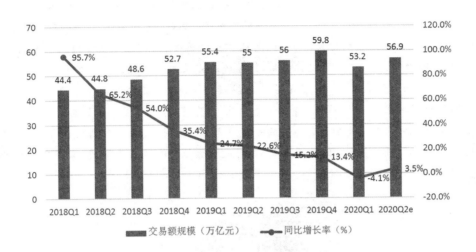

图4-1　2018Q1—2020Q2中国第三方移动支付交易规模

三、市场占有率

市场占有率指的是企业产品的销售量在市场同类产品中所占的比重,反映了企业在市场中的身份,企业的市场占有率越高,其竞争力往往就越强。

(一)整体市场占有率

整体市场占有率是企业的销售量(额)占整个产业总销售量(额)的比例。创业者想要计算整体市场占有率必须先将产业范围界定清楚,再决定是使用销售量还是销售额来进行计算。其公式为:

$$整体市场占有率 = \frac{企业销售量(或销售额)}{产业总销售量(或销售额)} \times 100\%$$

(二)目标市场占有率

目标市场占有率指的是企业的销售量(额)占整个目标市场的总销售量(额)的比重。目标市场是企业所服务的市场,通常情况下,企业的目标市场占有率会高于整体市场占有率。计算公式为:

$$目标市场占有率 = \frac{企业销售量(或销售额)}{目标市场总销售量(或销售额)} \times 100\%$$

(三)相对市场占有率

相对市场占有率指的是该企业的销售量(额)同市场上最大竞争者的销售量(额)之比,或该企业的市场占有率与市场上最大竞争者的市场占有率之比。计算公式为:

$$相对市场占有率 = \frac{企业销售量(或销售额)}{市场上最大竞争者销售量(或销售额)} \times 100\%$$

或

$$相对市场占有率 = \frac{企业市场占有率}{市场上最大竞争者市场占有率} \times 100\%$$

如果一个企业的相对市场占有率超过100%，意味着该企业是这一市场中的领导者。

2020Q1数据显示，我国第三方移动支付市场依然呈现市场份额较为集中的态势，处于第一梯队的支付宝和财付通共占据了超过94%的市场份额，如图4-2所示。处在第二梯队的支付企业只能选择在各自的细分领域中发力：壹钱包结合支付服务，推出线上便捷捐助平台、APP商城"科学防护防疫作战"专区，平安商户业务线下商户经营帮扶、财酷业务企业安心团餐服务等多项抗疫帮扶举措，助力抗击疫情；京东支付交易规模排名第四，在线上线下全面发力，逐步缩小与支付宝和财付通的差距；联动优势得益于平台化、智能化、链化、国际化战略，推出面向行业的支付＋供应链金融综合服务，促进交易规模平稳发展；此外，快钱在诸如购物综合体、院线、文旅等万达场景中快速扩展；苏宁支付则致力于O2O化发展，为C端消费者、B端商户提供便捷、安全的覆盖线上线下的全场景支付服务。

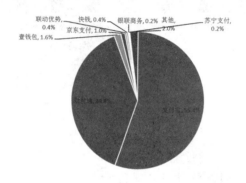

图4-2　2020Q1中国第三方移动支付交易规模市场份额

引导案例　Tik Tok 如何占领海外市场

中国的互联网人口，只占全球互联网人口的五分之一，如果不在全球配置资源，追求规模化效应的产品，五分之一无法跟五分之四竞争，所以出海是必然的。

——张一鸣

在疫情肆虐的2020年，字节跳动旗下的Tik Tok却逆势斩获全球第一（年下载量），总用户数超过10亿，下载量超过20亿。据Sensor Tower发布的全球2020上半年APP榜单显示，Tik Tok以6.26亿次下载量排名世界第一，字节跳动成为除苹果外，唯一一家在国内和国外的用户数都超过1亿的科技公司。其在海外的飞速发展也引起了竞争对手甚至是当地政府的重视，其最大的两个海外市场：印度和美国都相继出台限制措施。那么Tik Tok究竟是如何打开海外市场的呢？

一、选择目标市场

在一次互联网大会上，张一鸣曾表示，他创办今日头条的第一年，就把国际化当成一个重要的方向。原因很简单，中国的互联网用户仅仅占全球互联网用户的20%，假如不在全球配置资

第四章
市场分析：找准定位，细分市场

源,以追求规模化效应,只依靠20%是没有办法与80%竞争的,故而字节跳动一定会在海外布局。5年前中国互联网在全球范围内取得了相对领先的地位,全球前十的市值公司中国占了四家,然而在国内经过惨烈的厮杀后,流量红利逐渐消失,一大批互联网人陷入迷茫,但很快他们便达成共识,是时候走出去了。放眼全球市场,新兴的互联网市场主要分布在印度、南美、东南亚、中东、非洲等地,这些国家与地区的互联网人口以每年4亿人口的速度在增加,是除了中国之外谁也不想错过的蓝海。从2017年8月Tik Tok首次上线以来,仅3个月就登上日本App Store免费榜第一,印度境内Tik Tok的下载量达6.11亿次,更是仅仅用了3个月就迅速风靡了整个巴西,做到了300万的DAU(日活跃用户数)。在短短的三年时间内,Tik Tok已经覆盖了超过150个国家和地区。其中,最主要的市场来自印度和美国,截至2020年上半年,印度境内Tik Tok的下载量占全球总下载量的30.3%,美国占全球总下载量的8.2%。

二、选择目标用户

通常来说,两国之间的文化距离越远,一个国家的企业在另一个国家参与市场竞争时所面临的困难就越大。而克服这个问题的途径之一就是组建一支本土领导团队,或者从对方国家派遣一个对该国文化了如指掌的人。在国际化进程中,张一鸣在人才战略上大费苦心,2020年5月,字节跳动宣布迪士尼前高级副总裁凯文·梅耶尔成为其首席运营官兼Tik Tok全球首席执行官。至此,张一鸣招揽了来自Facebook、谷歌、华纳音乐、微软等众多海外巨头公司的互联网人才,集结起一支豪华的全球化军团。在目标用户的选择上,Tik Tok则将眼光瞄准了Z世代,Z世代还被叫作网络世代或互联网世代,特指1995到2010年间出生的一代人,它们完全是跟电子产品、社交网络一起成长起来的。随着千禧一代逐渐迈向中年,Z世代已经成了网上最活跃、最有表现欲望的人群。像其前身Musical.ly一样,Tik Tok也是抓住了这一批用户,尤其是在新冠疫情期间,有着大把时间无处打发的青少年们,纷纷学起了各种卡点和对嘴。认为Facebook不够酷的Z世代在Tik Tok里找到了属于自己的阵地,几年前Facebook上的"冰桶挑战"曾经爆红一时,但在Tik Tok上,这类挑战层出不穷,每个月都有几个爆红。市场调查机构eMarketer的报告显示,2019年Tik Tok在美国的用户基数几乎翻番,2020年Tik Tok的美国用户数量将达到4540万人,其中三分之二的用户年龄在20岁左右,一个来自中国的文化产品牢牢抓住了美国Z世代用户的心智。

同时,为了迎合目标客户的审美与口味,Tik Tok在各个市场都投入了巨额的资金。2018年仅对日本一个地区就增加了数亿美元的投放预算,几乎与国内的投放金额一致,先由女艺人木下优树菜打开了日本市场的突破口,很快又和石原里美所属的HORIPRO事务所以及日本人气偶像团体SKE48等达成合作,进一步拓展其影响力。除了与艺人、网红联动,Tik Tok在谷歌、Facebook、Youtube等传统互联网平台上的投放力度也尤其大,有报道称,2019年字节跳动仅在谷歌的广告上就花费了3亿多美元。

三、算法与用户体验

Tik Tok的成功虽然与其用户选择和市场投入有关,但也离不开它给用户带来的独特的体验感。Tik Tok的交互体验非常简单:全屏视频,默认循环播放当前视频,下滑切换到下一个视频,同时Tik Tok上的内容非常短,最初只有15秒,在年轻一代的时间越来越碎片化的趋势下,这种长度天然适合在手机上看。对视频生产来说,这个长度的视频生产门槛比长视频要低很多,因此会有大量用户自制上传的视频,来丰富平台内容。Tik Tok另一个法宝是它独特的算法，得益于字节跳动的内容分发算法，用户在使用 Tik Tok 时，只需要不断往下刷新，系统就会根据用户停留观看的时间、内容，计算出用户的偏好纬度，进而不断推送用户喜欢的内容。在默认情况下，所有视频都会重播，这种做法能够快速地训练每个用户的算法：在观看一个 10 分钟的 YouTube 视频所需的时间内，Tik Tok 可以捕获 40 个 15 秒的视频数据。随着用户的使用时长变多，Tik Tok 对用户偏好也越来越了解，这使得不同用户能够看到完全不同且更符合自己口味的内容。最后，Tik Tok 和 Facebook 这类同等体量产品对比，一个显著特点是并不依赖社交网络进行冷启动，Tik Tok 不需要任何好友、关注者，甚至不需要账户，就能通过丰富的内容及精准的推荐留下用户。而在推送逻辑上，Instagram 会把你发布的内容推送给关注你的好友、家人或者其他人，而 Tik Tok 是要把你的内容推送给所有人，然后根据视频接受者的行为来不断调整推送范围，这也是为什么 Facebook 在推出了 Instagram、WhatsApp、Lasso 等一系列社交产品矩阵后，仍无法阻止 Tik Tok 在美国、印度、澳大利亚、日本、韩国等多个国家势如破竹地扩张。

毋庸置疑，Tik Tok 已经是一款全球火热的现象级产品，它操作简单、跨越文化地域，已经成为手机上制作和观看短视频的最佳方式。据 Napal Times 报道，印度北部边境地区的年轻人甚至借助尼泊尔电话卡继续使用 Tik Tok，在 Tik Tok 遭遇多个政府打压的今天，用户行为已经给出了最好的答案。

思考题：
作为创业者，你是否有明确的目标市场或目标用户？与目标市场中的其他竞争对手相比，你的优势在哪里？

第二节 市场细分与目标市场选择

市场细分是企业按照某个分类标准把总体市场中的用户再划分为多个用户群体的市场分类过程。被划分出的各个用户群体均构成一个细分市场，同一个细分市场中的用户拥有相似的需求、特点、消费和收入水平，而不同细分市场总的用户之间的需求与特征则存在着明显差异。比如以性别作为分类标准，可以将市场上的用户分为男性用户和女性用户，此时，男性用户构成一个细分市场，女性用户则构成另一个细分市场。

一、市场细分的目的

对于企业而言，由于各方面的限制，无法提供能够满足市场上所有用户需求的产品或服务，也无法以同一种营销方式吸引市场上所有的用户。市场上的用户数量众多，其需求、心理、购买动机也各不相同，企业在不同细分市场中的能力也有所差异，因此企业需要把某些方面类似的用户进行细分，在其中挑选出最有可能给企业带来利益的细分市场，再将企业的资源集中起来去开发新的产品。这样一来，创业者就可以更好地制定和定位其产品与服务，以满足每个细分市场的需求。

细分市场的目的是让企业集中资源，通过提供更匹配细分市场用户需求的产品和服务，制定更匹配细分市场用户属性的营销策略从而取得竞争优势。

二、市场细分的意义

(一)有利于目标市场的选择

没有市场细分,创业者就无法制定市场营销策略,也就不知道要研发何种产品并销售给哪一类用户群体。市场细分是企业选择目标市场的基础,在企业对市场进行细分之前,市场上消费者需求的多样性和差异性使得企业的战略难以制定,无法总结出规律性的有效结论。细分后的市场比较具体,可以根据用户需求的差异将市场分为多个群体,同一细分市场中的用户需求具备同质性,使得企业可以根据自身情况来确定自己的目标市场。

(二)有利于制定差异化的市场营销策略

企业能够凭借市场细分更有针对性地分析细分市场中的客户需求,从产品、定价、营销等方面制定同目标市场更为匹配的市场营销策略。而不再是针对市场上的所有用户提供标准化的产品,采用毫无针对性的市场营销策略。

(三)有利于对市场机会和威胁快速做出反应

市场细分使企业在业务上更加聚焦,它有助于企业更准确地了解目标市场的动向。聚焦于细分市场的企业能够比聚焦于大众市场的企业更早地觉察到细分市场中新出现的机会和威胁,并迅速调整市场营销策略,以应对市场的变化,提升企业的竞争力。

(四)有利于企业减少浪费,提升收益

企业可以凭借市场细分使之在资源分配方面更加聚焦,更加匹配目标市场。比如生产计划与目标市场预期销量相匹配,市场营销策略与目标市场用户的属性相匹配,产品的设计与目标市场用户的需求相匹配。细分市场使企业将资源用于满足特定用户的需求,而不是对所有用户采取通用策略,这意味着企业不会再为无效的用户浪费资源。这将有助于企业减少不必要的风险,降低成本并提升收益。

三、市场细分的类型

企业为了能更加有效地向目标市场提供最匹配的产品,需要将市场中的用户划分为几个具备共同特征的群体,因为市场中的用户在需求、消费水平、购买行为等方面存在巨大的差异。

(一)地理细分

地理细分指的是根据市场中的用户所在的地理位置、地理环境来进行市场细分,比如地区、国家、省、市、区、县、乡或是社区等。市场中用户的需求、偏好和兴趣会随着地理状况的不同而有所差异,地理细分可以像国家或地区一样宽泛,也可以像社区或街道一样细致。

创业者可以根据地理区域和区域发展水平进行细分:可以根据国家进行细分,也可以根据国家的发展水平细分为发达国家、发展中国家等,再或是根据城市的经济发展水平细分为一、二、三线城市等。创业者还可以直接根据消费者的所在地来进行市场细分,不同区域的用户的某些需求存在较大的差异。

(二)人口细分

人口细分是根据市场中用户的性别、年龄、收入、教育水平、种族、生命周期阶段、职业、家庭

创新创业基础

规模、婚姻状况、宗教信仰等维度对市场进行细分的。由于这些信息相对其他细分维度更具体、适用范围更广,所以人口细分是最简单可靠且被广泛使用的市场细分方式。

创业者可依据年龄和生命周期阶段把市场中的消费者群体细分为儿童市场、青少年市场、中年市场和老年市场等,因为用户的需求会随着年龄增长而发生变化;也可以按照性别进行细分,很多产品在用途上有着十分显著的性别特征,比如服装、化妆品、杂志等;还可以按照收入水平将用户群体细分为低收入市场、中等收入市场、高收入市场等,汽车、服装、化妆品、金融服务、餐饮、黄金珠宝等行业就是以收入水平来进行市场细分的;最后还可以按照家庭规模将用户群体细分为单身家庭、两人家庭、三人家庭、多人家庭等,家庭人口数量不同,在住房大小、家具样式、汽车型号乃至日常消费品的选择上都会有所不同。

(三)心理细分

心理细分是根据市场中用户的生活方式、社会阶层、性格特征、价值观、信仰和兴趣等维度对市场进行细分,所有这些特征都会影响他们的购买决策。同一个人口细分、地理细分、行为细分的用户群体可能会具备不同的心理特征。

按照生活方式的差异可以将市场中的用户群体细分为简朴型用户、实用型用户与奢侈型用户。简朴型用户在购买产品时最先考虑的是产品的定价,实用型用户在购买产品时最先关注的是产品的使用属性,奢侈型用户在购买产品时优先考虑的是产品的独特性和是否能彰显自我的经济实力。这就需要企业有针对性地对不同心理状态的用户制定产品研发和市场营销策略。然而相较于地理细分和人口细分,心理细分方式在实施时更为困难,原因是心理细分相对另外两类而言更加抽象,这就需要企业进行大量用户研究,以充分掌握用户的心理状态。

(四)行为细分

行为细分类似于心理细分,同样需要企业进行大量用户研究才能实现。行为细分是指根据市场中消费者对某个产品的使用情况、熟悉程度、购买模式、忠诚程度等维度进行市场细分。

创业者可以按照购买模式对市场中的用户群体进行细分,有的用户在购买产品之前会花几天时间去了解产品,有的用户则是冲动消费,他们看到产品后可能直接就会购买。有的用户喜欢直接在网上购买产品,而有的用户则喜欢在实体店购买产品,还有的用户喜欢先通过网络了解产品信息,再到实体店充分体验后才购买产品。当企业了解客户的行为方式后,便可以有针对性地向用户提供他们想要的产品或制定更能刺激他们购买的方案。创业者还可以按产品使用频率将市场中的用户群体细分为轻度用户、中度用户、重度用户;按产品使用情况细分为潜在用户、新用户、老用户、前用户等;按对产品的忠诚程度细分为单一品牌忠诚者、多品牌忠诚者、无品牌忠诚者等。

全家(Family Mart)便利店在2004年正式踏足国内市场,目标是成为我国最大的连锁便利店品牌。全家的使命是为消费者提供一个24小时、体贴入微的便利环境,"全家就是你家"的口号深入人心。全家现阶段的主要目标客户群体是白领以及大、中、小学生,针对他们的消费特征,全家选择商品时优先考虑的不是价格而是方便程度、外观和商品是否新鲜、有趣、紧跟潮流。

全家便利店在选择开设门店的地区时首先会考虑城市要素,在选址时全家偏爱在人口较为密集的一线城市作为首家分店的地址,如上海与北京。在选择具体开设门店的区域时,全家首先考虑的是社区、办公楼、社区+办公楼、医院、机场、火车站等区域,一般来说,像医院、机场和火车站等人流量特别集中的区域，往往可以带来最高的销售额。

按照年龄将全家便利店的客户群体进行细分后会发现，其消费者大多是30岁以下的用户，相较于其他年龄段的消费者，这些人群更容易接受新鲜事物，消费能力不弱同时喜欢追求时尚，若是再按照职业细分，全家的目标消费者主要是学生和白领等人群，此类人群对于便利店的需求更为巨大。

全家便利店销售的产品大多为补充消费品，其消费者每天可能会多次进入便利店消费，其目标消费者想要得到的是便利、速度以及服务，这正好是全家便利店的优势。

通常情况下，企业不会仅仅依靠一两种细分方式来细分市场，因为仅仅从一两个角度出发细分出的市场，难以真实反映出用户需求的共性差异，细分出来的市场中的用户需求仍可能千差万别。因此，企业往往会采用多维度的细分标准来进行市场细分，也就是同时使用地理区域、人口特征、生活方式、消费习惯等多个标准来细分市场，以便于更精准地识别出目标用户群体和更准确地评估市场容量。多维度细分市场的本质就是给市场中的用户贴上多个具有代表性和特定属性的标签（比如性别、地理位置、工作、收入等），每个标签都描述了用户某方面的信息，通过多个维度的标签组合就构成一个用户的整体描述，这就是初步的用户画像，它为企业提供了足够的用户信息，不但有助于企业有针对性地研发产品和制定营销策略，同时可以协助产品研发团队站在用户的角度思考问题。

四、目标市场选择

（一）评价细分市场

在对细分市场进行评价时，创业者要对三个因素展开评估：细分市场的规模和增长潜力、细分市场内的竞争结构、细分市场特征与企业总目标和资源优势的吻合程度。

1. 细分市场的规模和增长潜力

创业者要采集与分析每一个细分市场的销量、增长速度以及盈利能力等。创业者通常更为偏爱那些具备适当规模与增长速度的细分市场，但是规模最大、增速最快的细分市场并非适合所有的创业企业，激烈的市场竞争或是资源的缺乏都有可能使初创公司选择相对规模较小却具备很大收益潜力的小细分市场。

2. 细分市场内的竞争结构

创业者还需要了解细分市场中的竞争结构。当一个细分市场中有较多个强力的竞争者、拥有相当数量的替代产品或是购买者和供应商的讨价还价能力都很强时，意味着创业者将会面临残酷的竞争或是在产业链中处于被动。

3. 细分市场特征与企业总目标和资源优势的吻合程度

即使一个细分市场的规模和增长率均适当且具有结构优势，创业者也需要考虑自身的目标和资源。一些有吸引力的细分市场可能由于与企业的长期目标不相符，或是企业缺乏取得成功所需要的技能与资源而被舍弃。

（二）目标市场的选择

创业者挑选适合自己的目标市场就是决定企业为哪些细分市场服务，主要有以下几种模式。

1. 市场集中化

企业挑选一个细分市场并集中力量服务好细分市场，适用于规模较小的企业。集中营销能够让企业掌握细分市场的需求与特征，采取有针对性的产品、价格、渠道和营销策略，进而取得领先的市场地位与良好的声誉，然而会存在一定的经营风险。

2. 产品专门化

企业集中力量生产一类产品，同时面向所有消费者销售这类产品，缺点是一旦出现其他品牌的替代品或消费者流行的偏好转移时，企业会陷入巨大的危机中。

3. 市场专门化

企业专门服务于某一特定的顾客群，竭尽全力满足消费者的各类需求，优点是能够协助企业建立良好的声誉，缺点是一旦这个特定顾客群的需求潜量与特点发生变化时，企业要承担很大风险。

4. 有选择的专门化

企业选择几个细分市场，每一个细分市场对企业的目标和资源利用都有一定的吸引力，然而细分市场之间不存在太多的关联。这种策略可以分散企业的经营风险，就算某一个细分市场失去了吸引力，企业还可以通过其他细分市场获取收益。

5. 完全市场覆盖

企业尽力通过各种产品满足各类顾客群体的需求，也就是将所有的细分市场作为企业的目标市场，往往只有实力雄厚的大企业才可能采用这类策略。

在2016年的中国零售电商市场中，阿里和京东两强相争的局面已经基本形成，苏宁、国美这类传统零售巨头建立大型独立电商平台的战略基本失败了。京东的优势体现在其主要以自营为主的模式，能够更高效地杜绝假货、水货，较好的品控和较高端的定位对高端市场更有吸引力。淘宝当时对高端品牌和高端消费者的覆盖还稍显薄弱，对此，阿里决定赋予天猫更高的地位和更多的资源，逐步实现"品牌化"和"高端化"。总而言之，在2016年前后，淘宝系和京东的主要战略都是消费升级，提升用户消费体验，让他们愿意为更高端的品牌和更好的体验付出更高的价格，这也导致在淘宝内部，各项资源逐渐流向品牌旗舰店、高端品牌和核心大客户，中小品牌和个人商家急需寻找到新的出口。此时的拼多多抓住了这一部分的市场，早期的拼多多几乎没有高端品牌，主要以单品为核心，无须商家投入大量的运营成本，显著降低了商家的运营及推广压力，结合微信的使用场景，使得入驻的商家能够用最低的成本获得大量的流量，每天都会出现多款爆品，凭借这些优势，拼多多逐渐吸引了大量的商家入驻。截止到2020年9月27日，拼多多的市值已经达到890亿美元，成为仅次于阿里巴巴、腾讯、美团的中概股第四大互联网企业。

引导案例　国产造车新势力"围剿"特斯拉

比续航、比智能、比性价比，这三个已经都赢了也没改变任何结果。

——李想

第四章

市场分析：找准定位，细分市场

2018年9月12日，蔚来汽车于纽交所成功上市，两年后的7月30日，理想汽车在美国纳斯达克挂牌上市，成为第二个在美上市的国内新势力车企，仅仅过了一个月不到，小鹏汽车也正式登陆纽交所，自此，国内造车新势力们成功在美股聚首。截至2020年8月，蔚来汽车的市值为219亿美元，理想汽车的市值为149亿美元，小鹏汽车的市值为164亿美元。

作为最早上市的造车新势力领头羊，蔚来汽车一直被誉为"中国版特斯拉"，但两者的差异却远多于相似之处：在特斯拉寻求精简零售业务之际，蔚来大力投资展示厅和仅向车主开放的俱乐部；特斯拉专注于快速充电方案，蔚来则大力投资电池交换技术及快速降低风险的制造战略。蔚来希望通过"车电分离"来解决充电时间长、电池贬值等问题，其电池可以像手机一样轻松拆卸和更换，只需要3分钟时间。通常，锂电池的寿命决定了电动车的寿命，在车电分离模式下，蔚来的车主只拥有电池的"使用权"，蔚来替车主承担了电池贬值的风险，同时还可以通过换电体系，对电池进行管理和维护，将健康状态变差的电池及时替换，延长电动车的生命周期。

理想汽车推出的理想ONE则保持着2020年以来中国新能源中大型SUV市场第一的成绩。其核心卖点是"长续航"，创始人李想放弃了造纯电动车，采用增程式技术，也就是在纯电动车的三电系统基础上，增加发动机和油箱等，由电机驱动车辆行驶，发动机驱动电机，并为电池供能。采用增程电动系统的理想汽车，拥有中国造车新势力中最长的续航里程，在满油满电的状态下，其综合续航里程可达800千米，这大大消减了用户对于新能源汽车的里程焦虑。

与蔚来、理想汽车定价均超30万元，定位为高端新能源汽车不同，小鹏汽车主打的是下沉市场，正是这样的差异化"价格战"，让小鹏汽车收获了不少个人用户。在技术层面，自动驾驶辅助系统XPILOT是小鹏的核心竞争力，XPILOT同时支持整车OTA，可持续为用户交付新功能。OTA（Over-the-Air Technology）全名叫空中下载技术，分为FOTA和SOTA两种：FOTA（Firmware-Over-The-Air，固件在线升级）可对汽车进行远程升级，对动力、电池乃至自动驾驶相关的车身控制系统都会造成影响，而SOTA（Software-Over-The-Air，软件在线升级）是属于应用层的范畴，比如车载系统的应用程序和地图更新等。对于汽车厂家来说，只有同时具备FOTA和SOTA的能力，才能称为具备了"整车OTA"的能力。

特斯拉上海超级工厂首次向社会用户交付Model 3只用了六个月，最开始被定位为一条"鲶鱼"的特斯拉已然成为一条"鲨鱼"。在新冠肺炎疫情给车市造成巨大冲击时，特斯拉却逆势上涨，国产Model 3稳稳占据国内新能源车销量的冠军宝座，销售量几乎是第二到第六名的总和，独占接近20%的市场份额。同时，在国内车市的强力助推下，特斯拉市值超越丰田，一跃成为全球市值最大的车企。实际上，仅仅看产品参数的话，国产新能源汽车与特斯拉并未拉开太大差距，以续航里程为例，在同等价位下，Model 3的续航表现只能算是"垫底"，以至于理想汽车创始人李想发出感叹："比续航、比智能、比性价比，这三个已经都赢了也没改变任何结果。"消费者似乎并不那么在乎车辆的续航能力、技术优势和性价比，而始终处于对特斯拉品牌的信任与追捧中。

造成这一现象的原因有很多，一直以来特斯拉都以电池管理技术为傲，特斯拉正在与宁德时代合作研发的磷酸铁锂（LFP）电池可使制造成本降低15%～20%，而在充电方面，众多第三方充电运营商的用户体验完全没跟上数量增长，甚至难以媲美特斯拉的2000根超充桩。此外，整车OTA升级是特斯拉软件服务收费的基石，其对于汽车厂商的价值在于两方面，一方面是性能升级，另一方面是节省成本，截至2020年6月，特斯拉已经对OTA进行了13次重要的版本更新。最后不得不提的是特斯拉的自动驾驶功能，2019年马斯克提到特斯拉将在2020年实现

创新创业基础

完全自动驾驶功能,并开展自动驾驶出租车服务,有业内专家测算,这可以轻松将 Model 3 的毛利率拉到 30% 以上,为特斯拉提供了很大的想象空间。

正是这些技术层面的优势构成了特斯拉的核心竞争力,凭借着它们,特斯拉已经在新能源汽车市场赢得了先发优势,且在毛利率不断提升、持续盈利的情况下不断扩大着自身优势。当下,国产造车新势力正在慢慢丢失自己的价格优势,应该清楚地认识到自身的品牌力与特斯拉还有较大差距,而品牌始终是影响国内消费者购车选择的重要因素,国产造车新势力现阶段的技术优势并不足以撼动消费者对特斯拉品牌的追捧。造车是一个复杂、长周期的系统性工程,汽车行业的变革、造车新势力的成长与成熟,都还需要经历漫漫长路。

思考题:
特斯拉与国产造车新势力的核心竞争力分别体现在什么地方?你的项目是否拥有属于自己的核心竞争力呢?

第三节 消费者购买行为与市场竞争

消费者的购买行为是指消费者为了满足自身需求而在购买动机的驱使下,购买产品的行为,创业者对目标市场用户越是了解,所提供的产品与服务越可以满足用户的需求。

一、购买角色

在购买决策中,消费者会扮演如表 4-1 所示的一类或几类角色,分清楚目标市场中的消费者分别扮演着什么角色,对于创业者设计产品与服务、确定信息并做出战略决策起着关键作用。

表 4-1 购买决策中的购买角色

扮演角色	角色性质
发起者	率先提议购买某一产品的人
影响者	观点或意见对最终购买决策起到一定影响的人
决定者	在要不要购买、怎么买、在哪一家买等方面做出最终决定的人
购买者	实际上购买产品的人
使用者	最终使用产品的人

二、购买行为的类型

消费者购买行为类型划分的依据是消费者为满足某种需求和欲望而购买产品的行为。消费者的购买行为由其需求与欲望所决定,而消费者的需求以及由此产生的购买动机却同时受到多种因素的综合影响。消费者的购买行为可以根据购买者的介入程度和品牌差异程度或是按购买者在购买过程中的态度进行区分。

（一）按购买者的介入程度和品牌差异程度区分

依照购买者的介入程度和品牌差异程度的不同，可以将消费者购买者行为划分为复杂型的购买行为、多变型的购买行为、和谐型的购买行为以及习惯型的购买行为，它们之间的关系如图4-3所示。

	购买者介入程度	
	高	低
品牌	复杂型的购买行为	多变型的购买行为
	和谐型的购买行为	习惯型的购买行为

图4-3　按购买者的介入程度和品牌差异程度区分购买行为类型

1. 复杂型的购买行为

当市场中各个品牌之间的差异较为明显，同时消费者介入程度很高时，消费者的购买行为会呈现出复杂型的特征。此种购买行为的特征体现在消费者在购买价格昂贵、品牌差异较大、功能比较复杂的产品时，因为其对产品知识的缺失，故而做出选择时尤为谨慎，需要通过仔细对比来降低购买风险。消费者在购买此类产品的过程中，往往会经历信息收集、产品评价、慎重决策和用后评价等阶段，其购买的过程如同一个学习的全过程，在对产品功能与特点广泛了解的基础上做出购买决策，比如购置房屋和汽车等大宗产品。

2. 多变型的购买行为

当市场中各个品牌之间差异较大但消费者介入程度较低时，消费者会呈现多变型的购买行为。在消费者购买产品品牌差异较大、功能却相似的产品时体现得尤为明显，消费者往往不愿意多花时间进行选择，而更倾向于随意购买且会不断改变所购的品牌。

3. 和谐型的购买行为

当市场中各个品牌之间差异很小但消费者介入程度较高时，消费者会呈现出和谐型的购买行为。消费者往往在购买品牌差异很小、不经常购买却价格昂贵的产品时，会消耗很多的时间精力去挑选商品，而且在买回家后还容易产生对产品不满意等失衡心理状态，这个时候就需要商家及时增强消费者的信念来化解这种失衡的情绪，让消费者在购后对自己的产品产生满意的感觉。

4. 习惯型的购买行为

当市场中的品牌之间差异很小且消费者介入程度也很低的时候，消费者会呈现习惯型购买行为。主要体现在对价格低廉、经常购买且品牌差异小的产品，消费者往往不会花太久的时间进行采购，而是就近购买，比如购买肥皂、沐浴露等日常生活用品。

（二）按购买者在购买过程中的态度区分

消费者购买行为还可以按购买者在购买过程中的态度不同分为习惯型、理智型、经济型、冲动型、疑虑型、情感型、不定型七种类型，其特征如表4-2所示。

表 4-2　按购买者在购买过程中的态度区分购买行为

消费者购买行为类型	消费者购买态度
习惯型	消费者出于对产品的信赖、偏爱而产生的高频率复购。因为时常购买使用,消费者对它们十分熟悉,体验较深,做出复购决策时通常不再花费时间进行对比挑选,注意力稳定而集中
理智型	消费者在购买前都会对所购的产品展开仔细的研究比对。购买时往往不带有任何感情色彩,做出判断时头脑冷静,主观性很强,相较于广告宣传与销售人员的推销,更为注重产品本身的特质
经济型	消费者购买产品时对价格十分敏感。无论购买何种产品,这类消费者考虑的因素都是价格,他们对"清仓甩卖""打折"等促销活动最感兴趣。此类消费者的购买行为往往和他们自身的经济实力有关
冲动型	这类消费者极易受产品的外观、包装或其他促销方式的刺激,从而产生购买行为。他们在购买产品时往往都以直观感觉为主,带有强烈的主观色彩,喜欢新颖、时尚、紧跟潮流的产品,购买时通常不愿意反复选择比较
疑虑型	消费者具有内倾性的心理特征,在购买时疑虑重重、十分谨慎。其购买过程十分缓慢,往往会因犹豫不决而放弃购买,在购买后还会疑心自己是否上当受骗
情感型	这类消费者的购买行为大多属于情感反应,通常以丰富的想象力来评价产品的意义,购买时注意力和兴趣容易转移,对产品的外观等要素都较为重视,将产品是否符合自己的想象作为购买的主要依据
不定型	这类消费者的购买行为大多带有尝试性,其心理尺度尚未稳定,购买时没有固定的偏爱,在上述六种类型之间游移,这种类型的购买者多数是独立生活不久的青年人

三、影响消费者购买行为的因素

由于用户的年龄、性别、职业、收入、受教育程度、民族、宗教各不相同,其需求也存在很大的差异,故而对产品也提出了不一样的要求,与此同时,社会经济是不断发展的,用户的消费习惯、观念与心理也在持续发生变化,进而造成消费者购买行为差异性大,究其原因,对消费者购买行为造成影响的主要有以下四个因素。

(一)文化因素

文化决定了人们基本的欲望和行为,文化因素广泛影响着消费者的购买行为。人们是通过学习取得行为能力的,在社会中长大的青少年通过其家庭和其他机构的社会化过程习得一系列基本的价值、知觉、偏好与行为的整体观念。所有文化均是由较小的亚文化群体组成的,民族与宗教群体、种族团队和地理区域等就是典型的亚文化群体,它们为其成员提供更为具体的认同感。

社会阶层同样是重要的文化因素之一,社会阶层是指社会中以等级排列的具备同质性与持久性的群体,每一个阶层的成员都拥有相似的价值观、兴趣以及行为方式。

(二)社会因素

消费者的购买行为同样被诸如参照群体、家庭、社会角色地位等一系列社会因素所影响。参照群体是指那些直接或间接影响大家看法与行为的群体,家庭是消费者最主要的参照群体,人们通常会经历两个家庭,一个来自父母,一个来自自己的家庭,父母家庭间接影响消费者,自己的家庭则对消费者产生直接影响。在社会中,人们承担着不一样的社会角色,并拥有相应的地位,每个角色与其相应地位都对消费者的购买行为产生不同程度的影响。

(三)个人因素

个人因素对消费者的购买决策产生最为直接的影响,消费者购买行为被其个人特性所影响,尤其是受其年龄所在的生命周期阶段、职业、经济状况、生活方式、个性和自我观念的影响。

年纪不同的消费者的需求与欲望有较大的差异,即便一致,在需求量上也存在较大的不同。相比之下,职业与经济状况对消费者的影响是较为显著的,消费者的薪酬、存款、资产、负债、贷款能力和对待消费与储蓄的态度均会对其购买行为造成很大影响。

(四)心理因素

心理因素指的是动机、知觉、学习、信念与态度等。动机是引起消费者为满足某些需要采取行动的驱动力量,动机源于没有满足的某种需求,所以关于消费者动机的研究大多集中地转为对需求的研究。

感觉是人们通过看、听、闻、味、触五种感官对刺激物的反应,伴随着感觉的深入,把感觉到的信息输入大脑展开综合分析后就产生知觉。人们一旦形成对某一事物的知觉后便会持续以这种知觉去认知它们,这对建立用户忠诚度尤为重要。

学习指的是基于经验而引发的个人行为的改变,新产品与品牌的不断出现,导致消费者的购买行为一定要经过多方信息的收集后才能做出,而这本身就是一个学习的过程。

信念与态度是和价值观念紧密相连的两个概念,信念是指一个人对某些事物所带有的描述性思想,态度是由许多相关的信念组成的,它比信念更复杂与持久。若是想要改变消费者的品牌态度,可以采取三种方式,分别是:改变消费者对这一品牌特征的信念、改变所有信念中对态度最重要的那个以及增加新的观念。

对于豪华车的定义,行业中并没有统一的衡量指标与标准,随着中国消费者对汽车的认知与消费越发成熟,其对豪华车的判断和理解也逐渐开始转变,品牌、价格已经不是豪华车最重要的象征,车辆本身的技术水平、安全科技配置、车辆的豪华感及稳定性更为重要。

大多数消费者认为只要在核心技术、配置方面与一线豪华品牌媲美,即使是新品牌的车辆也是豪华车,消费者更多关注的也是产品自身的品质与竞争力。虽然消费者认为一辆豪华车必须具备先进的核心技术,但消费者对汽车核心技术的了解相对匮乏,并不能直接判断技术的先进性,消费者最基础的要求是豪华车必须具备稳定性强、故障率低的技术特点,至于自主核心技术专利和品牌特色技术消费者并不会特别在意。从配置特征看,多数消费者认为一辆豪华车的配置应该是智能的、科技的,而对配置的丰富性、创新性、普及率的需求相对较低。相对专业的技术和配置,外观和内饰是消费者判断一辆豪华车最直接的要素之一,消费者会通过外观和内饰的设计风格和材质工艺来评价一辆豪华车。在性能上,消费者衡量一辆豪华车有四个标准,首先是发动机排量,往往以2.0涡轮增压发动机为标杆。其次是百公里加速时间,以10秒作为门槛。第三是变速箱,7速双离合、8/9AT是豪华车的主流。第四是驱动方式,通常以四驱技术作为标准。在驾驶体验方面,静音性、舒适性、智能性、动力及操控性是用户判断一辆豪华车的四大核心标准。

在价格方面,绝大多数消费者认为一辆中型豪华SUV的最低价格在20万元左右,该价格远低于目前传统豪华品牌主流中型SUV的价格,可见消费者对豪华车的价格认知已经发生改变,比较清楚意识到传统豪华品牌的品牌附加值。然而中国自主豪华SUV突破消费者普遍的认知,以更低的价格进入市场,成为更多消费者可以负担得起的豪华汽车。在消费者方面,新生代消费者与传统消费者在购买豪华车时的考虑因素差异非常显著,新生代对外观/内饰设计与做工、配置丰富性以及性价比的重视程度远高于传统消费者;而传统消费者对品牌、市场认可度方面的重视程度相对较高。可见,中国新生代购买豪华车时考虑的因素已经发生了改变,中国新进高品质豪华车未来市场广阔。

四、竞争者分析

(一)识别市场竞争者

对于创业者而言,不仅要了解消费者的行为,还要清楚谁是自己的竞争对手。从表面看,识别竞争者对于创业者而言并不难,然而因为需求的复杂性、层次性、易变性,技术的快速发展与演进使得市场竞争中的企业面临的竞争形势错综复杂,企业随时会被新进入的竞争者所淘汰,或是因为新技术的产生以及需求的转换而被迭代。企业一定要密切关注竞争环境的变化,掌握自身的竞争地位以及与竞争对手的优势与劣势。如表4-3所示,创业者可以从不同角度来划分竞争者。

表4-3　不同角度下竞争者的类型

从行业的角度来划分	
现有厂商	行业中已有的和企业生产同类产品的其他企业,它们是企业的直接竞争者
潜在加入者	当某一行业具备广阔前景、需求旺盛时,必然会引来新的竞争者,为行业注入新的生产能力,并要求重新分配市场份额与主要资源。此外,某些多元化经营的集团企业通常倾向于使用其资源优势从一个行业渗透进另一个行业。新企业的加入,会造成产品的价格下降,企业获利减少
替代品厂商	替代品是与产品具有同质功能、可以满足同一需求的不同性质的产品。而随着科学技术的不断进步,替代品也会呈现多样化态势,行业内的企业都会面临与生产替代品的其他行业企业进行直接竞争

续表

	从行业的角度来划分
市场补缺者	主要是行业中相对较弱小的中、小企业,它们专注于市场上被大企业忽略的缝隙,在这些小市场上通过专业化经营来取得最大限度的利益,在大企业的夹缝中求生存求发展,在顾客需求的满足上起到拾遗补阙、填补空白的作用
	从市场的角度来划分
品牌竞争者	品牌竞争者是同一行业中以接近的价格向同一群消费者提供相似产品或服务的其他企业,它们之间的产品具备很强的替代性,因此它们之间的竞争十分激烈,都以培养消费者的品牌忠诚度作为获取市场份额的重要手段
行业竞争者	行业竞争者指的是提供虽然同属一类但规格、型号、款式有差异的产品的其他企业。它们之间存在彼此争夺消费者的竞争关系
需要竞争者	需要竞争者指的是提供不同种类但却可以满足消费者同类需求的其他企业。它们之间争夺的是满足消费者的同一需要
消费竞争者	消费竞争者指的是提供不同产品,满足消费者的不同需求,但目标消费者重合的其他企业。它们之间存在相互争夺消费者购买力的竞争关系
	从企业所处的竞争地位来划分
市场领导者	指在某行业产品市场中占据最大市场份额的企业。通常情况下,行业里均会存在一家或几家市场领导者,它们居于行业领先地位,任何一项决策都能对同行业其他厂家的市场份额造成影响,它们往往在产品研发、定价、分销渠道、营收等方面处于主导地位。市场领导者的地位是在竞争中逐步被造就的,但并不意味着固定不变
市场挑战者	指在行业中处于次要地位,然而又具备对市场领导者发起全面或局部攻击的企业。市场挑战者通常尝试利用主动竞争的方式拓展市场份额、提升市场地位
市场追随者	指在行业中居于次要地位,并安于次要地位,做市场领导者的追随者的企业。市场追随者在现实生活中广泛存在,其最主要的特点是跟从。市场追随者通过观察、借鉴、模仿市场领导者的行为,不断提高自身技能并发展壮大

(二)市场竞争者的优劣势

在大部分行业中,企业相互之间的利益都是紧密联系的,创业者基于市场内的竞争对手制定相应的竞争战略,目的在于使企业取得在市场竞争中的相对优势,创业者可以采取SWOT分析法帮助企业将资源和行动聚集在自己的优势以及机会最多的地方;采用PSET分析法把握宏观环境的现状及变化趋势,有利于创业者把握和利用宏观环境带来的机会,同时发现和规避威胁;还可以利用波特五力模型分析企业的竞争环境。

当创业者在进行市场竞争分析时,往往需要针对竞争者的优势与劣势展开分析,从而更精准地制定最适合企业的市场竞争战略,通过竞争者的劣势来争取市场竞争的优势,创业者在进行优劣势分析时,可以参考表 4-4 所示的几个方面。

表 4-4 竞争者优劣势分析的内容

参考方向	竞争者优劣势分析内容
产品	竞争企业产品在市场上的地位、产品的适销性以及产品系列的广度和深度
销售渠道	竞争企业销售渠道的广度和深度、效率、实力、服务能力
市场营销	竞争企业市场营销能力、市场调研和新产品开发的能力、销售团队的能力
生产与经营	竞争企业的生产规模与生产成本水平、硬件的技术先进性和灵活性、专利与专有技术、生产能力、质量和成本控制、区位优势、员工情况、原材料的来源与成本等
研发能力	竞争企业内部在产品、工艺、基础研究、仿制等方面所具有的研究与开发能力、研究与开发人员的创造性、可靠性、简化能力等素质与技能
资金实力	竞争企业的资金结构、募资能力、现金流量、信用情况、财务数据、资金管理能力
组织	竞争企业组织成员价值观念的一致性与目标的明确性、组织结构与企业策略的一致性、组织结构与信息传递的有效性、组织对环境因素变化的适应性与反应程度以及组织成员的素质
管理能力	竞争企业管理者的领导素质、激励与协调能力、管理者的专业能力、管理决策的灵活性、适应性、前瞻性

随着消费市场对智能汽车以及车网联等需求的不断提升,近年来中国豪华汽车在车载智能化水平、车联网服务与应用、新能源技术研发与利用方面得到快速发展,目前已经处于世界领先水平,国产豪华汽车品牌对中国用户的需求更加了解,研发更加高效且有针对性,结合相对低廉的价格和使用成本,成了中国豪华汽车较一线豪华汽车的优势。

中国豪华车生产厂商近年来不断挖掘国内消费者在豪华车购买上的核心诉求和使用痛点,在豪华车的外观设计、车身尺寸、内饰做工上都投入了较高的研发力度,在消费者看来,目前这些方面均取得了较大的进步,和一线豪华汽车水平相当。

不可否认的是,一线豪华汽车品牌大多有着百年的发展历史积累,在发动机、变速器以及整车制造技术以及市场口碑上都有着丰富积累,中国豪华汽车在传统核心技术、市场认可度和全车生产工艺方面还处于相对弱势,需要更多时间去积累与突破。

五、核心竞争力

核心竞争力是指可以为企业带来比较竞争优势的各项资源,以及资源的配置与整合方式。随着企业配置资源的能力以及资源整合效率的提升,企业的核心竞争力也会随之改变。依靠着核心竞争力所产生的动力,企业就能从激烈的市场竞争中脱颖而出,从而大幅提升产品和服务的价值。

(一)核心竞争力的识别标准

1. 价值性

核心竞争力可以很好地将顾客所看重的价值兑现,比如可以大幅降低成本、提升产品质量、提高服务水平、增加顾客的效用,借此来给企业带来竞争优势。

2. 稀缺性

核心竞争力一定是稀缺的,这也保证了只会有很少的企业可以拥有它。

3. 不可替代性

竞争对手难以凭借其他能力来将核心竞争力所替代,它在为顾客创造价值的过程中扮演着不可替代的角色。

4. 难以模仿性

核心竞争力还必须是企业所特有的,别的竞争对手无法通过简单模仿来复制的,它不像机器设备那样可以从市场上买到,这种难以被模仿的特质可以帮助企业赚取超过行业平均水平的利润。

(二)核心竞争力的体现

1. 高水平的人力资本

随着知识经济的到来,越来越多的创业者认识到人才对企业竞争力的巨大作用。想要使企业具备并长期保持核心竞争力,创业者需要设法将人才与企业有机结合在一起,使特殊人才竭力为企业奉献自己的才能。

2. 业内领先的核心技术

核心竞争力的形成离不开核心技术的研发,创业者需要不断提升企业的专业化水平,构筑专业技术壁垒,形成强大的令竞争对手望而却步的专有技术,从而紧紧抓住属于自己的市场份额。具备专属的核心技术是企业获得核心竞争力的必要条件,但不是充分条件,持久保持和获得核心技术的能力才是企业取得竞争优势的关键。

3. 不竭的创新动力

企业创新分为制度创新、管理创新、技术创新、质量创新以及文化创新等。很多我们耳熟能详的知名企业,其发展的历程就是一部创新史,只有保持不竭的创新动力,企业才能持久运作下去。

4. 突出的管理能力

管理能力是企业获取竞争力的核心,包括企业取得信息的能力、决策能力以及迅速执行决策的能力,企业的管理能力取决于企业的管理层,一支具备特殊组织才能和企业家才能的管理团队是企业获得成功的必要条件。

5. 稳固的营销网络

营销网络是通过一定的管理技术将配送中心、营销网点、信息体系和信息系统等系统进行关联,组成覆盖较大区域市场的营销网络。从企业竞争力的角度来看,企业的营销网络一经形成,将逐渐成为后来者进入该市场的壁垒,进而在一定时期内取得超额利润。后来者只有花费大量投入与先入企业展开市场份额的争夺战,才有可能在市场竞争中获得一席之地。

6. 良好的品牌形象

品牌是决定市场竞争胜负的关键,是企业的无形资产,它将不同企业之间的同类产品划分开来,使之以不同的形象存留在消费者心中。

7. 有魅力的顾客服务

顾客特色服务是企业接近消费者最直接的途径,它可以给顾客带来利益和心理上的满足感、信任感和安全感。

8. 产生强大影响力的企业文化

企业文化主要包括共同价值观和企业精神,是造就企业核心竞争力个性化、深层化的主要因素之一,对企业员工的行为方式起到了深远的影响,企业文化还可以通过经营决策过程和行为习惯等体现在企业的技术实践和管理实践中,一个积极的企业文化是企业整合更大范围资源、获取更多市场份额的必备条件。

(三)如何获取核心竞争力

1. 通过技术创新提高附加值

技术创新有利于提高企业的核心竞争力,主要体现在三个方面:首先是自我催化效应,随着一项技术创新成果成为企业的核心技术,企业必然会慢慢构筑起自己新的核心竞争力与技术方式,帮助企业在一定时期内取得高额垄断利润及规模经济效益。其次是低成本扩张与收益效应,新技术在企业中的运用,让企业以同样的成本获得成倍的收益成为可能,还能够凭借同一技术在不同的市场里取得大量的创新收益。最后是增强企业整体实力效应,技术创新能够提升企业在相关产品市场中的竞争地位,其意义远远超过在单一产品市场中取得的成功,对企业的长远发展有着深远的意义。

2. 通过质量创新提高产品与服务质量

优良的品质是一个企业的生命线,打造服务品牌,就是要将品牌战略作为优质服务的一种理念和追求,不断从观念上和管理上力求突破。打造优秀的服务品牌,需要创业者不断创新服务手段,丰富服务内涵,以用户为中心,提升用户满意度,提升用户对自身企业的产品和服务的信赖度,培养客户的忠诚度。

3. 通过管理创新构建企业核心竞争力

企业可以通过管理创新构建企业的核心竞争力。首先是管理理念创新,创业者要重视对环境的适应性,提升企业自身素质。其次是管理方式创新,管理好企业的内部关键环节,做到既追求规模经济效益,又达成培育持续竞争优势的目标。第三是组织创新,企业急需建立现代企业制度,完善法人治理结构并根据实际情况展开组织结构设计。第四是控制工作创新,企业要制定全新的控制标准,推进企业信息化,拥抱新型控制原理与技术。第五是战略创新,举例来说,企业可以由竞争战略向合作竞争战略转化。最后是人力资源管理创新,比如引入柔性管理等。

4. 通过文化创新建立并完善现代企业制度

企业文化对企业内部资源整合的关键在于是否对人力资源进行整合以及对企业员工精神进行塑造。此外,文化创新可以为企业发现、选择及利用外部资源提供便利,企业的文化创新可以从建设开放合作的文化、学习型文化等方面入手。

5. 通过多元化经营保持持续竞争优势

一个执着于专业化生产或服务的企业,很难保证其核心竞争力长盛不衰。所以,企业一方面可以围绕核心竞争力展开多元化拓展,以保持并拓展企业的核心竞争力,保证企业获得长期竞争优势。另一方面,企业的核心竞争力是企业最重要的资产,只有通过适当的多元化经营,才能更有效地发挥公司的核心竞争力,帮助企业取得最大收益。

企业的核心竞争力是企业发展壮大的基石与可持续发展的动力,是通过长期的培育与积淀而成的。创业者想要营造属于自己的核心竞争力,必须综合分析并评估企业的各个方面,挖掘自己的优势,从生产流程、产品质量、销售模式、渠道、售后、品牌、人力资源、软硬件设施等各方面入手,发掘出可持续的核心竞争力,实现跨越式发展。

结合市场对豪华车的普遍认知以及对核心竞争力的分析,目前中国市场上的豪华车主要包括以下三种类型。

(1)以BBA为代表的传统豪华品牌。

这类品牌的核心竞争力是自身的品牌,其品牌具有悠久的历史,有核心的、典型的品牌标签,有广泛的市场认可度,品牌溢价水平高,有代表性的旗舰车型。

(2)以大众旗下的辉腾、途锐为代表的普通品牌旗舰车型。

这类品牌的核心特征是依靠旗舰车型展示实力,虽然它们通常不是品牌的主销车型,但其认知度、价格水平和产品的品质已经可以媲美传统豪华车,可以依靠旗舰产品来突破品牌的天花板,提升品牌的形象。

(3)以WEY、领克、蔚来、特斯拉为代表的新进豪华品牌。

这类品牌虽然不具有悠久的品牌历史,但是其产品具有同级别、同价位中突出的竞争力和豪华感,科技和技术创新是新进豪华车的共性特征,这类品牌依靠突出的差异化竞争力获取优势,中国新进豪华车更是豪华品质与理想价格的结合。

拓展延伸　市场容量预测方式

随着科学技术的进步,预测市场容量的手段日趋先进,创业者可以采用市场潜量和销售量来预测市场容量。

一、潜量预测

1. 连锁比率法

连锁比率法是指对与某产品的市场潜量有关的多个因素进行连锁相乘,通过对几个相关因素的综合评价来展开预测。

2. 购买力指数法

购买力指数是对家庭收入、户数、地区零售额等要素进行加权平均后,得出的一个标准系数。购买力指数是一个相对数,创业者用全部潜在需求量乘以购买力指数,就可以得到某地区的潜在需求量。

3. 类比法

类比法包括历史类推法和横断比较法两种预测方法。历史类推法是用当前的情况和历史上曾经发生过的类似情况进行比较来推测市场行情的方法;横断比较法是对同一时期里某地区产品的市场情况和其他地区的情况相比较,进而计算这些地区的市场潜量的一种方法。

二、销售预测

1. 销售人员意见综合法

销售人员意见综合法要求各销售地区的销售人员对每个销售区域的销售展开预测,进而统一汇总,得出总的销售潜量。

2. 购买者意图调查法

购买者意图调查法采取各种方式直接从购买者方调查其购买意图。前提是购买者一定要有明确的意图且愿意付诸实施。

3. 行业调查法

行业调查是指对某特定行业内所有企业的调查,这类调查的对象可能是消费者,也可能是上下游企业。

4. 专家意见法

这种方法是通过专门人员,尤其是对业务比较熟悉,可以对业务趋势做出判断的管理人员,大家群策群力进行判断、做出预测,这类方法效率很高。为了提高预测的准确性,企业可以在预测前为专家提供相关资料,并组织他们进行讨论,在综合考虑各项意见后再得出结论。

5. 趋势预测分析法

趋势预测分析法是根据过去的、按时间顺序排列的销售数据,利用数学方法进行加工、计算,进而预测未来发展趋势的分析方法,典型的方法有算数平均法、移动平均法、加权平均法、移动加权平均法和指数平滑法等。

6. 因果预测分析法

因果预测分析法是根据销售数据与其他数据之间相互依存、相互制约的规律性联系,据此建立因果数学模型所进行的预测分析方法,实质是利用事物发展的因果关系来推测事物发展的趋势,典型的方法有本量利分析法、投入产出法和回归分析法等。

创业术语

获客成本(customer acquisition cost)指企业开发一个顾客所付出的成本。包括为吸引客户,向客户销售、服务客户及保留客户而花费的各类资源,涵盖花费在宣传促销、经营、计划、服务以及营销部门的某些销售活动上的费用。

蓝海(blue ocean)。蓝海市场属于市场的一种类型,现存的市场由两种海洋所组成,即红海和蓝海。蓝海代表当今还不存在的产业,也就是未知的市场空间。

GMV(gross merchandise volume)是成交总额(一定时间段内)的意思,多用于电商行业,一般包含拍下未支付订单金额。

目标市场(target market)。按消费者的特征把整个潜在市场细分成若干部分,根据产品本身的特性,选定其中的某部分或几部分的消费者作为综合运用各种市场策略所追求的销售目标,此目标即为目标市场。

O2O(online to offline)即线上到线下,是指将线下的商务机会与互联网结合,让互联网成为线下交易的平台。

B端、C端(business、customer)。B端,代表企业用户商家;C端,代表终端用户或消费者。

第四章
市场分析：找准定位，细分市场

DAU(daily active user)指日活跃用户数量,常用于反映网站、互联网应用或网络游戏的运营情况,DAU统计的是一日之内登录或使用了某个产品的用户数(去除重复登录的用户)。

营销策略(marketing strategy)是指针对一定的目标市场所采用的一系列可测量可控的旨在提高销售及厂商声誉为目的的活动,是多种营销方法例如产品、价格、渠道、促销、公关策略的综合。

用户画像(persona)最初是在电商领域得到应用的,在大数据时代背景下,用户信息充斥在网络中,将用户的每个具体信息抽象成标签,利用这些标签将用户形象具体化,从而为用户提供有针对性的服务。

毛利率(gross profit margin)是毛利与销售收入(或营业收入)的百分比,其中毛利是收入与营业成本之间的差额。

品牌态度(brand attitude)是形成消费者的品牌行为(如品牌选择)的基础,表现了消费者对一个品牌的总体评价,是最抽象但又是层次最高的品牌联想。

品牌忠诚度(brand loyalty)是衡量品牌忠诚的指标,由消费者长期反复地购买使用品牌,并对品牌产生一定的信任、承诺、情感维系,乃至情感依赖而形成。品牌忠诚度高的顾客对价格的敏感度较低,愿意为高质量付出高价格,能够认识到品牌的价值并将其视为朋友与伙伴,也愿意为品牌做出贡献。

销售渠道(channel)是指某种产品从生产者向消费者或用户转移过程中所经过的一切取得所有权的商业组织和个人,即产品所有权转移过程中所经过的各个环节连接起来形成的通道。

企业文化(corporate culture)是一个组织由其价值观、信念、仪式、符号、处事方式等组成的其特有的文化形象,简单而言,就是企业在日常运行中所表现出的各个方面。

多元化经营(diversification)是指企业经营不只局限于一种产品或一个产业,而实行跨产品、跨行业的经营扩张。

本章小结

1. 创业者可以通过市场背景与发展阶段、市场规模与市场增长率、市场占有率等渠道来了解市场的现状。

2. 市场细分是指企业按照某种分类标准将总体市场中的用户划分成若干个用户群体的市场分类过程,分为地理细分、人口细分、心理细分和行为细分四种。在评价细分市场时,创业者需要考虑三个因素:细分市场的规模和增长潜力、细分市场内的竞争结构、细分市场特征与企业总目标和资源优势的吻合程度。创业者选择合适的目标市场就是选择企业为哪些细分市场服务,通常有市场集中化、产品专门化、市场专门化、有选择的专门化和完全市场覆盖五种模式。

3. 消费者购买行为可以按购买者的介入程度和品牌差异程度的不同分为复杂型的购买行为、多变型的购买行为、和谐型的购买行为和习惯型的购买行为;按购买者在购买过程中的态度不同分为习惯型、理智型、经济型、冲动型、疑虑型、情感型、不定型七种类型,消费者的购买行为会受文化因素、社会因素、个人因素、心理因素等影响。

4. 对于创业者而言,不仅要了解消费者的行为,还要清楚谁是自己的竞争对手并分析竞争者的优势与劣势,有针对性地制定正确的市场竞争战略,利用竞争者的劣势来争取市场竞争的优势。核心竞争力具备价值性、稀缺性、不可替代性和难以模仿性的特征,创业者可以通过技术创新提高附加值、通过质量创新提高产品与服务质量、通过管理创新构建企业核心竞争力、通过文化创新建立并完善现代企业制度、通过多元化经营保持持续竞争优势来塑造自身的竞争力。

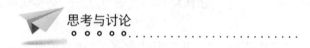

思考与讨论

1. 你的项目所处的市场处于哪一个发展阶段?
2. 尝试着分别从地理、人口、心理和行为细分的角度对你的项目所处的市场进行细分。
3. 请举例说明,你在选择目标市场时会考虑哪些因素?
4. 请举例说明,你在购买决策中,最常扮演哪一个角色?
5. 请举例说明,在购买决策中,对你影响最大的因素有哪些?
6. 请举例说明,在你的项目所处的市场中,有哪些类型的竞争者?与它们相比你的优劣势有哪些?
7. 请举例说明,你的项目核心竞争力是什么,未来又将从哪些方面塑造自己的核心竞争力?

头脑风暴

学生分为若干组,各组利用头脑风暴的方法,对以下问题提出不同的看法,并尽量多地将它们列示出来。

讨论问题:利用第一节中提到的指标分析市场的现状,细分你或团队项目所处的市场,将它们尽可能多地列示出来,从中选择目标市场;通过竞争者分析,识别出6个以上竞争对手,详细分析你或团队项目的优势和劣势,不少于10个,最后列出你或团队项目目前已有的或是未来将要塑造的核心竞争力,并结合目前市场上涌现的新技术谈谈你们将要从哪些方面着手打造属于自己的核心竞争力。

第五章

商业模式：
设计体验，制定路径

当今企业之间的竞争，不是产品之间的竞争，而是商业模式之间的竞争。
　　　　　　　　——彼得·德鲁克

每出现一种新的商业模式，都伴随着一次创新和新的商业机会，能够率先把握住这一商业机遇的创业者，就能够在商业竞争中占得先机。

知识目标
熟悉商业模式的分类与设计原则；
掌握商业模式的设计方法；
了解市场中常见的商业模式。

能力目标
学会利用商业模式画布的方法设计并优化创业企业的商业模式。

素质目标
培养创业者勇于创新，打破旧模式的创新精神，提高创业者分析问题和解决问题的能力。

创新创业基础

引导案例　小米的"新三级火箭"模式

二级火箭虽然更简单、更安全,但是耗费的燃料太多,燃料和火箭壳都很贵。而四级火箭的成本虽然下降了,但它的复杂度增加了。所以,三级火箭是最优选择,成本和复杂度刚合适。

——张云帆

2020年8月26日,小米集团披露了第二季度财报,报表显示,这一季度小米的收入和净利都超出预期,上半年总收入达1032亿元,小米智能手机出货量稳居全球前四,并夺得欧洲手机市场增速第一。财报一经发布,小米集团股价大涨,总市值突破五千亿港元。事实上,小米的成功与其实施的"新三级火箭"模式是分不开的。

一、什么是"三级火箭"模式

"三级火箭"的模式由完美世界控股集团董事、纵横文学CEO张云帆提出,它分为三个步骤:

(1)搭建高频头部流量;

(2)延伸出某种高黏性场景;

(3)变现,完成商业闭环。

通过这种模式,企业能够快速抢占市场、建立壁垒,等市场份额足够大、壁垒足够高以后,再开始收割用户、变现赚钱。企业可以参考自身情况来确定三级火箭模式,但是创业者要注意,如果火箭的级数太少,公司无法建立起足够高的壁垒,如果火箭的级数太多,公司则可能陷入战线过长、成本过高、风险失控的局面。就好比发射火箭时,如果火箭只有一级,里面又装燃料,又装卫星,是飞不起来的,因为它无法突破大气层,飞不到地球同步轨道。虽然级数越多,需要的燃料越少,但是每增加一级,其危险程度和不可控性就越高。

二、互联网企业如何使用"三级火箭"模式

(一)360的"三级火箭"

第一级,搭建高频头部流量:免费杀毒工具。它打破了持续十年的杀毒软件市场三国鼎立的局面,迅速成为国内用户量最大的杀毒工具。

第二级,延伸出高黏性商业场景:从免费杀毒软件转变为360安全网络平台,引导用户安装及使用360安全浏览器、360安全助手和360安全网址导航。

第三级,商业闭环:通过360安全浏览器、360搜索、360安全网址导航中产生的广告收入获取利润。

(二)腾讯的"三级火箭"

第一级,搭建高频头部流量:通过QQ和微信拉取大量新用户。

第二级,延伸出高黏性商业场景:利用QQ空间、QQ音乐、QQ视频等内容留存用户。

第三级,商业闭环:通过腾讯游戏等数字内容完成变现,渐渐成为数字娱乐内容的王者。

(三)逻辑思维的"三级火箭"

第一级,搭建高频头部流量:凭借创始人罗振宇的个人知识型脱口秀节目《逻辑思维》和罗

振宇公众号吸引的大量粉丝来积累自己的互联网势能。

第二级，延伸出高黏性商业场景：发布得到 APP，提供高效知识付费的商业场景，不断沉淀用户。

第三级，商业闭环：上线付费产品、大咖专栏、大师课、精品课等付费课程，完成商业闭环。

三、小米的"新三级火箭"模式

从上述案例中可以看到，互联网企业的"三级火箭"模式的本质在于，以免费或者低价的服务吸引消费者，等占据了足够大的市场份额后再关起门来收割用户。所以在原有的"三级火箭"模式中，第一级是不以赚钱为目的的，尤其是在企业获客成本越来越高的当下，很多企业甚至会在"第一级"阶段赔很多钱，而这些支出要想从后续的流量变现中完全收回则难上加难。基于这个前提，小米开创了"新三级火箭"模式，与之前模式的区别就在于"第一级"绝不赔本。

小米的"新三级火箭"的第一级是智能手机，其在过去的一年内的出货量达到 1.26 亿部；第二级是 MIUI 与一系列零售场景，MIUI 是小米旗下基于 Android 系统深度优化、定制与开发的第三方手机操作系统。从 2010 年 8 月 16 日的首个版本至今，MIUI 已经兼容超过 80 种语言，支持 221 个国家与地区，在国内外拥有超过 3.3 亿的用户。为了触发这些客户的良好体验，小米在线上继续做客户深度参与的小米论坛，培养粉丝玩社群营销，在线下则将小米商城、米家、小米之家等商业零售终端广泛铺开，为用户创造了良好的智能家电服务情境体验；第三级是通过互联网服务和 AIoT（人工智能物联网）变现。

在小米的"新三级火箭"模式中，第一级和第二级之间存在着联动关系。理论上小米每卖出一部手机就能锁定一位 MIUI 用户，然而事实上小米的智能手机出货量总是高于 MIUI 用户增量。以 2020 年第一季度为例，小米智能手机共出货 2920 万部，MIUI 用户环比增加 2110 万，只占本季出货量的 72%，这说明还有 28% 的购机者原本就是小米智能手机的用户。小米智能手机在全球的市场占有率已经上升到 11.1%，位居第四，从获取的用户量来看，小米智能手机是当之无愧的"第一级"。更难能可贵的是，这一级非但没有赔本，还给小米带来了收入，2020 年第一季度小米智能手机业务毛利润达到 24 亿元，MIUI 新增 2110 万用户，这意味着小米每获得一位新用户的同时还赚了 115 元。

除了智能手机，小米的智能电视也有望成为第一级火箭的另一个引擎。2018 年以来，小米智能电视累计出货 2390 万台，其中 2019 年出货 1300 万台，按照这个速度，2022 年底总保有量将突破 6000 万台，大约覆盖 2 亿人口。

在变现途径上，小米主要是通过互联网服务和 AIoT 变现的。当下，小米互联网服务收入形式还相对传统，如手机广告、游戏、有品电商、金融科技、电视互联网服务、海外互联网服务等，其中广告收入占了一半。AIoT 就是万物智能互联，用户可以通过米家 App 连接智能家居产品。放眼全球，没有哪家单体公司拥有小米 AIoT 品类的多样性，它不但包括各种移动互联网智能终端、周边产品、智能家电，还有很多运动、健康等设备。截至 2019 年底，在不包括智能手机和笔记本电脑的情况下，IoT 平台连接的 IoT 设备数超过 2.35 亿，拥有五件及以上 IoT 产品的用户超过 410 万，小米 AIoT 平台也在持续赋能智能硬件产品的互联互通，提供智能时代衣食住行全场景的解决方案。在未来，小米智能手机、小米小家电等一系列智能硬件将作为万物互联的入口，逐渐构成小米未来可持续的垄断优势。

思考题:

作为创业者,你会通过何种方式获取用户?又该如何合理利用这些用户赚取收益呢?

第一节 商业模式概述

一、商业模式的含义

商业模式指的是以帮助客户实现价值最大化为出发点,将影响企业运转的各个要素整合为一个完整、高效率、具有独特核心竞争力的系统,同时凭借最优实现形式以满足客户需求,实现客户价值,并达成持续盈利目标的整体解决方案。也是企业与其他企业之间、与各个部门、顾客、渠道之间存在的各类交易关系和联结方式。简单来说,商业模式就是企业以何种途径或方式来盈利,比如汽车公司通过卖汽车来盈利;平台通过抽取佣金来盈利;运营商通过提供网络服务来盈利;物流公司通过快递服务来盈利等,只要有赚钱的渠道,就有商业模式存在。

二、商业模式的分类

埃森哲管理咨询公司把商业模式分为运营性商业模式和策略性商业模式两类。

(一)运营性商业模式

运营性商业模式能够揭示企业是如何源源不断地获取收益的,运营商业模式致力于塑造企业的核心优势、能力、关系与知识,主要解释了以下两类问题:①我们目前处于何种产业链中?在此产业链中处于上游还是下游?结合自身的条件我们该如何确定自己的位置;②我们的收入来源在何处?我们可以通过哪些渠道与形式获取收益?这些收益以何种形式在整个产业链中流动,在整个流动过程中我们是否享有话语权。

想要确定运营性商业模式,创业者可以使用以下的步骤:

首先,识别出企业所有的收入渠道。其次,挖掘企业是凭借何种能力吸引并维持这些收益的,识别出获得这些能力的核心因素,明确企业向客户提供的价值。再次,了解企业如何才可以源源不断地为客户提供这些价值,并将其中涉及的关键因素一一罗列出来。最后,识别出企业经营活动所产生的可以扩展和利用的优势、能力、关系与有效知识。

(二)策略性商业模式

策略性商业模式体现的则是一个企业在动态的环境中是如何通过改变自己来获取持续盈利的能力。运营性商业模式创造企业的核心优势、能力、关系和知识,策略性商业模式在此基础上加以扩展和利用。主要回答了以下几个问题:①我们向客户提供了何种价值和利益,包括品牌、产品与服务等;②我们通过哪些方式向客户传递价值;③我们应该怎样构建先进的管理控制模型,如构建面向客户的组织结构、构建数字化组织等。

创业者可以通过以下几步确定策略性商业模式:

首先确定一个你认为自己企业最显著的优势,如能力、关系、知识等。其次,在此基础上列出未来要扩展的其他辅助优势。再次,确定在扩展利用这些优势的时候所创造的新的收入来源、向客户提供的价值和成本结构。最后,确认使企业能够在盈利的情况下创造这一切的关键因素。

三、商业模式的设计原则

为了保证商业模式的有效性,创业团队在设计商业模式时需要遵循以下几个原则。

(一)创新性原则

当下,伴随着新技术、新模式、新产品与新业态的不断涌现,造就了许多颠覆性的新型商业模式。商业模式的创新并非单指技术上的突破,也指价值主张、客户关系、营销渠道、成本结构、盈利能力创新等,它贯穿于企业经营的整个流程。创业者在设计商业模式时,在每一个环节上发生的创新行为都可能演化成一种成功的商业模式。

(二)可持续发展原则

企业的商业模式能否延续下去决定了企业的生命周期,商业模式的可持续一方面体现在收入的可持续上,也就是说企业要可以确保未来几年的收入;另一方面则侧重于在企业发展过程中与环境的关系,创业者要能够保证企业的业务模式不受环境和资源的影响。在设计商业模式时,创业者要坚持走可持续发展的路线,在满足市场需求的同时,顺应全球经济可持续发展的大势。

(三)客户价值最大化原则

对于企业而言,想要实现持续的盈利就必须获得足够多的客户,而如何获得客户的认可、满足客户的价值并使其最大化则一直是困扰初创企业的一道难题。在创业者设计商业模式时,要兼顾产品和服务的品质,将满足客户需求、实现客户的价值作为自己的主要目标。

(四)标准化与可复制原则

创业者在设计商业模式时,首先要遵循标准化的原则,只有实现了标准化,才能使商业模式具备可复制的特征。企业的标准包括技术标准、产品与服务标准、生产标准、营销标准等。企业要在合理运用现有标准的基础上,加快制定新标准,通过建立新的技术标准来构筑自己的市场壁垒,通过加强自己独有的标准来掌握行业的话语权,在竞争中占得先机。创业者想要使企业各部门、各环节能够保持有序运行,离不开一系列高度协调统一的标准。

商业模式的可复制原则指的是企业的商业模式要能够被自己快速复制,但又不能让竞争对手复制。这就需要企业具备高度标准化和规范的商业模式,企业员工只需要按照既有的标准展开日常经营活动即可完成商业活动的闭环,而企业此前构筑的技术壁垒和核心竞争力则保证了竞争对手无法通过简单的模仿复制企业的商业模式。

(五)风险控制原则

创业者在设计商业模式时,还需要考虑到商业模式可能带来的潜在风险,努力将风险控制在可接受的范围之内。企业的风险分为内部风险和外部风险,创业者在识别内部风险时需要关注管理层的职业操守、职工胜任能力等人力资源因素;组织机构、运营方式、业务流程等管理因素;研究开发、技术投入等自主创新因素;财务状况、经营成果、现金流量等财务因素;人员安全、环境保护等安全环保因素。创业者在识别外部风险时则需要关注经济形势、产业政策、融资环境、市场竞争、资源供给等经济因素;法律法规、监管要求等法律因素;文化传统、社会信用、教育水平、消费者行为等社会因素;科技进步、工艺改进等科学技术因素;自然灾害等不可抗力因素。

四、商业模式的设计方法

对于创业者而言,设计一个适合自己的商业模式对于企业未来的发展具有至关重要的意义,较为常见的商业模式设计方法和模型主要有麦肯锡7S模型、三层面法以及商业模式画布等。

(一)麦肯锡7S模型

麦肯锡7S模型简称7S模型,是麦肯锡顾问公司研究中心提出的企业组织七要素,麦肯锡公司认为,在创业者设计企业的商业模式时,需要关注七个方面,分别是:结构(structure)、制度(system)、风格(style)、员工(staff)、技能(skill)、战略(strategy)、共同的价值观(shared values)。其中战略、结构和制度是企业成功的"硬件",风格、员工、技能和共同的价值观则是企业成功的"软件",这七个方面协调共生,共同构成了一家企业的商业模式。

1. 战略

战略是企业基于内外部环境与自身资源情况,旨在确保企业能够存续和持续发展,对企业未来目标及达到这个目标的方式方法的总体规划,是企业经营思想的集中体现,是一系列战略决策的结果,也是创业者制定商业模式的基础。

2. 结构

企业商业模式的设计和实施有赖于健全的组织结构,组织结构是企业组织的构成形式,也就是企业的目标、协同、人员、职位、相互关系、信息等组织要素的有效排列组合方式。组织结构服务于商业模式的实施,所以必须要满足商业模式的需要。

3. 制度

一个完善的制度可以保证商业模式的有效运行,同时,企业的规章制度又是企业文化和战略思维的具体体现。在设计与实施企业商业模式时,创业者要制定与企业商业模式和战略思维相符的制度体系,以避免相互之间的不配套和不协调。

4. 风格

企业的风格主要体现在企业文化上,是企业在长期的生产经营活动中形成的、获得全体员工一致认可和遵循的价值理念、职业道德和行为规范的总和。作为一种重要的组织力量,有效的企业文化可以把企业中的员工聚集在一起,使其围绕共同的目标努力工作,为企业的成功奠定思想基础。

5. 共同的价值观

共同的价值观是企业全体成员对组织的战略、目标和宗旨的共同认识。企业商业模式成功实施的前提是,每一个企业员工都能领会其商业模式并用其指导自己的实际工作。企业成员共同的价值观念具有导向、约束、凝聚、激励及辐射作用,能够激发员工的热情,统一员工的意志,使其一致为实现企业最终目标而努力。

6. 员工

商业模式的设计和实施载体都是人,成功的商业模式需要企业有着充分的人力准备。企业应当选拔具备战略思想、能够充分理解企业商业模式的员工,给予适当的培训,并将他们分配到适当的岗位上,同时加强企业文化的灌输,使企业各层次人员均具备与企业商业模式及战略相符的思想观念和工作作风。

7. 技能

企业的生产经营活动是由具备一定技能的员工利用对应的生产要素以实现物质和精神财富的创造过程。尤其是在科学技术迅猛发展的当下,企业员工的技能需要不断地加以更新,创业者需要利用新知识和新技术来提高企业整合内部资源的能力,使企业能持续提供满足消费者需求的服务与产品,实现商业模式。

(二)三层面法

麦肯锡资深顾问梅尔达德·巴格海、斯蒂芬·科利以及戴维·怀特在世界范围内对分属不同行业的四十家处于高速增长的企业展开调研,在《增长炼金术——持续增长之秘诀》一书中提到,那些始终维持高速发展的大企业均具备一个共同特点,它们能够维持三层面业务的均衡发展:第一层面是拓展和守卫核心业务;第二层面是建立新兴业务;第三层面是创造有生命力的候选业务。这三个层面的均衡发展保证了这些企业可以持续不断地开拓新业务,可以从内部革新其核心业务。其重点在于保持新旧业务更替的管道畅通,一旦核心业务出现衰减势头立刻用新业务替换旧业务。

1. 第一层面:确定创业项目的核心业务,并守卫和拓展

对于初创企业而言,首要的任务便是寻找盈利模式和核心业务,一个企业中最赚钱的产品和服务往往就是企业的核心业务,它们之间的共同点就是能够给企业带来大部分的利润和现金流,所以想要守卫核心业务,企业需要将精力放在不断提高效率和降低成本上。与此同时,创业者想要拓展核心业务,则需要在稳定核心业务的基础上,使其在未来的一段时间内实现一定的增长,研发新技术和新模式从而建立壁垒是一个有效的方式。

第一层面不仅要求企业和创业者具有基本的生存能力,还要具有一定的竞争和发展能力,同时将核心业务的所有能力充分挖掘。

2. 第二层面:建立即将出现增长势头的业务,注重新用户、新业绩、新市场份额的增长

虽然第一层面中的核心业务看似稳定,但事实上并不存在能够永远盈利的业务或模式,对于创业者而言,能否在其被淘汰之前寻找到新的业务来代替便成了企业业绩能否持续增长的关键。对于企业而言,新业务的挖掘意味着需要制定新的实施计划、获取新的用户以及实现新的市场占有。同时,新业务的开展需要消耗大量的资金,这也凸显了第一层面中核心业务的重要性。

3. 第三层面:开创有生命力的未来业务,时刻关注趋势并获取新知识

很多取得成功的创业者都具备前瞻性的战略眼光,能够抓住未来的趋势并提前布局。对于创业者而言,需要通过持续不断的学习和关注,掌握本领域的发展趋势和新知识,不断考查新知识转换成新业务的可能性和回报大小,持续创造有生命力的候选业务作为未来的发展方向。

卓越的企业和创业者能够保证三个层面同时开展,从而使得新业务源源不断,这就要求创业者必须要有系统的思维,统筹三个层面,实现共同发展。

引导案例　Costco 的商业模式

我们的会员不是在这儿采购奇特的原料，而是在我们这儿购买价值。

——吉姆·西格尔

小米的 CEO 雷军曾说"有一家企业给了我巨大的震撼，它就是 Costco，这种震撼无法用语言表达。"其在美国逛 Costco 的经历，对创办小米有很大的启发和帮助，小米的商业模式就是苹果加 Costco。另一位推崇 Costco 模式的创业者是拼多多的创始人黄峥，其在美国读书和工作的这段经历使他得以对 Costco 有更全面的认知。在介绍拼多多的商业模式时，黄峥说得最多的就是，拼多多的模式是迪士尼加 Costco。

Costco 创立于 1983 年，经过 37 年的发展，已然成为仅次于沃尔玛的全球第二大零售商以及全美最大的仓储式连锁会员制零售超市，在 2020 年《财富》世界 500 强排行榜中排名 33。2019 年 8 月 27 日，位于上海闵行的中国第一家 Costco 门店开业，开业当天就因人流量过大，不得不提前暂停营业。在 Costco 如此火爆的现象背后，又有着什么样的商业逻辑呢？

美国的零售业态主要由以下几部分组成：大型购物中心、以奥特莱斯为代表的厂家直销中心、以梅西百货为代表的百货商店、以沃尔玛为代表的综合超市、以 Costco 为代表的量贩式仓储会员店和专业超市。Costco 是量贩式仓储会员店业态的领跑者，其商业模式有以下几个特点。

一、目标客户群

不同于沃尔玛主要覆盖中低端的定位，Costco 把目标客户群体精准定位于美国的中产阶级。中产阶级通常具备较强的消费能力和意愿，他们对产品的价格并不敏感，相对更为看中商品的品质，倾向于可以在有限的时间内一次性满足自己的购买需求，更愿意进行大批量购物。把目标客户群定位在高质量的用户群体，是零售商销售和利润的重要保证。

二、会员制

与家乐福、沃尔玛、麦德龙这些可以免费申请会员资格的超市不同，消费者需要付费才能成为 Costco 的会员。会员制的优点有很多，首先是能够提升消费者的购买频率，一旦消费者付费成为会员后，很多人都会有种心态，就是花了的钱一定要再赚回来，因此他们会更频繁地下单，且每次下单买更多的商品；其次，付费会员的忠诚度很高，流失率很低。但是前提是 Costco 提供的会员权益质量和性价比一定要高。当消费者成为付费会员时，会按要求填写很多相关资料，这些会员数据是经营分析和营销的重中之重，能够保证 Costco 提供的服务和产品能够满足会员的需求；最后，Costco 可以通过毛利补贴的方式建立价格优势。Costco 有 8670 万会员，年营业额 1180 亿美元，人均消费 1361 美元，会员年费 60 美元，占比 4.4%，考虑到 Costco 的毛利约为 12%~13%，这 4.4% 的会员费收入就可以让 Costco 把毛利压低超过三分之一来进行商品销售，在价格十分敏感的超市消费品领域，对比沃尔玛这类非会员超市，该机制能建立起强烈的价格优势。

三、与合作伙伴的关系

与沃尔玛不同，Costco 的商品数量少而精，顾客消费绝大多数集中在头部商品，这也保证了这些头部商品的销售量和进货量巨大,从而使得Costco在与供应商进行谈判时具有出色的议价能力,甚至能够买断部分商品,而高性价比的商品维持了高会员满意度,并有助于会员规模的壮大。

四、严格控制毛利率

Costco事先通过付费会员机制先期回笼了资金,同时通过少而精的大规模单品采购压低了成本,这也让Costco有能力在严控毛利率的情况下保证较高的净利率,在Costco内部有两项严格规定:

第一,任何商品的毛利率不得高于14%,一经超过,则必须上报CEO,再通过董事会来审批;

第二,对于外部供应商,一经发现其产品的价格在其他商场比Costco的还低,那么其产品在Costco将被永久下架。

在这两条规定下,Costco得以把毛利率控制在12%~13%(一般超市的毛利率在15%~25%),造就了Costco高质量商品的低价形象。

五、打造核心竞争力

自有品牌是Costco的核心竞争力,同时也是除会员费以外的另一个重大盈利点。如果超市单纯售卖别人的品牌和商品,会因为受到供应链的掣肘而丢掉话语权,在这些商品谁都可以卖的情况下,还会因为竞争而导致加价空间有限,而无法把握成本和优化供应链,则很难保证利润。想要提升利润、避开价格战的最有效方式,就是打造自有品牌,自己做品牌的拥有者,自产自销,这样竞争对手就无法通过价格战展开打击,也不会被其他零售商垄断渠道。同时,通过在品牌背后植入品牌故事,打造品牌文化,是吸引消费者、形成记忆点的有效方式,在市场竞争势态下,品牌成为差异化经营的关键,来自瑞典的家居零售商宜家和来自法国的体育用品零售商迪卡侬就是以销售自有品牌为主。

Costco在1995年就创立了自有品牌Kirkland Signature,特色是"大包装、高品质",并将其定位于中高端,以迎合中产阶级会员的消费习惯,提供的产品涵盖服饰、有机食品、宠物食品、清洁用品、厨房用品、保健品、五金用品、美容用品等,已经推出数百款明星商品。如今这一自有品牌已然跃居全美健康品牌销量榜首,成为Costco吸引用户和提高利润的重要法宝。

在零售赛道的激烈竞争中,Costco凭借精准的客户定位、稳定的收入来源、良好的成本结构、出色的议价能力以及通过自有品牌打造的核心竞争力,开辟了属于自己的商业模式。

思考题:

作为创业者,你是如何制定商业模式的?你是否考虑了目标客户、收入来源、成本结构、客户关系、拥有的核心资源与关键业务等因素呢?

第二节 商业模式画布

对于处于不同阶段的企业而言,在设计商业模式时的侧重点也是不同的。通常来说,企业在设计商业模式时会面临以下三个选择。

第一个选择是,面向老用户,开发新产品。此时,创业者需要针对现有的客户开发新产品,需要不断挖掘客户的潜在需求,持续优化产品的功能以满足客户,并在客户服务和定价方面做出创新和变化以维系客户。

第二个选择是,面向新用户,销售老产品。当企业进入新的市场、面临新的用户属性时,创业者更多思考的应该是如何用更深入、精准的渠道,将产品的信息和价值传递给这些新用户。

第三个选择是,面向新用户,开发新产品。当企业面临一个全新的领域或是创业者想要创办一家新企业时,首先要考虑的是:自己的产品能否和市场相匹配、是否能找到属于自己的市场定位以及如何在日后的市场竞争中立于不败之地。

对于初创企业而言,更多时候面临的是第三种选择,也就是面向新用户,开发新产品。在初创企业没有用户积累以及尚不明确产品是否与市场相匹配的时候,创业者能够通过商业模式画布的方式来设计企业的商业模式。商业模式画布就好比画家的画布,一共分为九个大小不同的方格,创业者可以在其中填充相应内容以描绘现有的商业模式或设计新的商业模式。对于初创企业而言,商业模式画布既是对商业模式的描绘和提炼,也是一份指引企业发展方向和路径的战略规划。对于创业者而言,商业模式画布可以有助于激发创意,确保能够找对目标客户、有效解决问题。

商业模式画布不仅能够满足客户的需求,还强调了商业模式中涉及的各个要素间的相互作用并将其标准化。商业模式画布涉及四个方面与九个基本模块,四个方面指的是基础设施、客户、提供物和财务,九个模块分别为客户细分、价值主张、渠道通路、客户关系、收入来源、核心资源、关键业务、重要伙伴和成本结构,如图5-1所示。在这九个模块中,每一个都代表着多种可能性和替代方案,创业者所需要做的就是将其中的最佳方案挑选出来。

一、客户细分

客户细分模块就是找出企业的目标客户,这一模块描述了企业想要接触的不同人群或组织。在企业中,客户构成了商业模式的核心,为了能够更好地为客户服务,企业会将客户细分为不同的群体,每个群体的客户都拥有相同的需求,企业需要通过客户细分决定该服务于哪些客户群体,从而凭借对应客户的需求,设计相应的商业模式。

创业者在填写这一模块时,需要思考两个问题:我们为谁创造价值?我们最重要的顾客是谁?

二、价值主张 VP

价值主张模块用来描绘为特定客户细分创造价值的产品和服务。价值主张解释了为什么客户要选择你而不是别人的问题,价值主张主要通过产品和服务解决了客户的困扰、迎合了特定客户细分群体的需求。

创业者在完善这一部分时,需要思考的问题是:我们为客户创造了哪些价值?为客户解决了哪些问题?向每一个细分客户群体提供了哪些产品和服务?又满足了客户的哪些需求?

第五章

商业模式：设计体验，制定路径

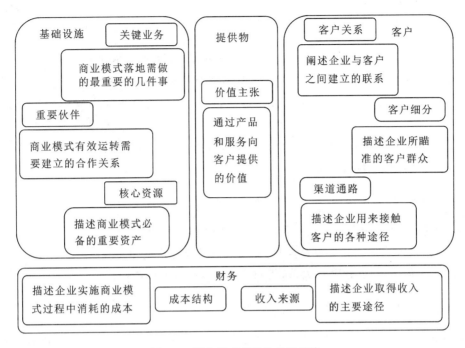

图 5-1　商业模式画布的具体模块

三、渠道通路

渠道通路模块描述的是企业以何种方式让客户接触到价值主张。企业通常可以通过沟通、分销、销售等渠道接触到客户，在凭借这些渠道来传递价值主张，提高企业产品和服务在客户脑海中的认知。

创业者在完善这一模块时，需要考虑的是：我们想通过哪些渠道去接近我们的各个细分客户群体？现在又是如何接近他们的？我们的销售渠道是如何整合的？我们的哪个渠道最高效？我们该如何整合销售渠道和消费者的日常生活？

四、客户关系

客户关系模块描绘的是企业和特定客户群体之间所构建的关系类型。企业与客户之间的关系影响着客户的体验，创业者在完善这一模块时需要思考：我们的每一个细分客户群体希望我们与之建立并维系哪种关系？其中哪些我们已经建立了？建立并维系它们的成本情况如何？这些关系是怎样和我们的商业模式融合的？

五、收入来源

这一模块所描绘的是企业是怎样从客户群体中取得现金收入的。创业者要确定企业的收费模式和产品的定价方式，以保证商业模式能够为企业带来持续的收入。再去思考目标客户究竟愿意为了哪些价值而付费？又是通过哪些方式付费的？企业的每一项收入来源占总营收的比重是多少？

六、核心资源

这一模块所描述对象的是资金、人才等可以使商业模式有效运转的必要元素。核心资源可以是设备物资等实体资产,或是专利技术、知识产权等无形资产,也可以是金融资产、人脉、人力资源等。正是这些资源让企业可以创造与提供价值主张,从而和客户群体构建联系并取得收入。

创业者在设计核心资源模块时需要思考:为了实现企业的价值主张,构建客户关系并最终获取收入,需要获得哪些核心资源?

七、关键业务

关键业务指的是企业为了确保商业模式可行从而必须去做的事情,是企业创造与提供价值主张,维系客户关系的基础。与核心资源模块一样,创业者在设计关键业务模块时需要考虑:为了实现企业的价值主张,构建客户关系,我们需要开展哪些关键业务?

八、重要伙伴

这一模块描述的是使企业商业模式有效运作所需的合作伙伴网络。合作伙伴主要有以下三类:完全没有竞争的合作、有竞争关系的合作以及上下游合作,创业者需要思考谁是我们的关键合作伙伴?谁是我们的核心供应商?这些合作伙伴都在从事哪些关键活动?我们可以从中获取哪些核心资源?

九、成本结构

这一模块描述的是设计与实施商业模式时产生的所有成本。企业在创造和提供价值、建立和维系客户关系时均会产生成本,其中有些成本是必须的,有些是可以规避的,创业者在完善这一模块时需要思考:在我们的商业模式中,何种成本是最重要的?哪些关键资源消耗的成本最多?哪些关键活动的成本最高?

2019年2月,美国商业杂志《快公司》发布了"2019中国最佳创新公司10强"榜单,其中美团、阿里巴巴、小红书三家互联网公司位列前三。美团与阿里的上榜并不让人感到意外,而小红书出现在榜单的第三位则让大家再次将目光聚焦到这家企业身上。事实上,从2013年创立至今,小红书走出了一条与众不同的发展道路。一个品牌单靠女性消费者的力量未必会活得长久,小红书能迅速爆红,这与它自身的运营理念以及商业模式是密不可分的,我们可以利用商业模式画布的形式来了解小红书的商业模式。

1. 客户细分与客户关系

小红书的用户几乎都是80、85后的年轻人,以职场女性、美妆达人、学生群体和海淘一族组成。这些年轻人的特点是坚信"好东西值得好价格",但并不是盲目地崇洋媚外,而是注重品牌和质量。他们在消费的时候通常会比较理智,为了找到更好的东西,不惜花费时间去网上看评论、查攻略,经过一番考察对比之后,再拜托国外友人从国外采购、去香港免税店买,或者直接去海淘平台购买。

小红书恰恰是看懂了这一代年轻人的用户特点,于是其打造了购物攻略型的社区形式,并引入大量的优质商家和KOL(关键意见领袖),同时提供稳定的技术支持,为这些客户细分群体提供了相应的内容,从而将这些用户聚集在一起。

2. 价值主张

小红书鼓励用户将海淘产品的使用心得以笔记的形式在社区发布,或者让久居国外的用户和大家分享哪些东西是真正值得购买的"好物"。长久以往,小红书的社群粉丝越来越多,在这个用户聚集的过程中,更多拥有相同价值观、消费主张的目标人群逐渐聚集在一起。

3. 渠道通路

小红书在协助用户解决了"买什么""多少钱才值得买"的问题后,逐渐构建起了海外仓库、国内仓库和保税仓库这三大供应链系统作为自己的渠道通路,同时上线了电商平台"福利社",逐渐形成了社群+电商的商业模式。

4. 收入来源与成本结构

小红书的主要收入来源来自广告、品牌/商家入驻和电商,主要的成本有人员成本、平台优化费用、合作费用以及各项广告支出等。

在自媒体时代,任何一个消费者都有机会成为产品品牌与口碑的传播者,最终转变为你的忠实粉丝、甚至是合作者。小红书尝试让用户从最初的围观者变为关注者,再从关注者升级为参与者,最后从参与者升级为消费者,形成联动营销模式,最终达成全渠道的跨界整合。

5. 重要伙伴、关键业务和核心资源

在小红书的商业模式画布中,美妆品牌、美妆达人以及潜在的商家是其重要伙伴;平台运营、内容运营、用户运营、广告合作和招商维护则是其关键业务;平台中积累的用户、美妆达人和其发布的内容价值、品牌/信用背书则构成了小红书的核心资源。

互联网时代的生存方式是用产品去吸引用户、链接社群,再通过社群去绑定用户。任何企业都需要更多地触达用户、粉丝和市场,通过社群链接用户、产品和粉丝,做到产品运营、品牌营销、吸粉增粉三者合一,这样小社群就会逐渐裂变为大社群,大社群再裂变为更大的社群,这也正是小红书的商业模式。

引导案例　Netflix凭什么超越迪士尼

Netflix是少有的几家真正颠覆式创新的公司,它既有颠覆式技术创新,又有颠覆式组织创新。

——克莱顿·克里斯坦森

2020年9月,Netflix宣布将把刘慈欣所著长篇科幻小说《三体》三部曲搬上荧屏,拍摄英文电视剧,这也是Netflix在打造了《纸牌屋》《黑镜》《超感猎杀》《王冠》等热播剧后的又一个大手笔。Netflix成立于1997年,最早仅仅提供在线影片租赁,现在已经拥有超过1.9亿的付费会员,遍布190多个国家。截至2020年10月2日,Netflix的市值为2218.57亿美元,一举超越流媒体行业中的"百年老店"迪士尼,同期迪士尼的市值仅为2214.56亿美元。

一、Netflix1.0模式：打通线上线下，解决行业痛点

在流媒体诞生之前，接近一半的电影发行收入来源是DVD，而DVD的收入则主要来自出租。成立于1985年的家庭影像出租公司Blockbuster在20世纪90年代成为租赁行业巨头，巅峰期在全球拥有超过9000家租赁店、8万名员工。当时的DVD出租行业有两个痛点：一个是消费者为了租DVD所花费的时间和成本较高，观看完之后也不愿意归还，但是逾期就要面临高额的罚金，在Blockbuster的收入中，有15%~20%是通过罚金实现的。第二个痛点是，在DVD出租店中可供消费者选择的DVD数量有限，即使是规模很大的实体店，也无法满足消费者多样化的需求。

Netflix的创始人Reed Hastings在被Blockbuster罚走一笔逾期费后创办了Netflix，并在Blockbuster的商业模式上做了些改变：首先是轻资产化，Netflix在网上运营，省去了昂贵的店面费；其次是邮碟到户，消费者通过网络订购碟片，Netflix将碟片邮寄给消费者，看完后再邮寄回Netflix。与Blockbuster相比，Netflix在提供了所有品类DVD的同时打通了线上和线下环节，线上由订单、实时查询、影片专家和社区组成，线下由DVD仓库和快递组成。1999年Netflix更是推出了无到期日、无逾期费、无邮费的三无会员制，消费者只需要每月缴纳19.95美元的会费，就可以享受上述会员权益，这项制度一经推出，Blockbuster的客户纷纷倒戈，转向Netflix。

二、Netflix2.0模式：由DVD出租过渡到流媒体模式

随着网络的普及，电影租赁行业不可避免地受到了冲击，当普通用户的带宽越来越高，在线观看视频成为现实。所以早在2006年，Netflix就转型为互联网流媒体公司，为用户提供在线视频点播服务，流媒体开始进入大家的视野。流媒体采用流式传输的方式在互联网播放，商家利用视频传送服务器将节目当成数据包传送到网络上。国内外流媒体播放平台众多，国内有爱奇艺、腾讯，国外有亚马逊的Prime Video、谷歌的Youtube TV、苹果的Apple TV等。Netflix想要脱颖而出，就必须要思考两个问题：如何提升用户观看体验？如何在内容上投其所好？

Netflix作为全球最大的流媒体，能够连续五次被评为顾客最满意网站，在很大程度上要归功于它颠覆式的用户体验。

第一，Netflix是美国唯一一家舍弃了广告的流媒体，其收费方式十分清晰明了，只要付费成为会员，就能够免费观看所有站内影片。

第二，Netflix很早就开始把整个平台开放，用户不仅能够在PC、TV、ipad、iPhone上观看电影、电视节目，还能够将Wii、Xbox360、PS3等设备连接TV。

第三，Netflix拥有高度智能化的推荐体系，这也正是帮助Netflix一直领先的核心因素。推荐系统凭借与用户之间的大量交互，通过获取用户的观看习惯和观看行为而形成的一套数据系统。Netflix每年都会举办竞赛来征集推荐系统的优化方案，它的核心获奖原理就是用大数据的方式找出所有数据包里电影的内在逻辑，找出它们之间存在的关系，最终利用这种关联关系进行影片的精准投送。

第四，与一般美剧边拍边播、一周更新一集的播出方式不同，Netflix的自制剧都是在全部拍摄完毕后，一次性放出全季。用户无须长时间的等待，就可一次看完全季，用户的观看体验再次被提升。

三、Netflix3.0模式：进军内容行业

Netflix在转型为互联网流媒体平台后，仍沿用了会员制，并且仍然坚持无广告、无逾期费的政策，因此其核心竞争力只有用户数量这一点，为了吸引更多的新用户，内容创作成了流媒体时代最重要的关键资源。为此，Netflix进入了自制内容领域，大力打造自制剧。Netflix在自制剧上的大投入在获取流媒体用户的初期起到了非常显著的作用，Netflix凭借生产出的优质内容吸引用户，提高付费用户规模，获取更多收益，再继续投入内容，提升用户黏性，获得更多用户，形成良性循环。这一模式也成功地让用户的黏性从剧集转到了平台上——相信"Netflix出品，必属精品"。

2019年11月9日，迪士尼正式宣布其流媒体名称为迪士尼＋（Disney＋），并于11月12日在美国、加拿大与荷兰正式上线，构建线上线下相结合的模式。然而2020年初的疫情对迪士尼线下的部分造成了极大影响，导致其市值大幅缩水。而Netflix经过了多次商业模式的改变和自我颠覆，形成了独有的优势和壁垒，2020年上半年新增付费用户2600万，是去年同期增长的两倍，付费用户总量逼近2亿，其商业模式经受住了疫情的考验。

思考题：
作为创业者，你认为商业模式的转变是否有必要？你是否了解市场中有哪些已经被验证过的商业模式？

第三节　市场中的常见商业模式

创业者可以通过上文中所列举的几种商业模式设计方式来进行商业模式的创新，并最终找到最适合自己的那一个。然而对于还没有积累到足够多的用户，缺乏明确目标的初创企业来说，找到目前市场中与自己企业最契合，且已经被证实有效的商业模式才是当务之急。本小节为创业者归纳了多种商业模式套路，以期可以帮助到处于创业初期的创业者。

一、按照收入来源的不同划分

（一）实物商品的商业模式

当企业的产品是商品或货物时，其商业模式通常比较简单，主要分为以下四种。

(1) 自己生产并销售，由企业包办生产到销售的全过程，多数制造业都是采取这类商业模式。

(2) 自己生产但不直接销售，将生产出去的产品交给分销商销售。比如一些石油企业，生产出油类产品后交给各个分销商去销售。

(3) 外包生产，自己销售，企业把生产环节整个外包给其他企业，只保留销售环节。适合那些知名度较高，但是没有生产线，只能通过让其他企业代工的方式生产产品的企业，比如最近十分火爆的元气森林。

(4) 只销售，不生产，企业作为分销商，或是提供销售商品的交易市场。

（二）广告模式

通过广告获取收入的商业模式多见于传媒行业和互联网行业，主要有以下几类商业模式。

（1）展示广告。展示广告通常是按照展示的位置和时间来收费的，这也是最为常见的一类模式。

（2）广告联盟。指的是将中小网络媒体资源整合成一个联盟，再借助联盟平台实现广告投放，同时监测统计广告投放数据，广告主按照投放广告的实际效果向联盟会员支付广告费。

（3）电商广告。这一类广告常见于各大电商平台，阿里、京东、拼多多、当当网等企业都拥有自己的电商广告，电商广告通常按照销售额提成付费。

（4）软文。与硬性广告相比，软文是由企业市场策划人员或广告公司的文案人员负责编写的"文字广告"，一篇合格的软文能够将广告内容和文章内容完美结合在一起，使读者在获取信息的同时，也了解了广告的内容。

（三）交易平台模式

交易平台作为第三方平台，能够有效保证交易双方在进行交易时的安全、诚信等一系列问题，主要分为以下两类。

（1）实物交易平台。交易双方通过实物交易平台进行商品的交易，由平台从中抽取佣金。天猫便是实物交易平台的典型代表。

（2）服务交易平台。交易双方在服务交易平台中提供和接受服务，平台同样从中抽取佣金，滴滴出行就是服务交易平台的代表。

二、按照收费方式的不同划分

（一）直接向用户收费

企业为了获取收入，通常会选择直接向用户收费的方式，但是如果收费方式太过于直接，很可能会造成用户的流失。所以创业者可以参考以下几种收费方式。

（1）定期付费。相对于一次性支付较多金额的一锤子买卖，消费者更倾向于单笔付费金额较小，但需要定期付费的商业模式。QQ、饿了么、知乎以及各类视频网站的会员权益，就是按月/按年付费的。

（2）按需付费。按需付费指的是只有当消费者产生购买需求时，才需要支付相应的费用。比如百度文库，在用户想要下载某个文件时，仅仅需要支付这一个文件所需的费用后，便能够获得这一文件。

（3）打印机模式。打印机的商业模式指的是，首先让消费者以相对较低的价格购买到一个基础性设备，例如打印机，消费者如果想要使用这一设备，那就需要再支付相对较高的价格购买配件，比如墨盒等耗材。

（二）免费增值模式

免费增值模式的商业模式在于，企业投放产品或服务，让用户免费使用，借助口碑传播积累大量的有效用户后，再向这些用户提供增值的附加服务或在原有版本上提供增强版本，通过这些付费的增值服务来收回成本、赚取利润。只要企业前期积累的用户数量足够大，哪怕只有1%的免费用户转化为付费用户，也足够让企业获得大量收益。常见的免费增值模式企业有QQ、迅雷、百度网盘、美图秀秀等。免费增值模式在具体操作时,企业能够对免费用户的使用次数、使用功能和使用时间加以限制,还能够通过应用内付费、试用期限免或核心功能免费,其他功能收费等方式将更多的免费用户转化为付费用户。

三、按照面向用户的不同划分

按照面向的用户不同,商业模式可以分为 To B 和 To C 两类。To B 就是 To business,也就是面向企业或者特定的用户群体。To B 行业的好处是,无论企业的规模多小,只要可以在技术上取得突破,提供高性价比的产品,就有可能被下游大客户选中,出现爆发式的增长。缺点是没有品牌的优势,技术路线易变,难以形成稳定的护城河。To C 则是 To customer,也就是面向消费者。To C 行业的好处是,只要企业的品牌强势且具备受大众欢迎的好产品,消费者复购情况好,其潜在的消费者几乎是无限的。缺点在于行业中的新企业难以在竞争中取得优势。To B 和 To C 企业的商业模式也有很大的不同。

(一) To B 商业模式

1. 横幅、竞价与效果广告

对于 To B 企业而言,通过广告获取收入是较为常见的商业模式。除了上文中介绍的几类常见广告形式,还可以根据推广方式及收费依据的不同,再细分为横幅广告、竞价广告与效果广告。横幅广告是网络广告最开始所采用的形式,也是当下最普遍的形式,它主要以长方形公告牌的形式横跨于网页上,每当用户点击它们的时候,往往能够链接到广告主的页面;竞价广告则是由用户自主投放与管理,通过调整价格来排名,凭借广告效果进行付费的新型网络广告形式。百度、腾讯、58同城等都利用竞价广告的方式进行精准推广;效果广告则是以效果为基础的广告系统,广告主仅仅为可衡量的结果付费,大数据作为效果广告的支撑,可以为广告找到精准的用户做投放,把广告推送到想要观看这一部分广告的人群面前,抖音、快手等是利用效果广告的方式进行推广的。

2. 会员服务

会员服务旨在使企业和消费者随时维系良好的联系,进而引导消费者重复消费,提升客户忠诚度,助推企业业绩的提升。会员服务一定是能够节约用户时间,提高用户效率,提供更多、更热门的资源或增值服务,以极致的性价比实现用户价值的最大化的。在 To B 商业模式中,客户主要指的是企业,提供 To B 会员服务的代表企业有钉钉、企业微信、微博企业版等。

(二) To C 商业模式

1. 会员服务

在 To C 商业模式中,客户主要指的是消费者,提供 To C 会员服务的企业有很多,几乎涵盖了我们的衣食住行各个方面,代表企业有 QQ、微博、迅雷、优酷等。

2. 产品付费

产品是满足消费者需求的商品或服务,可以被分为有形产品和无形产品。有形产品具备实物形态,比如手机、电脑、冰箱等;无形产品主要提供服务,比如旅游、理发、咨询等,尽管无形产品没有实体形态,但其依旧可以解决消费者的需求。消费者对产品付费的前提是,这款产品对于消费者来说是有价值的。

3. 内容付费

内容付费就是借助知识付费平台,把媒体、教育的知识内容转化为图文、音频、电视剧、书籍、杂志、公众号文章、视频等形式以变现,也就是将内容变成产品或服务,从而实现商业价值。

知识付费属于内容付费,在这一模式中,消费者作为知识的接收者,为其所阅览的知识付出资金的行为就是知识付费。近年来,消费者对知识的渴求加快了这一商业模式的发展;逻辑思维创始人罗振宇创办的"得到APP",喜马拉雅FM举办的"123知识狂欢节",知乎上线"知乎live"等行为都是为了吸引消费者为知识和内容付费。典型的知识付费产品有得到、喜马拉雅、知乎、千聊、吴晓波频道等。

创业者在决定哪一种商业模式最适合自己之前,务必要先了解目标客户群体的特点和付费意愿,在掌握了哪些用户愿意为哪些服务付费后再做决定,这样往往能够起到事半功倍的效果。

拓展延伸　谷歌和亚马逊的长尾商业模式

一、长尾模式的概念

1897年,意大利经济学家维弗雷多·帕累托发现了一个经济规律:在任何一组东西中,最重要的部分只占20%,其余80%尽管占多数,但却是次要的,这被称为帕累托法则,又叫二八定律。但是前《连线》杂志主编克里斯·安德森却不那么认为,他认为在互联网时代下,任何一件商品都可以找到需要它的消费者。只要产品具备足够大的存储和流通渠道,那些不那么受消费者青睐的产品合计占据的市场份额也不可小觑,甚至可能超过那些少数热销产品所占据的市场份额,这也意味着众多的小市场汇聚形成的市场能量能够与主流市场相匹敌。比如说,不考虑重复因素,一家规模较大的书店能够展示的最大书籍数量为10万本,所以书店通常会选择销量排名靠前的书籍进行展示。然而在亚马逊网络书店的图书销售额中,有接近25%来自排名10万以后的书籍,而且这些"冷门"书籍的销售量还在不断提升,预计未来能够占据整个市场的半壁江山,这就是长尾理论。长尾模式就是基于长尾理论的商业模式,旨在针对小众群体,提供多种类的产品和服务,谷歌、亚马逊、Netflix、拼多多等企业都是采取的此类模式。

二、长尾模式的商业模式画布

客户细分:长尾模式主要聚焦于小众客户。

价值主张:长尾模式提供宽范围的非热销大众商品,这些产品可以与热销品共存。

渠道通路与客户关系:长尾模式通常依赖互联网平台或社区来维护客户关系或将其作为交易渠道。长尾模式的平台是同时服务于生产者和消费者的多边平台,企业需要满足众多具有个性化需求的客户。

收入来源:长尾模式的收入来自大规模品类中获得的小规模收益,它们可能来自广告、产品销售或者订阅费。

核心资源与关键业务:平台是长尾模式的核心资源,其关键业务包括平台开发与维护,以及小众产品的获得与生产。

重要伙伴:长尾模式的重要伙伴是小众产品的提供者。

成本结构:长尾模式的成本主要发生在平台开发维护和运营推广上。

三、谷歌的长尾商业模式

传统的媒体广告价格高昂,一般企业难以承担,所以我们平时见到的广告多是那些实力强大的行业翘楚。然而谷歌的出现改变了这一切,让每家企业、甚至每个人都可以做广告,而营造这种商业民主的正是 AdWords 与 AdSense 这两项利器。

AdWords 允许企业可以自行投放广告,投放后,一旦搜索用户输入相应关键词,搜索结果页面的右侧将呈现该企业广告,因为企业在 AdWords 投放广告非常方便,而且价格低廉,其广告效果甚至可以精确量化,所以无数企业通过谷歌投放广告,形成一条长尾。继 AdWords 后,AdSense 的推出更是让每一份互联网流量都可能产生广告收入,其实现方式是开放接口允许互联网世界的每个网页都可以使用,当有用户访问该网页时,AdSense 能自动检测该网页的内容,根据内容呈现对应的关键词广告。谷歌根据流量与广告情况,与网站主分享利润,极大地促进了广告主的积极性,大家纷纷采用 AdSense 以流量换收入。值得一提的是,当谷歌用户搜索一个关键词或者查看某一个页面时,其主观上往往是希望了解相关的广告,所以谷歌的"拉式"广告投放非常准确,也激发了企业的积极性。

四、亚马逊的长尾商业模式

很早以前亚马逊就发现,其相当一部分的销售量来自排名位于 10 万名开外的图书,支付与物流的便捷进一步造成更多的消费者倾向于购买自己感兴趣的、但却不是畅销书的图书,这些名目繁多的图书构成了一条长尾。然而对于想要购买这些冷门书籍的消费者来说,网上书店的消费体验要优于传统书店,因为传统书店的展位寸土寸金,只会用来展示畅销书,冷门书只会被放置在不起眼的地方,很难找到。相比较而言,冷门书籍在网上书店则更容易被找到,即使暂时缺货,消费者也能够通过"缺货登记"第一时间获取到货信息并购买。

2011 年 9 月,亚马逊宣布其可以直接与作者签约,以电子书方式销售图书,收入三七分成。虽然亚马逊宣布只推出 122 本书,但此消息一出,还是引起了业内一片震惊,这条长尾让每一个人的作家梦都有实现的可能。

亚马逊采用长尾商业模式,其优势就是庞大的用户群。与之类似的是,苹果的 AppStore 也可视为一种长尾,其中几十万个 App 也只有极少数为畅销商品,绝大多数的应用销量并不高,但是海量的应用构成了一条巨大的长尾。

信息技术的发展一方面使得产品与服务的设计、制造、交付成本得到进一步降低,另一方面能够通过社区等平台技术聚合大量用户群,这两点正是长尾商业模式存活以及发展的先决条件。随着信息技术的进一步发展,未来企业的视野内,除了少量畅销产品所产生的"红海"外,更有一条条长尾托起的一望无际的"蓝海"。

创业术语

商业闭环(commercial closed-loop)是围绕着顾客一系列关联性消费需求,逐一提供相应的产品予以满足的商业模式。

变现(realization)是指把非现金的资产和有价证券等换成现金。

社群营销(social marketing)是指在网络社区营销及社会化媒体营销基础上发展起来的用户连接及交流更为紧密的网络营销方式。网络社群营销的方式,主要通过连接、沟通等方式实现用户价值,营销方式人性化,不仅受用户欢迎,还可能使这些用户成为继续传播者。

零售终端(retail terminal)是指产品销售渠道的最末端,是产品到达消费者手中完成交易的最终端口,是商品与消费者面对面的展示和交易的场所。通过这一端口和场所,厂家、商家将产品卖给消费者,完成最终的交易;通过这一端口,消费者买到自己需要并喜欢的产品。

议价能力(bargaining power)指的是现有企业向供应商购买原料时,供应商争取获得较好价格的能力。

净利率(net interest rate)是指经营所得的净利润占销货净额的百分比,或占投入资本额的百分比。这种百分比能综合反映一个企业或一个行业的经营效率。知识产权(intellectual property rights)也称"知识所属权",是指"权利人对其智力劳动所创作的成果和经营活动中的标记、信誉所依法享有的专有权利",各种智力创造比如发明、外观设计、文学和艺术作品,以及在商业中使用的标志、名称、图像,都可被认为是某一个人或组织所拥有的知识产权。

关键意见领袖(key opinion Leaders)简称 KOL,是营销学上的概念,通常被定义为:拥有更多、更准确的产品信息,且为相关群体所接受或信任,并对该群体的购买行为有较大影响力的人。

利基市场(niche market)是在较大的细分市场中具有相似兴趣或需求的一小群顾客所占有的市场空间。大多数成功的创业型企业一开始并不在大市场开展业务,而是通过识别较大市场中新兴的或未被发现的利基市场而发展业务。

本章小结

1. 商业模式可以被分为运营性商业模式和策略性商业模式两类;创业者在设计商业模式时,首先要遵循创新性、可持续发展、客户价值最大化、标准化与可复制、风险控制等原则,也可以参考麦肯锡7S模型、三层面法和商业模式画布等方法或模型。

2. 对于初创企业而言,更多时候都是面向新用户,开发新产品,创业者可以使用商业模式画布的方法来设计企业的商业模式,商业模式画布一共分为九个大小不同的方格,创业者可以在方格中填入相关的内容来描绘现有的商业模式或设计新的商业模式。商业模式画布主要从基础设施、客户、提供物和财务这四个方面来阐述商业模式的九个基本构造块,分别为客户细分、价值主张、渠道通路、客户关系、收入来源、核心资源、关键业务、重要伙伴和成本结构,在商业模式画布的九个空格中,每一个空格都代表着多种可能性和替代方案,创业者需要做的就是从中选出最佳方案。

3. 商业模式按照收入来源不同可以分为实物商品、广告和交易平台模式;按照收费方式不同可以分为直接向用户收费和免费增值模式;按照面向的用户不同,可以分为 To B 和 To C 两种。创业者在选择适合自己的商业模式之前,一定要先了解目标客户群体的特点和付费意愿,在掌握了哪些用户愿意为哪些服务付费后再做决定。

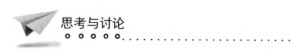

思考与讨论

1. 请举例说明,你身边有哪些创新型的商业模式?

2.请举例说明,在设计商业模式时,如何使客户的价值最大化?
3.请结合上一章市场分析中的相关内容,谈谈如何进行客户细分?
4.请举例说明,在你所处的创业项目中,需要获取哪些核心资源,需要开展哪些关键业务?
5.请举例说明,创业者可以从哪些渠道控制成本?
6.请举例说明,你心目中最认可的商业模式是To B还是To C,为什么?

 头脑风暴

学生分为若干组,各组利用头脑风暴的方法,对以下问题提出不同的看法,并尽量多地将它们列示出来。

讨论问题:利用商业模式画布的方法,从基础设施、客户、提供物和财务这四个方面来阐述商业模式,填写客户细分、价值主张、渠道通路、客户关系、收入来源、核心资源、关键业务、重要伙伴和成本结构这九个空格,尽可能地列出多种可能性和替代方案,并尝试着从中选出最佳方案。

第六章

营销计划：制定策略，形成品牌

营销的宗旨是发现并满足需求。
——菲利普·科特勒

相较于商业模式和融资，创业者经常会忽略营销的重要性，在互联网时代下，如何满足用户的需求，抓住用户的眼球，将企业推广到更多人面前，才是创业者首先需要考虑的问题。

知识目标

熟悉定价方法与定价策略；
了解营销的流程；
掌握营销策略与营销模式。

能力目标

学会运用营销策略和营销模式制定营销计划。

素质目标

使创业者具备敏锐的市场洞察力、敏捷的思维联想力和准确的判断力。

第六章

营销计划：制定策略，形成品牌

引导案例 "三只松鼠"的营销之路

最好的营销就是看不见营销。

——章燎原

2012年2月，三只松鼠的创始人章燎原在安徽芜湖注册成立了三只松鼠品牌，同时把企业定义为以坚果、干果、茶叶等森林食品的研发、分装及B2C品牌销售的现代化新型企业。随后三只松鼠正式登陆天猫商城，主推坚果类产品，上线的第65天，三只松鼠的销售额就跃居淘宝天猫坚果行业第一，同年11月11日，三只松鼠第一次参加双十一大促便交出日销766万的成绩单，名列全网食品类电商当日销售收入第一。从2014年开始，三只松鼠交出了连续五年名列天猫商城"零食/坚果/特产"类目成交额第一的成绩单，2019年双十一，三只松鼠更是凭借10.49亿元的销售额刷新了国内食品行业交易记录。章燎原仅仅花了8年的时间，便将三只松鼠打造成为正式员工超过4000人、年销售额超百亿元的上市公司。回望三只松鼠凭借极致的口碑快速发展的这些年，其成功离不开它的品牌文化和营销手段。

一、打造"萌"文化，将品牌人格化

三只松鼠的品牌logo是三只可爱的松鼠——鼠小贱、鼠小酷和鼠小美，它们的最主要任务就是"卖萌"，使得消费者在首次接触三只松鼠品牌时就留下深刻印象。章燎原还为每只松鼠设置了不同种类的代言产品和鲜明的性格特征，鼠小贱代表坚果类、鼠小酷代表干果类、鼠小美代表花茶类。

三只松鼠还联合动漫公司和院校围绕三只松鼠打造IP，制作"松鼠萌动漫"、APP开发、UI设计等。至此，三只松鼠的标志便不仅仅是一个品牌logo，更是形成了一个完整的"萌"系品牌形象和故事。从线上店铺、公司官网、微博到线下的产品内外包装、赠品、宣传单等，三只松鼠不断强调品牌卡通形象，并深深地刻入了消费者的脑海里，在很大程度上强化了三只松鼠的品牌认可度和形象。

二、精准定位目标用户，实施触点营销

三只松鼠与传统零售品牌不同，其发展离不开互联网，它的目标客户群体主要是80、90、00后的新用户，而这一年龄段用户的特征就是有自己的主见与较强的行为准则，更愿意去追求时尚与享受生活。三只松鼠为了契合目标消费者的这些特征，特意为他们量身打造了具有自己品牌特色的包装箱，顾客通过线上或线下渠道购买产品的行为被叫作"领养一只鼠小箱"，其装饰以松鼠为主题，极具动漫色彩，三只松鼠还会在包装箱里放置打动年轻人小玩意。三只松鼠通过一个小小的包装箱，使品牌亲和力深入消费者心中，达到了品牌宣传的效果。

在企业运营上，三只松鼠则继承了国内电商客服场景化的服务模式。有别于淘宝的"亲"文化，三只松鼠的客服将自己称为鼠小弟，亲切地管消费者叫"主人"。为了让消费者获得更满意的用户体验，三只松鼠在销售产品的过程中，把售前、售后区分开来，为了满足不同顾客的聊天风格，三只松鼠基于客服的性格和风格将其分为"重口味组""小清新组"等，再去匹配不同类型的顾客。以上营销方式从目标客户群体的需求出发，在很大程度上满足了消费者的购物体验，

通过拟人化的沟通,拉近顾客和客服的关系,让其转变成主人和宠物的关系,使消费者感觉到有趣的同时感受到尊重,提升了品牌的趣味性、独特性与互动性,同时提升了品牌的服务价值和体验价值。

除了线上平台,三只松鼠近年来则将重心逐渐转向线下。章燎原把三只松鼠的线下门店称为"投食店",其功能并不是简简单单的实体零售或体验,所关注的也不是销量,而是体验与互动属性,旨在提升和消费者之间的黏性。三只松鼠把线下门店定义为"2.5次元的空间,是线上二次元和线下三次元的纽带,是城市的歇脚地。"顾客在线下店体验过之后,获取了自己所追求的消费价值,进而助推线上销售的增长。

三、传播营销

为了让更多的消费者了解并记住三只松鼠的品牌,三只松鼠通过多种渠道不遗余力地对自己品牌展开宣传。消费者从《欢乐颂》《好先生》《小别离》《微微一笑很倾城》《太阳的后裔》等热播剧里都可以发现三只松鼠的植入,甚至还邀请了青少年偶像团体TFBOYS来为其做代言,"三小只"的形象同"三只松鼠"的形象天然契合,其目的是将自己打造成年轻人离不开手的零食。

三只松鼠目前推出四大新品牌,分别是:铁功基,定位为新一代互联网快食品牌;小鹿蓝蓝,定位为互联网婴童食品专业品牌;养了个毛孩,定位为新一代互联网国货宠粮品牌;喜小雀,定位为新一代互联网喜礼品牌。从中可以看到,三只松鼠想要打造的是家庭消费全场景的解决方案,并希望在细分领域发挥优势,获得更广阔的增长空间。

思考题:

"三只松鼠"在扩张中使用了哪些营销手段?作为创业者,你对你的企业的目标用户群是否足够了解呢?

第一节 营销策略

当创业者确定了自己未来发展的商业模式后,又将如何把商业模式应用于实践,将战略层面的产物转化为战术层面的执行呢?答案是:制定营销策略,形成品牌。营销就是企业怎样发现、创造与交付价值以满足一定目标市场的需求,并从中获取利润的过程,往往用以辨识没有被满足的需求,定义、量度目标市场的规模与利润潜力,找到最适合企业进入的细分市场及适合该细分的市场供给品。营销部门作为真正和客户一直待在一起并希望客户发生购买行为的部门,往往是最先发现客户有哪些需求的,对于营销部门来说,制定一份完善的营销计划是开展工作的前提。

一、营销流程

作为创业者,当你刚刚创建企业或是想要推出一个新产品时并对其进行营销时,往往可以从市场研究开始,这对你的产品是否能够取得成功来说至关重要。对于市场研究,创业者需要针对市场展开数据的收集和分析调查,在分析与调查的过程中,创业者会发现市场中包括多种不同的细分群体,所以需要创业者进行市场细分。又因为不同的细分群体的需求各不相同,所以创业者需要选择目标市场并进行定位,创业者可以选择多个目标市场,但是需要针对每一个目标市场提供不同的营销策略。

创业者在选择目标市场时,可以参考STP理论的内容,STP理论是指企业在一定的市场细分的基础上,确定自己的目标市场,最后把产品或服务定位在目标市场中的确定位置上,其中包括市场细分(segmentation)、目标市场选择(targeting)和市场定位(positioning)三部分内容。市场细分是指根据顾客需求上的差异把某个产品或服务的市场逐一细分的过程,目标市场是指企业从细分后的市场中选择出来并决定进入的细分市场,应该是对企业最有利的市场组成部分。市场细分和目标市场选择在本书的第四章中已经详细阐述过,而市场定位则是企业在充分了解目标市场里同种产品的竞争情况的前提下,基于消费者对该种产品某些特征或属性的需求程度,为自己的产品打造有竞争力的、独特的鲜明个性,并把这种个性以消费者喜闻乐见的形式告知他们,获取消费者的认同。其实质是通过产品的差别来划分自己和其他企业,并让消费者明显认识到这种差别,进而在消费者心中锁定特殊位置。

在选定了目标市场并进行了市场定位后,创业者需要提供价值主张,思考为什么客户选择了我们?我们为客户创造了哪些价值?解决了哪些问题?满足了哪些需求?然后基于此建立营销计划。接下来企业的营销计划开始进入执行阶段,在执行过程中,创业者需要对营销计划的实施展开监控和必要的调整,如果创业者发现销售业绩不好,那就需要去深入挖掘造成这一现象的原因:可能是营销策略制定失误,比如定价太高,推广不力,或是目标客户选择错误,也可能是在实施过程中执行不力,再或者是执行团队能力不够。通过这样的监控,创业者可以及时找出问题并进行改正。

二、营销策略

随着市场环境的变化和行业的发展,营销策略也从传统的4Ps营销策略扩展为6Ps、10Ps甚至是11Ps,还出现了4Cs、4Rs、4Vs等营销策略,但是不管策略理论怎么变化,商业的本质没有变,都需要更好的产品和服务满足客户需求,创造顾客价值和价值增值。

(一)4Ps营销理论

4P理论诞生于20世纪60年代的美国,是伴随着营销组合理论出现的。1953年,尼尔·博登(Neil Borden)创造了"市场营销组合"这一术语,他认为市场的需求在某种程度上都会受到"营销要素"的影响。而企业要想得到市场的认可,必须要对这些要素进行有效的组合,这样才能满足市场的需求,取得最大的利润。这些要素被概括为以下四类:产品(product)、价格(price)、渠道(place)、促销(promotion),这就是4Ps理论。

在4Ps理论下,产品要素包括产品组合、产品生命周期、产品包装、品牌等内容,这意味着企业的产品要具备与众不同的卖点,要将产品的功能诉求放于首位。

价格要素包括决定定价导向、做出调整价格的反应、设计价格的风险评价等内容,企业必须要关注自己的市场定位,以此为依据制定与之相符价格策略,产品的定价依据属于企业的品牌战略,要充分考虑品牌的含金量。

渠道要素包括渠道模式与中间商的选择、调整协调管理、实体分配等内容,很大一部分企业并不会直接接触消费者,而是通过布局经销商与销售网络的方式进行销售活动,经销商与销售网络充当的就是企业和消费者之间沟通的桥梁。

促销要素包括推销、广告、营业推广等内容,企业能够控制销售行为,以此来激发消费者的购买意愿,以短期的行为(如打折、满减、赠送、试用等)吸引顾客或制造提前消费来提升销售额。

6Ps理论在4Ps的基础上,增加了权力(power)和公共关系(public relations)。在国内外市场竞争日益白热化,各类形式的政府干预及贸易保护主义再度兴起的新形势下,要利用政治力量与公共关系,打破国内外市场上的贸易壁垒,帮助企业的市场营销扫清障碍;10Ps理论又在6Ps理论的基础上新增了探查(probing)、划分(partitioning)、优先(prioritizing)、定位(positioning)这四个战略层面的因素,这与上文中列举的STP理论非常相似;11Ps理论将员工或顾客(people)因素也加入进来,因为营销的过程需要员工和顾客都参与进来。

4Ps理论让营销理论第一次有了体系感,把原本复杂的理论进行简化,给营销构建了便于操作的框架。然而4Ps理论未能涉及所有可能影响市场的要素,同时仅仅局限于制造业中产品的营销活动。

以小米手机为例,其产品理念是"为发烧而生",目标用户主要是手机"发烧友",产品的主要卖点是硬件配置和自主开发的MIUI系统。在定价上,小米采取薄利多销的策略,在同等配置的手机中依靠性价比脱颖而出,这也促成小米手机在短时间内积累了大量人气。在销售上,小米采取的是饥饿营销策略,限制手机的出售数量,用户"一机难求",更加剧了其"得不到的才是最好的"的心理,制造出产品供不应求的场面。在小米手机刚推出时,一改传统的销售渠道,而是全部采用电商模式来销售产品,小米在节省成本的同时,利用社交媒体和电商网络,使小米手机一上市就获得了巨大的成功。

(二)4Cs营销理论

4Cs营销理论是由美国营销专家罗伯特·劳特朋(Robert Lauterborn)教授于1990年提出的,与上文提到的4P相对应,它基于消费者的需求,再次确立了营销组合的四个基本要素。4Cs理论和4Ps理论之间的区别主要体现在产品(production)向顾客(consumer)转变,价格(price)向成本(cost)转变,渠道(place)向方便(convenience)转变,促销(promotion)向沟通(communication)转变。

在4Ps中,产品策略指的是企业基于目标市场定位以及消费者需求做出的跟产品开发有关的计划和决策。在4Cs里,顾客策略更为注重消费者的需求,认为应当以消费者的需求为出发点,生产能够满足客户需求的产品。所以,从4Ps的"产品"转变到4Cs的"顾客",本质上就是认为企业在研发产品时应该更为关注消费者的需求,在满足消费者需求的过程中获取利润,以达成企业和消费者的双赢。

在4Ps中,价格策略是企业实现产品价值的策略,定价属于企业的整体营销活动。在4Cs中,成本策略制定并不是由企业能够获取多少收益来决定的,而是要充分考虑消费者在满足需求时需要承担的成本。从4Ps的"价格"到4Cs的"成本"的转变,事实上就是企业从单纯关注利润目标转为考虑满足消费者需要承担的成本。对于企业而言,成本策略强调的并不是产品的定价,而是客户为满足需求愿意花多少钱。

在4Ps的渠道策略上,企业思考的是,哪一种途径能够有效地把产品从生产者转移到消费者手中,而在4Cs中,方便策略则更注重消费者购买产品的便利程度。从4Ps的"渠道"到4Cs

的"方便"的转变,事实上就是企业从只关注自身需要转为基于消费者的便利程度来搭建分销渠道。企业根据消费者的利益与需求构建分销渠道,关注顾客的方便而非自身的方便,最大程度减少流通环节,降低流通成本,最终将其让利给顾客。

在4Ps中,促销是企业向消费者进行单向的营销信息传递,然而缺少消费者对企业促销信息的反馈,无法做到企业与消费者之间的双向沟通交互。在4Cs中,沟通策略要求企业和消费者之间必须建立起双向的营销信息交互,让消费者参与到企业的产品开发与生产之中。从4Ps的"促销"转变到4Cs的"沟通",事实上是企业从单向营销信息灌输转为和消费者之间双向的信息交互。

4Cs以传播和双向沟通为基础,以消费者为中心,更注重资源的整合及企业形象的树立,但其被动适应顾客需求的模式不利于形成企业的营销个性,从而树立营销优势。

以拼多多为例,拼多多的顾客大多集中在下沉市场,且以女性消费者居多,这一类顾客通常对价格的变动较为敏感,拼多多所主打的低价策略恰好满足了这一类顾客的需要。拼多多早期的核心卖点和各种拼团活动也处处体现了低价策略,对于顾客来说,这显著降低了其满足需求所需要付出的成本。下沉市场中越来越完善的快递体系为消费者在拼多多上购买产品提供了便利的条件,而拼多多主要针对三四线城市用户亲熟人社交、信赖朋友推荐和追求性价比等特点,所以走的是熟人社交、低价拼团的模式,微信的普及也让信息的传播和沟通更为便利。

(三)4Rs营销理论

4Rs营销理论是由美国学者唐·舒尔茨(Don E. Schuhz)基于4C理论提出的新营销理论。4R分别为关联(relevance)、反应(reaction)、关系(relationship)以及回报(reward)。4Rs营销理论认为,随着市场的日益成熟,企业必须从更高层次上通过更有效的方式在企业和消费者之间搭建起与传统关系不一样的主动性关系,主要有以下四点:

首先是关联,4Rs理论将企业与消费者视为同一个命运共同体,构建与维系企业与消费者之间的长期关系是每一个企业的核心理念和重要内容。

其次是反映,4Rs理论认为市场中存在多种相互影响的关系,与简单的制定与实施计划相比,如何站在消费者的角度去收集反馈意见显得更为重要,这也决定了企业是否能够从推测性商业模式转为高度回应需求的商业模式。

第三是关系,在企业和顾客的关系产生了根本性变化的市场环境中,如何与消费者搭建持久而稳固的关系成了抢夺市场份额的关键因素。为了达到这一目标,企业一定要做出改变:要从一锤子买卖转为强调建立长期的合作关系;从着眼短期收益转为注重长远收益;从消费者被动接受企业销售转为消费者主动参与到生产过程中来;从相互的利益冲突转为双赢;从管理营销组合转向管理企业和消费者的互动关系。

最后是回报,在4Rs理论中,所有交易与合作关系的巩固与发展归根结底都是利益问题。所以,一定的合理回报既是正确处理营销活动里各类矛盾的出发点,又是营销的落脚点。

考虑到日益激烈的市场竞争环境,4Rs理论着眼于企业与消费者构建互动双赢的关系,积极地对消费者的需求予以满足,主动地创造需求,通过关联、关系、反应等形式建立独特的关系,将企业和消费者关联在一起,形成了独特的竞争优势。然而4Rs理论所要求的同消费者建立关联关系的基础条件却不是所有企业都可以轻易做到的。

(四)4Vs营销理论

进入20世纪80年代之后,高科技产业的迅速崛起,高科技企业、高技术产品与服务不断涌现,营销观念、方式也发生了翻天覆地的变化,形成了独具一格的新理念,基于此,国内学者提出了4Vs的营销理论。其主要内容有差异化(variation)、功能化(versatility)、附加价值(value)和共鸣(vibration)。

1. 差异化

从表面看,企业为不同的消费者提供产品都是同样的,然而事实上,每一个消费者所购的可能是完全不同的东西,消费者对产品的看法各不相同,这种差异也是决定其是否购买的因素。站在生产者角度来看,产品最终能否被消费者所选中,最重要的是是否能够将其与市场中其他同类产品区分开来,让顾客一眼就选中。因此,想要吸引顾客就要创造差异,存在差异你的产品才能有市场,才可以在激烈的市场竞争中占得先机。差异化营销恰恰迎合了这种需要,企业想要成功,必须依靠自身的技术与管理优势,生产出性能、质量均超过行业平均水平的产品,或是在销售方面,依靠独具特色的宣传活动、灵活的营销手段、完善的售后服务,在顾客心目中建立起良好形象。

2. 功能弹性化

通常,企业产品在消费者中的定位分三个层次:首先是核心功能,这是产品之所以存在的原因,由产品的基本功能构成。其次是延伸功能,例如手机除了打电话还可以用来发信息、看电影、打游戏。最后是附加功能。往往产品的功能越多,其价格也就越高。功能弹性化指的是企业能够依据不同的用户需求,提供具备不同功能的系列化产品,以手机为例,企业可以增加某些功能将其变为高端款,也可以减少部分功能将其变为入门款,让消费者根据自己的购买力和行为习惯来挑选具备与自己要求向匹配的产品。

3. 附加价值化

从产品的价值构成来看,企业的产品价值分为基本价值和附加价值两部分。基本价值取决于生产销售产品所付出的劳动及消耗的成本,附加价值则包括技术附加、营销或服务附加、企业文化与品牌附加三部分。从市场和社会发展趋势来看,附加价值在产品价值中所占的比重正在逐年上升,世界顶尖企业之间的产品竞争已经不单局限于核心产品和形式产品,而是更注重产品的高附加价值。所以,企业需要努力提高技术创新、创新营销与服务、企业文化或品牌在产品里的附加价值。

4. 共鸣

共鸣指的是企业长时间占据市场并保持竞争力的价值创新为消费者带来的"价值最大化",和因此为企业带来的"利润最大化"。关注的是把企业的创新能力和消费者所追求的价值关联起来,通过为消费者提供价值创新来让其得到最大程度的满足。因为消费者追求的是"价值最大化",所以企业需要为其提供具有最大价值创新的产品和服务,让他们可以最大限度地感受到产品和服务的实际价值,在消费者可以持续获取到这种"价值最大化"的满足后,会不可避免地成为企业的终身顾客,进而在企业和消费者之间产生了共鸣。

4Vs理论一方面兼顾了社会与消费者的利益,另一方面又兼顾了企业与员工的利益,有助于培养企业的核心竞争力和达成顾客忠诚度,但也不是每一个企业都能够满足4Vs理论的实施条件。

三、定价方法与定价策略

(一)定价方法

定价方法指的是企业遵循一定的定价目标,基于对成本、需求和竞争等因素的考虑,利用价格决策理论,计算产品价格的具体方法。主要包括成本导向、竞争导向和顾客导向三种类型。

1. 成本导向定价法

成本导向定价法是以产品单位成本为基本依据,再加上预期的利润来确定价格的,是最常用、最基本的定价方法。成本导向定价法又衍生出了总成本加成定价法、目标收益定价法、边际成本定价法、盈亏平衡定价法等几种具体的定价方法。

(1)总成本加成定价法。这种定价方法指的是企业将所有为生产产品而发生的耗费一并计入成本,然后加上企业希望在每一件产品上获取的目标利润,最后计算出最终的价格。

(2)目标收益定价法。在这种定价方法下,产品的价格是基于企业的投资总额、预期销量和投资回收期等因素来确定的。

(3)边际成本定价法。边际收入是指每增加或减少一个单位产品造成的总收入变化量,边际成本是指每增加或减少一个单位产品造成的总成本变化量,边际利润则是这两者的差,当边际利润为0时,企业的利润最多,此时的产品价格就是最合适的。

(4)盈亏平衡定价法。在销量不变的前提下,企业产品的价格需要达到一定的水平才可以实现盈亏平衡、收支相抵,此时可以保证企业不亏本,这种方法称为盈亏平衡定价法。

2. 竞争导向定价法

在竞争较为激烈的市场中,企业能够通过对竞争对手的生产条件、服务状况、价格水平等因素的研究,再结合自身的成本与供求状况来决定产品的定价。

(1)随行就市定价法。在垄断竞争与完全竞争的市场中,没有哪一家企业可以凭借自己的实力在市场上获得绝对的竞争优势,为了有效规避竞争尤其是陷入价格战带来的损失,大部分企业都会采取随行就市定价法,将产品的价格维持在市场的平均水平,以此来获取到的利润水平基本与行业平均水平相一致。而且使用随行就市定价法的企业就无须再去花大量时间精力了解消费者对不同价格的反应,也不会造成价格波动。

(2)产品差别定价法。产品差别定价法是指企业通过不同的营销方式,使得同种同质的产品在消费者心目中树立起不一样的产品形象,再结合自己的特点,选择低于或高于竞争者的价格作为产品的定价。

3. 顾客导向定价法

现代市场营销观念要求企业的所有生产经营都要以消费者需求为中心,并在产品、价格以及促销等方面予以充分体现,顾客导向定价法就是依据市场需求情况及消费者对产品的理解来定价的方法。

(1)理解价值定价法。这种定价方法是以消费者对商品价值的理解程度高低作为定价的依据,企业利用各类营销策略,对消费者对商品价值的认知加以影响,使其产生对企业有利的价值观念,再凭借产品在消费者心中的价值来定价。

(2)需求差异定价法。在这种定价方法下,产品价格的确定更注重消费者的需求,而把成本补偿放在次要的地位。企业对同一商品在同一市场上制订两个或两个以上的价格，使企业定价最大限度地符合市场需求，以促进产品销售，有助于企业取得经济利益的最大化。

(3)逆向定价法。这种方法基于消费者可以承受的最终销售价格，逆向推算出中间商的批发价及生产企业的出厂价格。这种方法有利于加强企业和中间商的关系，维护了中间商获取的利润，使产品得以通过中间商迅速向市场渗透。

(二)定价策略

企业除了要根据不同的定价目标，选择适合自己的定价方法，还要能够基于复杂的市场情况以选择定价的策略。

1. 新产品定价

(1)撇脂定价法。在新产品刚上市时，企业以抬高价格的方式在短时间里赚取较多的利润，以期尽快回笼研发产品投入的资金。这一过程好比从牛奶中撇取奶油一般，取其精华，因此被称为"撇脂定价"法。优点是能够在消费者对新产品还缺乏了解的情况下提高身价且留有很大的降价空间，缺点是不利于扩大市场。

(2)渗透定价法。与撇脂定价法相反，在产品刚上市时，还可以把价格定得低一点，通过薄利多销来扩大市场占有率，这种策略适合在产品没有显著的差异化特征和竞争优势且市场竞争激烈时使用。优点是产品可以快速渗透进市场，打开销路，打压竞争对手，取得一定的竞争优势。

2. 心理定价

心理定价是根据消费者的消费心理来定价，包括以下三种。

(1)尾数定价或整数定价。很多商品的价格，都是以0.99元结尾的，而不是整数，这主要考虑到了消费者的购买心理，尾数定价让消费者产生一种价格便宜的错觉，进而促进销售。与之相反，一些商品不定价为9.9元，而直接定价10元，这同样迎合了消费者"便宜没好货，好货不便宜"的心理。

(2)声望性定价。声望定价法是指利用消费者崇尚名牌的心理来制定商品的价格，在此种心理下，消费者认为价格高的产品品质必然就好。这种策略既补偿了提供优质商品或劳务的商家的耗费，还有助于满足不同层次消费者的消费需求。

(3)习惯性定价。当市场中存在很多的同类产品时，就很容易在市场上形成了一种习惯价格，这类价格依靠个别企业很难改变，盲目降价会造成消费者对产品质量的怀疑，涨价则会遭受消费者的抵制。

3. 折扣定价

为了鼓励消费者及早付清货款、大量购买或增加淡季购买，很多企业都会对产品的定价进行一定幅度的调整，这种调整被称为价格折扣，常见的折扣定价有以下几种。

(1)现金折扣。现金折扣是对及时付清账单的消费者的一种价格折扣。比如企业规定，如果在一周内付款，购买者可以从发票面值中得到3%的折扣，否则在30天内支付全额。

(2)数量折扣。数量折扣是企业为大批量购买某种产品的购买者的一种折扣，以此来鼓励购买者采购更多的货物。大批量的购买可以帮助企业降低生产、销售等环节的成本耗费。

(3)季节折扣。季节折扣是企业鼓励顾客淡季购买的一种减免，帮助企业的生产和销售在

第六章

营销计划：制定策略，形成品牌

每一个季节都可以保持相对稳定。

（4）推广津贴。推广津贴是企业为了扩大产品销路，为中间商提供的促销津贴。

引导案例　短视频营销入门指南

微信的短内容一直是我们要发力的方向，我们很重视人人都可创造的内容。

——张小龙

在2020年微信公开课PRO上，腾讯公司高级执行副总裁、微信事业群总裁，被称为"微信之父"的张小龙反思了微信公众号在短内容方面的缺失，并决定发力短内容，将微信打造成一个人人都可以创作的载体。2020年1月，微信"视频号"开启内测，腾讯再次"杀"回了短视频赛道，由此可见短视频的战略地位，而短视频营销正是以短视频媒体作为载体的所有营销活动的总称。随着移动时代下短视频媒体平台的兴起，短视频营销的概念逐渐进入大众视野，各种基于短视频平台的营销玩法也在不断丰富和完善，短视频营销成为当下最炙手可热的营销模式之一。

一、了解短视频的用户

在创业者开始短视频营销之前，需要先对短视频的用户进行用户画像，对其偏好有所了解。依据卡思数据提供的数据，从用户性别上看，在众多短视频用户里男性占54%，女性占46%，男性所占比重较大；从年龄分布上来看，24岁以下占28.5%，25到30岁用户占24.9%，31～35岁年龄段用户占比26.4%，短视频产品正在逐渐向中青年人群渗透；从用户活跃时间上来看，用户观看短视频的活跃时间是在晚上8点到10点；从用户地域分布上来看，广东、江苏和山东省的用户最为活跃，总体来看，南方用户相对比北方用户更为活跃，这有可能是由气候原因所导致的。尽管各大短视频平台的内容不断趋同，但调查显示72%的用户会同时使用至少2个短视频APP，而随着移动互联网近几年的普及，二线城市及下沉市场用户才是短视频的主力军。

数据显示，在消费能力层面，短视频用户具备一定的线上消费能力，而女性和三四线用户则更容易受短视频影响而消费。在短视频用户中，超过半数的消费能力在300～800元之间，更适合快消型品牌，其中，有45%的用户会直接下单购买，而55%的用户会再次搜索后决定购买。从消费行为偏好数据中可以得到，51.6%的用户是通过点击外链跳转后通过其他电商平台进行购买的，有48%的用户通过平台内置的电商完成购买，40.9%的用户的消费源于直播中对主播的打赏。虽然短视频有很强的带货潜力，但长时间以来，短视频的带货大多局限在低单价的潮流玩具及旅游相关产品上，高单价的短视频带货模式依旧需要摸索。

数据显示，"优质"与"真实"是用户选择短视频中产品的主要因素，带货品类中"食品饮料""服饰鞋靴""美妆个护"是最受欢迎的三个品类，"多快好省"的产品始终最容易被用户拔草。从用户的广告偏好数据中可以看到，幽默搞笑、年轻活泼和时尚炫酷是最受欢迎的三种广告风格，而创意有趣和信息真实则是促使用户点击广告的主要因素。

二、如何玩转各大短视频平台

不同的短视频平台之间存在差异，在进行短视频营销前需要创业者对各大短视频平台有一个整体认识,在各大短视频平台中,抖音更为娱乐化,而快手以及抖音火山版(原火山小视频)的内容更生活化,B站更加受二次元、Z世代等年轻群体喜爱,梨视频更多属于新闻资讯媒体,适合做社会题材营销。

(一)抖音平台营销

抖音目前的商业化打造得非常完善,品牌也有多种营销工具进行短视频营销。在实践落地的过程中,抖音可以通过广告、企业号、达人、热点IP、全民共创五大方式进行营销。其中最简单的营销方法是广告投放,由于算法推荐的作用,这类投放会相对精准。

(二)快手平台营销

2020年快手赞助了春晚,日活跃用户也顺利达到3亿,而在2020年,快手投入了大量资金在平台综艺、平台IP内容的打造上,给品牌方带来更多的营销合作机遇,不少国际大牌都在快手上进行营销。例如,快手联合麦当劳打造了"给我一杯YE"趣味挑战赛,以地域为单位,鼓励用户使用麦当劳椰饮拍摄魔法表情,使活动迅速蔓延全国。

(三)抖音火山版营销

抖音火山版是字节跳动为了对标快手打造的短视频产品,目标用户更贴近下沉市场,内容也更接地气,更适合大众化品牌。其典型的营销方法是,先集中投放达人创作的视频,再引导普通用户全民创作,最后将用户引导至话题活动页。

(四)西瓜视频营销

2020年年初,西瓜视频买断《囧妈》网络独播权的事件让西瓜视频为人所熟知。与YouTube类似,西瓜视频主要在长视频领域发力,购买了大量经典剧集版权并投入大量资金在自制综艺和自制剧集中。西瓜视频的营销方式也与传统长视频网站类似,主要通过贴片广告、赞助、植入等广告工具实现。

(五)B站视频营销

B站的用户以95后为主,更加年轻及多元化,再加上钉钉等品牌在B站的一系列营销动作,让B站成为今年上半年备受关注的营销传播平台。以芬达扭扭瓶主体活动为例,首先由B站官方话题页号召用户参与活动,基于B站盛行的"萌"文化,请人气UP主翻跳芬达扭扭舞,通过UP主自带流量,营造出全站都在跳芬达扭扭舞的热度氛围,最后配合广告联动,全方位曝光品牌。

(六)皮皮虾短视频营销

皮皮虾脱胎于"内涵段子",整体社区风格更加有幽默感,社区中互动性非常强,有神评、抢楼等跟帖文化,在年轻群体和下沉市场颇受欢迎。皮皮虾平台的营销方式基本分为两大种:广告及内容合作。内容合作更多是IP联合以及一些定制化的创新营销,基于社区特性及用户人群,皮皮虾与游戏产品合作得更加频繁。

(七)梨视频平台营销

梨视频定位于新闻资讯短视频平台,不仅拥有专业的媒体团队,也收纳了全球范围内的拍客网络,从内容上来看,更加贴近社会突发性热点事件,适合主打生活方式的品牌进行营销合作。在营销方案上,梨视频与常规短视频平台的最大不同及亮点在于,它可以通过拍客的方式进行纪实采访合作,共同打造话题热度,有了更多的可玩性及趣味性。

思考题：

短视频营销属于哪一类营销模式？作为创业者，你还知道有哪些营销模式呢？

第二节　营销模式

对于创业者而言，营销模式是一种体系，而非一种手段或方式。按照针对的主体和围绕的中心的不同，营销模式可以分为两个流派，分别是市场和客户，在此基础上衍生出多种各具鲜明特点的营销模式。

一、体验式营销

体验式营销是社会文明发展到一定程度的体现，人们有了更多的消费选择，同时也有了更多的消费需求，以关注消费者体验为核心的体验营销战略便成了新时期企业的选择。很多企业进行品牌或者产品的推广时，会营销氛围、场景或者提供真实的产品让消费者亲身感受，以消费者的体验为重点，依据消费者的感官、思考、行动、感情、关联等具体真实的感受来设计营销。从感性和理性的双层面上打动消费者，设计迎合其喜好的产品、服务、场景、氛围和营销活动。

二、关系营销

关系营销是将营销活动视为一个企业和消费者、供应商、分销商、竞争者、政府机构及其他公众产生互动的过程，企业营销活动的重点是搭建并维系和这些公众的良好关系。企业与消费者建立持久稳定的关系，可以让消费者对企业产品产生好感和信任，从而提升品牌的美誉度和认同感，有利于形成稳定的、具有一定忠诚度的客户群；和供应商、经销商之间达成融洽的合作关系，也是为了能够在产品生产与经营时更加顺利；构建与政府、其他群体和组织之间的关系，则是为企业在社会中的生存和发展营造一个有力的环境，提升在行业内的市场竞争力。

三、品牌营销

品牌作为一种重要力量，对市场的影响作用巨大。在品牌营销中，基本上企业的营销目的都集中于扩大品牌知名度和传播度、提升品牌美誉度和影响力、提高品牌效应和价值上。因为品牌对于大众的消费行为具有非常大的引导作用，在进行消费选择时，名气大、口碑好、符合消费偏好的品牌往往更加具有优势，这就是品牌效应所带来的优势。

树立一个品牌并不简单，首先需要创业者在市场分析的基础上，了解竞争对手的优劣势，并找到你们之间的区别；其次，需要以产品质量为根本树立产品的形象；最后，通过持续的传播，将品牌植入消费者心智，并不断巩固。

2012年前，随着健康理念的兴起，追求"时尚、活力、动感"的年轻群体对"高度数、浓烈、辛辣"的传统白酒越发冷淡，白酒消费人群正越来越老龄化。江小白的创始人陶石泉发现了这一现象，并着手打造一款口味较清爽，受年轻人喜爱的白酒，江小白就这么出现了。在产品设计上,为了迎合年轻人,江小白的主销产品是度数较低的 100ML 的小瓶装,在口感上追求的是"简单、纯粹、轻口味",以减轻辛辣刺激感,走国际酒威士忌、白兰地、朗姆酒的路线,并在初期凭借出色的文案快速俘获了年轻用户。在走红后,江小白为了巩固品牌地位,开展了很多诸如"约酒大会""YOLO青年文明音乐节"等线上线下活动,就连广告也只选择青春题材剧植入,牢牢地抓住年轻人市场,打造并巩固了"年轻人的白酒"的品牌战略。

四、网络营销

网络营销是以互联网为主要手段,为达成一定营销目标的营销活动。在信息社会,网络的普及性和泛用性也使其成了营销的最大助力,借助网络信息承载量大、传播速度快、突破地域时空限制、形式丰富多元、直接与消费接触等优势,企业可以缩减很大一部分营销成本,而获得更高的营销效率。

网络营销的原理就是在网络上运用多种形式来进行营销信息的传播,让更多的消费者接收到这一信息并对此产生关注和兴趣,目前用户量大的网络平台已经成了商家进行网络营销的一个个有力阵地。除了引导案例中介绍的短视频营销以外,还包括病毒性营销、网络广告、个性化营销、社群营销、会员制营销等营销手段。

(一)病毒性营销

病毒性营销指的是凭借消费者的口碑宣传网络,让信息像病毒一样传播与扩散,再以快速复制的形式向数以千计、数以百万计的消费者传播,绝大部分免费电子邮件提供商均采用病毒性营销的推广方式。《旅行青蛙》2017 年 11 月 24 日在安卓上架,在 1 月 18 日、19 日出现了第一个大爆发,迅速登顶 App Store。被一个拥有 500 万粉丝的微博红 V 评论并转发,接着在微信朋友圈、微博、小红书、知乎等一切你能想到的社交平台呈病毒式蔓延,这就是病毒性营销。

(二)网络广告

网络广告是指利用专业的广告横幅、文本链接、多媒体等方法,在互联网上刊登或发布广告,借助网络将信息传输给互联网用户的一类广告运作方式。网络广告并不单局限于放置在网页上的各类横幅广告,还可以以电子邮件广告、搜索引擎关键词广告、互动游戏式广告的形式进行传播,它的实质是向互联网用户传递营销信息,是对用户注意力资源的合理利用。

(三)个性化营销

个性化营销也被叫作"定制化营销",具体做法是基于消费者的需求来定制其做需要的产品或服务,是在大规模生产和营销方式诞生前企业采取的主要营销方式。当下,信息技术的蓬勃发展显著降低了个性化营销的成本,也使得企业和消费者之间的沟通交互变得更为便捷,因此个性化营销又重新成了许多互联网企业所青睐的营销方式。

2001 年 IBM 公司在其电子商务平台 Websphere 里添加了个性化功能模块,用以方便商家开发个性化电子商务网站;2003 年谷歌开创了 AdWards 盈利模式,基于用户搜索的关键词来投放与之关联的广告,四年后谷歌为 AdWords 添加了个性化元素,不单单关注单次搜索的关键词,而是对用户的搜索历史展开记录与分析,进而掌握用户的爱好与需求,更为精准地投放相应的广告;2007 年雅虎推出了 SmartAds 广告方案,基于掌握了的用户信息和对用户搜索、浏览行为的记录,向其投放个性化的横幅广告。

（四）社群营销

社群营销是在网络社区营销和社会化媒体营销基础上发展起来的网络营销方式。社群营销主要基于互联网等移动终端，把具有共同兴趣、爱好的人聚集在一起，进行营销传播，营销过程中通过引起受众的关注度来汇聚人群，以达到最终的营销目的，社群营销的用户连接及交流较其他网络营销方式而言更为紧密。

2012年12月，资深媒体人、央视《对话》栏目前制片人罗振宇和独立新媒创始人申音联合打造的知识型视频脱口秀"逻辑思维"在优酷网正式上线。从上线至今，逻辑思维以罗振宇为中心，配合罗振宇公众号，凭借"有种、有趣、有料"的节目风格积累了大量铁杆粉丝，已经从一款互联网自媒体视频产品一步步成长为如今影响力最大的互联网知识社群之一。其目标用户以85后"爱读书的人"为主，这部分用户拥有相同的价值观，愿意为知识类产品付费。为了构建与维系用户黏性，在线上，逻辑思维在每天早上的固定时间推送语音消息，培养用户阅读习惯。在线下，举办各类线下活动，如"霸王餐""启发俱乐部"等，借此持续扩大社群。除了逻辑思维，吴晓波频道、秋叶PPT、正和岛和小米等企业也是社群营销的使用者。

（五）会员制营销

会员制营销是指企业通过某项利益或服务，把消费者组成一个俱乐部形式的团体，持续提供会员所需要的服务，开展宣传、销售等活动，培养企业的忠诚顾客，从而取得经济利益。假如说互联网是通过电缆把所有的电脑连接起来，从而实现了资源共享并缩短了物理距离，那么会员制营销则是借助利益关系和电脑程序把无数个网站连接起来，将商家的分销渠道扩展到每一个角落，并为会员网站提供了一个盈利手段。

星巴克采取的就是会员制营销，其会员分为银星级、玉星级和金星级三个等级。消费者只需要注册星享俱乐部账户，即可成为银星级会员，购买并绑定了会员星礼包或累积四颗星星即可升级至玉星级，再累积十六颗星星就可以升级至金星级会员，星星可以通过旗舰店购物、外卖点餐、门店消费或自提的方式累积，每消费50元积一颗。消费者可以通过不断升级会员来享受更多优惠和额外服务，星巴克则根据不同的星级提供差异化服务，银星级会员主要是培养消费者的消费习惯，让客户对星巴克产生习惯和依赖，玉星级提供的优惠主要是为了提高消费者的消费总金额，金星级更侧重于提升消费者的消费次数。同时，星巴克的会员动态和星星的累积可以在手机中一目了然，通过可视化的数据促使消费者不断地进行消费，在潜移默化中培养了消费者的消费习惯。

（六）大数据营销

大数据营销是从互联网行业诞生的，也主要作用于互联网行业。借助多平台的大数据采集和大数据技术的分析与预测能力，大数据营销可以让广告投放更为精准，从而为企业带来高额的回报。大数据营销的重点在于让网络广告在合适的时间，借助合适的载体，通过合适的方式，投放给合适的用户。

大数据营销往往会和精准营销联系在一起，是因为绝大多数精准营销活动都难以离开大数据技术的支撑。对于消费者、市场、销售等多方面的数据采集和分析是大数据营销的支撑，也是实施精准营销的基础，大数据营销通过消费者的习惯和偏好划分出不同的类型并对其进行画像，据此定制出具有针对性和个性化特点的营销活动。

五、直销

直销也可以称为厂家直接销售,是指直销企业招募直销员,通过直销员在营业场所之外向最终消费者直接推销产品的营销方式,以达到简化、消灭中间商的目的,从而在满足消费者利益最大化的前提下减少产品的流通成本。直销可以不受时间和空间的限制,只要消费者和直销商愿意,可以在任一时刻与地点进行。根据我国商务部发布的直销产品类别和生产指引,直销产品的类别包括化妆品、保洁用品、保健食品、保健器材、小型厨具和家用电器等6类。

提到直销很难不让人想起安利公司,安利公司刚进入中国市场时使用的是多层次直销,这一类营销方式是指直销企业在具体进行的直销活动中,授权自己的直销产品通过若干层次的直销商的销售行为最终进入到消费者手中,事实上就是以人际关系为基本形式,通过人们的口碑相传加上奖金刺激而形成的。1998年,安利(中国)推出"店铺+推销人员"的新模式:所有产品在店铺中必须明码标价,由消费者自行选购,并通过考试将部分推销人员变成安利的合约雇员,取消了之前推销员的上下级关系。2005年,安利(中国)又推出了全新的直销模式,新模式侧重于构建完善的教育培训体系,推行全新的营销员工制度并增设服务网点。在新模式里,摒弃了团队计酬,增设了直销员、营销员工及服务网点负责人三类员工身份,将未获直销经营许可的地区直销员做了妥善安置。

六、饥饿营销

饥饿营销是指商品提供者有意调低产量,以期达到调控供求关系、制造供不应求的"假象"、以维护产品形象并维持商品较高售价和利润率的营销模式。饥饿营销的运用离不开品牌因素,必须依靠产品强势的品牌号召力,也正因为这个原因,饥饿营销是一把双刃剑,用好了可以使得原来就强势的品牌产生更大的附加值,用不好将会损害品牌形象、消耗消费者的品牌忠诚度,从而降低其附加值。小米手机、苹果手机、喜茶、外婆家等品牌在营销时均使用过饥饿营销的手段,通过难抢的手机、店门口排起的长队制造出了供不应求的火爆场面。

七、情感营销

情感营销战略的核心是消费者的个人情感差异与需求,企业通过借助情感包装、情感促销、情感广告、情感口碑、情感设计等策略以达成企业的目标。在情感消费时代,消费者购买商品所注重的已不单单是商品的数量、质量和价格,更多的是为了获取感情上的满足与心理上的认同。

评论功能作为网易云音乐传播的重点,一直都是其情感营销的核心。网易云音乐采用点赞加评论的方式,增加了用户间的互动概率,突出了音乐和感情的连接。据统计,网易云音乐每天会产生64万条评论,至今已积累了数亿条乐评,其中沉淀了不少优质用户的原创内容,再加上其独特的社交氛围,逐渐让用户形成了"边听歌边看评论"的习惯,让用户在同一首歌中通过其他人的评论,体会其中的故事与感受,从评论中获取共鸣。网易云音乐则借势音乐和用户的力量,让每句歌词、每句评论都成了戳心的文案,并围绕这些扎心的情怀文案展开了情感营销。在营销过程中,网易云音乐和地铁及航空公司合作,将这些文案投放到地铁和飞机上,打造音乐专列和音乐专机,在密闭的空间里快速吸引用户的注意力,依靠文案进一步渲染用户的情绪。网易云音乐还与农夫山泉进行了跨界营销,甚至抓住毕业季等热点进行营销,不放过任何一个能够引起消费者情感共鸣的场景,将情感营销渗透进每一个环节。

八、事件营销

事件营销是企业通过策划、组织和利用具有新闻价值、社会影响和名人效应的人物或事件,吸引媒体、社会团体与消费者的兴趣和关注,进而提高企业或产品的知名度、美誉度,树立良好品牌形象,最终达成产品销售目标的营销方式。

ALS冰桶挑战是由患有ALS(肌萎缩侧索硬化症)的棒球运动员Pete Frates发起的,目的是想通过该活动引起全社会对该疾病的关注,却意外引起了全球性的强烈反响,不少品牌纷纷依靠此活动借势营销。三星英国分部的YouTube频道便借势上传了一段视频,在视频中,Galaxy S5手机也接受了冰桶挑战,并在最后点名苹果iPhone 5s、HTC One M8与诺基亚Lumia 930参加挑战。实际上,Galaxy S5能够在1米深的水下坚持长达30分钟,而iPhone 5s则并没有设计防水功能,HTC One M8与诺基亚Lumia 930虽然号称具备防水功能,然而其性能却远远达不到Galaxy S5。通过这一次事件营销,三星向消费者展示了Galaxy S5和iPhone 5s之间的功能差异。

九、整合营销

整合营销是一种对各类营销工具与手段进行系统化整合,再基于环境进行实时动态修正,最终实现价值增值的营销方法。整合营销是旨在建立、维护及传播品牌,提升与消费者之间的关系,而对品牌进行计划、实施及监督的一系列营销活动,它把各个独立的营销活动结合成一个整体,以产生协同效应。

拓展延伸 典型整合营销案例展示

时趣是一家深度整合创造力人才和AI技术的品牌整合营销公司。以下案例均为时趣所服务过的真实案例。

一、海飞丝品牌娱乐营销

(一)客户难题

海飞丝作为男士洗发品牌需要不断在社交网络中发出声量,而作为大众消费品,海飞丝与娱乐明星相结合进行推广是常规推广手段,但如何才能从娱乐营销中与艺人深度绑定,在获得传播流量的同时实现产品导流是主要挑战。

(二)方案

(1)让海飞丝与鹿晗本人深度绑定,以鹿晗生日会为突破口进行造势,通过《热血歌舞团》的冠名合作引爆社交话题,从而延展出后续深度内容,通过内容运营及粉丝运营的方式,实现用户的深度绑定。

(2)联合鹿晗生日会,打造粉丝偏好热点内容,导流电商。

(3)紧跟《热血歌舞团》节目官方动态,注重节目与粉丝互动。

(4)打造鹿晗见面会,线上线下与用户深度互动。

（5）推出嗨飞style，输出深度品牌体验与传播主题。

（6）紧跟热点时间，借助热点流量获取话题传播。

（三）取得成绩

推广期间用户总互动量破80万，单条互动量破14万以上。

二、Airbnb中国市场营销

Airbnb（空中食宿）是在世界范围流行的房屋短租服务商和旅行房屋租赁社区。2015年Airbnb正式踏入中国市场，开始开发国内房屋短租市场。

（一）客户难题

中美两国存在文化差异，国内消费者在出行时往往会选择订酒店，而不是选择租住民宿。想要开拓国内这一具有极大潜力的出境游市场，Airbnb要解决三个问题：

(1)品牌知名度的优势在国内无法展现；

(2)难以与微博粉丝进行深度交互；

(3)如何将其粉丝转变为软件的使用者，建立起良好的口碑。

（二）方案

利用国内农历新年的契机，推出"欢迎回家"活动，将Airbnb的"Travel Like a Local"品牌精神在国内传播开来。通过对微博粉丝的社交网络数据、兴趣行为数据和购买数据的分析，梳理出3万个标签，对消费者们进行精准定位。进而在微博、官网、APP、垂直网站量身打造多个横幅广告进行精准投放，同时对广告效果进行跟踪并不断将其优化。依靠大数据技术平台为消费者分享全球特色房源，达到口碑传播的效果，把红包转变为直接消费。

（三）取得成绩

Airbnb的官方微博的粉丝数量在一年内突破了80万，超话阅读量超过两亿次；其微信公众号在一个月内新增了14万粉丝；超过20万消费者参与了其推出的红包活动，超过14万消费者领用了新年红包，红包转化率为百分之三，高于行业平均值两倍；官网/官方APP下载引流量超过4万。

三、膳魔师整合营销方案

膳魔师主打高真空不锈钢保温杯、保温瓶、保温壶、保温罐、焖烧锅等高品质保温系列产品和以高TCC科技太空技术研发的各式复合金炒菜锅、汤锅锅具系列。这一次新上市的Blender，是一款无线充电果汁机，需要快速打开市场。

（一）客户难题

项目需要告知用户膳魔师Blender上市的信息，并突出展现其产品"无线"使用的独特特点，并打通内容电商通道售卖。帮助品牌提升品牌知名度、美誉度，并突破以往高收入家庭才能使用的家电形象，打造成为年轻用户心中时尚、年轻产品的品牌。

（二）方案

项目结合年轻人的消费观念——以体验为重。在传播中着重突出膳魔师新品与传统Blender的不同，运用不同的平台和方式推广，让他们感同身受新品"无线"的突出优点。尤其项目还结合了年轻人热爱的健身，旅游等特征，将膳魔师新品运用到各个场景，并展现其如何在各个场景中扮演不同且必不可少的元素。

(1)引发目标受众的关注，为新品上市做铺垫：官方微博发布视频进行预热，并进行定向投放,吸引目标受众关注,并联合美食/健身运动/旅游/生活类微博 KOL,配合发布官宣视频。

(2)场景化电商导流,测评多维度延续:通过各类场景来展现产品无线行走·无限新鲜的特点,并电商导流用户购买,同时结合大量趣味食谱,发布测评使用报告,吸引美食人群,持续利用种草 APP 平台延续传播声量,并针对性的目标导流。

(三)取得成绩

项目总曝光量破五千万;微博视频曝光量破两千万;手绘食谱曝光量破两千万,引发广泛粉丝好评并实现种草;各平台反馈均超额完成预设 KPI,且完成度在 130% 左右。

创业术语

UI 设计(user interface design)。UI 设计(或称界面设计)是指对软件的人机交互、操作逻辑、界面美观的整体设计。UI 设计分为实体 UI 和虚拟 UI,互联网常用的 UI 设计是虚拟 UI,UI 即 user interface(用户界面)的简称。

触点营销(contact marketing)。触点就是顾客接触到商家的每一个点,这里的接触包含了视、听、味、触、嗅等。触点营销就是通过包装这些点,让顾客有产生关注、有感到我们的价值等。作为商家或营销人,在客户接触的每一个点上,做出一些不同的东西,从而促使客户进行购买和转告。

附加值(added value)是附加价值的简称,是在产品的原有价值的基础上,通过生产过程中的有效劳动新创造的价值,即附加在产品原有价值上的新价值,附加值的实现在于通过有效的营销手段进行连接。

目标利润(target profit)是企业在一定时期内,经过努力要达到的利润。

IP(intellectual property)直译为"知识产权",互联网界的"IP"可以理解为所有成名文创(文学、影视、动漫、游戏等)作品的统称,是能够仅凭自身的吸引力,挣脱单一平台的束缚,在多个平台上获得流量,进行分发的内容,因此 IP 从某种意义上也可以说是一款产品,能带来效应的产品。

贴片广告(patch advertisement)是随公开放映或播映的电影片、电视节目、网络视频加贴的一个专门制作的广告,也称随片广告。

植入式广告(product placement)是指把产品及其服务具有代表性的视听品牌符号融入影视或舞台作品中的一种广告方式,给观众留下相当强的印象,以达到营销目的。

UP 主(uploader)是一个网络流行词,指在视频网站、论坛、ftp 站点上传视频音频文件的人。

关键绩效指标(KPI:key performance indicator)是部门主管明确部门的主要责任,并以此为基础,明确部门人员的业绩衡量指标。建立明确的切实可行的 KPI 体系,是做好绩效管理的关键。关键绩效指标是用于衡量工作人员工作绩效表现的量化指标,是绩效计划的重要组成部分。

本章小结

1.企业的营销策略多种多样,有 4Ps:产品(product)、价格(price)、渠道(place)、促销

(promotion);6Ps:产品(product)、价格(price)、渠道(place)、促销(promotion)、权力(power)、公共关系(public relations);10Ps:产品(product)、价格(price)、渠道(place)、促销(promotion)、权力(power)、公共关系(public relations)、探查(probing)、划分(partitioning)、优先(prioritizing)、定位(positioning);4Cs:顾客(consumer)、成本(cost)、方便(convenience)、沟通(communication);4Rs:关联(relevance)、反应(reaction)、关系(relationship)、回报(reward);4Vs:差异化(variation)、功能化(versatility)、附加价值(value)、共鸣(vibration)等营销理论。

2.企业定价方法是企业在特定的定价目标指导下,依据对成本、需求及竞争等状况的研究,运用价格决策理论,对产品价格进行计算的具体方法。定价方法主要包括成本导向、竞争导向和顾客导向等三种类型,定价策略分为新产品定价、心理定价、折扣定价等。

3.对于创业者而言,营销模式是一种体系,而不是一种手段或方式,可以分为体验式营销、关系营销、品牌营销、网络营销、直销、饥饿营销、情感营销、事件营销和整合营销等。

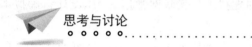

思考与讨论

1.请举例说明,作为创业者,你更偏向于采用哪一类营销策略,为什么?
2.作为创业者,依据你所提供的产品与服务,你会如何进行定价?
3.请举例说明,作为创业者,你认为哪几种营销手段最有效,为什么?
4.请举例说明,作为创业者,你将如何打造你的品牌?
5.请举例说明,商业模式的设计与营销策略的选择有什么联系?

头脑风暴

学生分为若干组,各组利用头脑风暴的方法,对以下问题提出不同的看法,并尽量多地将它们列示出来。

讨论问题:根据市场分析的结果选择目标市场并进行市场定位,列举你所在的企业所能够提供的价值,据此选取合适的营销模式和营销手段,并说出选择的理由。

第七章
团队管理：组织架构，塑造文化

企业最大的资产是人。
——松下幸之助

团队是合理利用每个成员的知识与技能协同工作、解决问题、达到共同目标的共同体。创业团队，是由少数拥有互补技能的创业者为了实现一致的创业目标，依照一种可以使他们彼此承担责任的程序而共同努力的集体。

知识目标
了解企业的组织结构和岗位设置；
熟悉团队管理的方法；
掌握创业团队的类型和组建程序。

能力目标
能够按照需求组建自己的创业团队，并进行合理的分工与岗位设置；
能够设置合理的团队目标并制定有效的考核与绩效标准。

素质目标
培养创业者知人善用、勇于开拓创新、善于团队协作的精神，帮助创业者培育积极向上的价值观、树立现代化的团队管理理念。

引导案例　携程四君子

> 创业需要抓住机会，需要启动经费，但更需要一个合伙人制度的团队。
>
> ——季琦

1999 年注定是值得载入互联网史册的一年，彼时，马云创立了阿里巴巴，李彦宏创建了百度，马化腾打造了 OICQ，而在上海，"携程旅行网"正式成立。其创始人梁建章、季琦、沈南鹏与范敏被称为"携程四君子"，被认为是国内优秀合伙人的范例，四人优势互补，有懂技术的、有懂财务的、有懂运营的，还有懂资本运作的，四人携手仅仅用了四年就使携程成为国内在线旅游服务（OTA）领域的第一家上市公司。

1999 年春天，梁建章和季琦因为工作原因相识，由于具有相同的海外学习经历，他们商量着想要一起创建一个网站，又因为两人都很喜欢旅游，所以很快便将眼光锁定在了在线旅游行业。当时恰逢纳斯达克互联网泡沫破裂，互联网企业都处于风雨飘摇之中，他们清楚地认识到，此时最需要的是能够为企业融通资金的合伙人，所以他俩找到了当时负责中国债务资本市场、任德意志银行董事兼中国资本市场主管的沈南鹏，恰好沈南鹏也是上海交大毕业的，在一番畅谈后，沈南鹏毫不犹豫地加入了团队，组成了早期团队，其中沈南鹏出资 60 万元，占股 40%，季琦与梁建章各出资 20 万元，各占股 30%。然而三人组队后才发现，大家对旅游业并不熟悉，要想让项目顺利开展，当务之急是需要找一个行业里的资深人士。三人几乎把各个旅游公司的高管找了个遍，还是一无所获，没有任何人对这家刚刚成立的小企业感兴趣。一个偶然的机会，季琦听闻上海旅行社与大陆饭店的总经理范敏也毕业于上海交大，在季琦一次次的劝说下，范敏终于下定决心，和校友们一起放手一搏，尝试改变这个行业。于是"携程四君子"的技能互补型团队正式成立，曾任甲骨文中国区咨询总监，对商业逻辑和法则了如指掌的梁建章担任首席执行官，负责网站技术；曾创办过上海协成科技公司，敢于冒险创新的季琦任总裁，负责开拓市场；擅长资本运作的沈南鹏任首席财务官，负责上市融资；曾任上海新亚酒店管理公司副总、上海旅行社与大陆饭店总经理，对旅游业颇为熟悉的范敏任执行副总裁，负责产品管理。

然而，携程的成长并非一帆风顺，创业团队只用了不到 3 个月就花光了 100 万元的启动资金，融资成了最迫切的生存需求，因为此前的工作关系，季琦与 IDG 的章苏阳建立了联系。章苏阳、IDG 技术投资基金总裁周全以及 IDG 波士顿总部的技术专家与季琦和梁建章进行了面谈，了解了创业团队的构成、分工和愿景之后，IDG 的技术专家和章苏阳觉得"尽管他们的远期目标不是很明确，对旅游与网络两者的结合不是很清晰，不过，他们这个团队确实是技能互补型的。他们四个人有点像一个机构，四个人有各自不同的背景，大齿轮小齿轮之间啮合得非常好。对于抱着第一是投人，第二是投人，第三还是投人的理念的风险投资家来说，这个团队成员的背景很有吸引力，足够执掌他们将要操作的公司。"季琦的激情、梁建章的理性结合沈南鹏的投资经验和范敏的运营经验，携程四君子组合而成的团队在不少投资人眼里无疑是完美无瑕的。一个星期后，携程获得了 IDG 50 万美元的投资；2000 年 3 月，又获得软银等风险投资机构 450 万美元的投资；同年 11 月，又成功募集到美国凯雷集团等机构的第三笔投资，融资超过 1000 万美元。之后的两年里,有着充足资金的携程走得顺风顺水,2003年9月,携程的经营规模和经营成果已经满足上市条件,同时又募集到1000万美元资金,最终于当年12月在美国纳斯达克股票交易所成功上市。

如今,携程旗下已经拥有携程、去哪儿、Trip.com以及Skyscanner等一系列品牌,此外,携程在2019年成为印度领先OTA公司"MakeMyTrip"的第一大股东。携程联合创始人、董事局主席梁建章对携程新阶段的目标做了规划:三年内成为亚洲最大的国际旅游企业,五年内成为全球最大的国际旅游企业,十年内成为无可争议的最具价值和最受尊敬的在线旅游企业。

从创办携程到后来的如家,携程四君子是国内新式企业里构成最复杂、职位变动及交接最多的创业团队之一,然而其过渡较为平稳,在很短的时间内,创业团队两次成功地将企业推向纳斯达克并始终维持着优秀的业绩。四人也在携程的发展中找到了自己喜欢的事业,季琦后来又一手创办了如家和汉庭两个品牌酒店,并成功促使其分别于2006年10月和2010年3月在纳斯达克上市,自此成了全球第一个连续创立3家在美国纳斯达克上市且市值超过10亿美金的公司的企业家。沈南鹏离开携程后选择了重操旧业,在2005年加盟美国创业基金公司红杉资本,同年与美国归来的张帆创办红杉资本中国基金,成为"投资教父",投资企业遍布各个领域,被评为2019年《福布斯》全球最佳创投人榜榜首和70年70企70人"中国杰出贡献企业家"。梁建章急流勇退,把CEO职位交给范敏,前往斯坦福大学攻读经济学博士学位,把大部分时间花在人口研究上,直到2013年才又回到携程担任首席执行官。而范敏则出任天海邮轮董事长兼CEO,开始了人生的新旅程。

思考题:
作为创业者,你在选择创业伙伴和明确角色分工时会考虑哪些因素呢?你认为你的创业团队具备成功的要素吗?

第一节　组建创业团队

除了上文提到的携程四君子以外,很多成功的创业团队都是以学校作为纽带的。腾讯"五虎将"里有四位成员互为同学。马化腾觉得,互为同学关系在"心态上会好很多,可以相互吵架不记仇,相对在外面萍水相逢的,遇到争执的话很容易出问题。"

新东方昔日的"三驾马车"同样是在大学校园中结识并产生交集的,王强多才多艺,曾任北大艺术团团长,俞敏洪却对城市生活充满陌生感,他们因为都酷爱读书而产生交集,在徐小平来到北京大学团委担任艺术团指导老师后,三人逐渐走到一起,这才有了"中国合伙人"的佳话。

此外,还有创办复星集团的"复旦五虎"郭广昌、梁信军、汪群斌、范伟、谈剑;从校内网到美团一直陪伴王兴左右的大学同寝室兄弟王慧文;创办途牛网的东大(东南大学)校友于敦德和严海峰等。创业者能够达到的事业高度,在很大程度上是由其人脉圈子决定的,老乡、同学、同僚、战友等均是构成人际交往圈子的重要组成部分。

从携程四君子的创业经历不难发现,由具备研发、技术、市场、融资等能力的成员构成的优势互补的创业团队,是创业者想要成功创业所必不可少的,与单独创业相比,团队创业更容易取得成功,因为团队成员之间能够进行资源共享,还可以共同承担风险、群策群力。由于不存在拥有创立并运营企业所需的全部技能、经验、关系或声誉的创业者,所以创业成功的前提条件就是必须形成一个核心团队。

一、甄选创业伙伴

创业者在挑选团队成员时,需要综合考虑各项因素,以做出正确的选择。

(一)考虑的因素

1. 加入团队的目的

创业者首当其冲必须要了解的是团队成员究竟是出于何种层次的需要从而想要加入团队的,这决定了其日后在团队中的行为方式。所以,创业者在组建团队时,要将那些真正有志于创业、关注企业未来发展且具备长远目标的合作伙伴筛选出来。

2. 知识结构

在创业团队中,另一个影响创业者成功创业概率的因素是团队成员的知识结构是否合理。假如创业团队成员都是由技术人员组成的,那么在企业中就十分容易形成技术为王、产品为主的风气,这会导致产品的研发生产和市场脱节。而如果创业团队成员都由市场营销人员组成的话,企业则极易因为对技术的缺失而丧失未来发展的潜力。所以,创业者在组建团队时一定要充分权衡团队成员的知识结构,做到兼容技术开发、企业管理、市场营销等不同方面。

3. 个性特征

创业团队在初步形成时,很容易被美好的创业前景所吸引,而对团队成员的个性特征视而不见。在创业初期,团队成员在推进工作时都怀着一腔创业热情,很容易将团队成员个性上的差异和对待问题的不同态度掩盖。当企业发展到某个阶段时,这种因为个性冲突而导致的矛盾就会被逐步激化,从而使团队出现裂痕。所以,创业者在组建团队时就应当掌握团队成员的性格特征,据此慎重选择团队成员。

4. 价值观念

企业文化是由创业团队成员的价值观念与道德品质所决定的,企业文化从本质上来说是企业创始人自身价值理念的投射。创业团队在组建之前,团队成员之间需要展开深入的交流以便充分了解彼此。价值观相近的团队成员一起组成的团队可以更好地促进企业发展。

(二)选择团队成员

创业者在选择团队成员时,需要清楚地了解自己的短板是什么,然后寻找能够补充自己弱点的团队成员。

1. 技能或功能互补

创业者在挑选团队成员时,要将团队成员之间的技能互补作为考虑因素,假设创业者所做的工作是技术型的,那么就需要去招募具备市场营销、生产制造、工业设计等背景和专业的其他团队成员。

2. 个性互补

如果创业者的个性较为保守、细心、有计划性、谨慎小心,那么创业者需要去招募可以为企业冲锋陷阵、具备宏观视野、有谋略的团队成员。此外,还要留心团队成员的结构,避免出现同质化和一言堂的局面。

3. 资源互补

团队中的成员应该能够为企业带来不同的资源,如政府的人脉、用户资源、投资者人脉、海外渠道、资金、供应链和工厂资源等。

4. 相同的价值观

团队成员是否拥有相同的价值观尤为重要,创业团队在初创阶段通常可以共患难,因为大家都是一无所有并希望借此打出一片天地。然而到了企业做大做强之后,想要共富贵就没那么容易了,如果没有相同的价值观和一致的目标,团队很容易走向分裂。

二、明确角色分工

剑桥产业培训研究部前主任梅雷迪思·贝尔宾提出,团队成员之间的默契能够有效地提升团队工作质量,每一个团队成员都在企业内扮演着不同的角色,团队成员需要了解自己与其他成员所扮演的角色类型,明白怎样去弥补不足、发挥优势。分属不同角色类型的团队成员的协作能够有效地提升生产力,鼓舞士气,激励创新。

创业者可以通过个人的行为优势构建一个和谐的团队,从而大幅提升团队与个人的绩效,不存在完美的个体,但存在完美的团队。贝尔宾认为,一个结构合理的团队通常由九种角色组成,分别是智多星、外交家、审议员、协调者、鞭策者、凝聚者、执行者、完成者和专业师。

(一)智多星

这一类成员具备很强的创造力,通常是团队里的创新者与发明者,能够为团队发展出谋划策。他们往往会选择跟其他团队成员保持一定的距离,运用自己的想象力独立完成任务,思想上标新立异,对其他人的批评与赞扬反应强烈,总是会产生很激进的想法,但是经常会忽略其实施的可能性。

智多星的优点是有天赋、想象力丰富,往往意味着智慧与博学。缺点是经常好高骛远,对实际工作里的细节与计划视而不见。他们对工作细节如何实施并不关注,想法很多,真正有效的却不多。对于他们来说,与别人合作难度较大,太过强调自己的观点,反而会降低项目的推进速度。

在团队中,智多星往往可以提出对企业或团队开拓新思路很有帮助的新想法。在新项目刚刚启动,或团队陷入困境不知道如何处理的时候,智多星的重要性就会显露出来。他们往往会成为企业的创始人,也容易成为一个新产品的发明者。

(二)外交家

外交家具备热情、行动力强、外向等特点,他们善于与企业内外部的各类人士打交道,是与生俱来的谈判高手,此外,他们还擅长发掘新的机遇以及人际关系。外交家不像智多星,往往没有那么多想法,然而其在听取和发展其他人想法时的效率非常高,挖掘那些能够获得并为企业所用的资源是他们的拿手好戏。他们开朗外向的性格使得他们不管走到哪里都会受到热烈欢迎。

外交家的优点是在他们和其他人交往时,常常能够发现新事物,他们可以和智多星成为好朋友,也善于迎接新的挑战。不足之处是,在最初的兴奋褪去后,外交家很容易对工作失去兴趣,并将注意力转移到其他新事物上。

外联和持续性的谈判工作最适合外交家,在谈判时,他们对对方的底牌、条件、砝码、优缺点以及该从哪里下手了如指掌,他们往往具备从自身角度出发获取信息的能力。

(三)审议员

审议员的态度严肃、谨慎且理智,他们做任何事都是三思而后行,要花很长时间来做决定。他们往往具备批判性思维,喜欢在深思熟虑之后再做出明智的决定,这种决定一经做出,基本上是不会错的。

审议员的优点是冷静,他们具备很强的判断与辨别能力。但是他们缺乏鼓舞他人的能力和热情。

在团队中,审议员的优势在于其善于分析与评价、权衡利弊并选择合适的方案,很多审议员都处在企业的战略性位置中,涉及关键性决策从不出错,从而帮助企业达成目标。

(四)协调者

协调者最突出的特征是他们可以凝聚团队的力量并使其为共同的目标努力。他们成熟、自信、值得信赖,在人际交往中,他们善于在短时间内识别对方的长处所在,并通过知人善用以达成团队目标。他们并不是团队中最聪明的成员,然而他们拥有的远见卓识使得他们可以获得其他成员的尊重。

协调者具备很强的目标性,在整合团队成员时能够同时兼顾人和目标两个方面,待人相对公平。不足之处是,大部分情况下协调者的个人智力和创造力较为平庸,难以在其他方面表现出异于其他成员的优点和成绩,在达成团队目标时,容易把团队的成果据为己有。

在团队中,协调者擅长领导一个具备各种技能与各种特征的群体,其管理下属的能力通常要弱于其在同级进行协调的能力。他们更擅长协调各类错综复杂的关系,平心静气地解决问题。

(五)鞭策者

鞭策者充满干劲、精力充沛且渴望成功,他们具备很强的进取心,性格外向,具备强大的驱动力,勇于挑战他人,对最终的胜负极为注重。他们热衷领导并激励他人采取行动,假如在行动中遇到困难,他们也会积极寻求解决办法。他们的顽强与自信使得他们在面对任何失败与挫折时,更容易表现出强烈的情绪反应。

他们的优点是随时愿意挑战传统,对低效率深恶痛绝,反对自满与欺骗行为。不足之处是易怒且缺乏耐心,有时明知自己犯了错误,也不会选择通过道歉来缓和局势。

在团队中,精力旺盛的鞭策者往往是行动的发起者。作为高效的管理者,鞭策者在面对困难时敢于直面困难并义无反顾地向前推进,敢于独自做决定而不介意其他人是否反对,是团队快速行动的最合适选择。

(六)凝聚者

凝聚者往往是团队中给予其他成员最大支持的人,他们性格温和、擅长人际交往、处事灵活,可以适应不同环境和人。凝聚者具备很强的观察力,善于交际,作为最佳倾听者的他们往往在团队中很受欢迎。虽然他们在工作上十分敏感,然而在他们面对挑战时,其通常表现出优柔寡断的个性。

凝聚者的优点是可以随机应变,擅长化解各类矛盾,有助于加强团队精神。不足之处是,在危机时刻通常显得瞻前顾后,做决定时不够果断,将做决定视为一件冒风险和影响人际关系的事,有时他们会逃避工作上的压力,有推卸责任的嫌疑。

在团队中,凝聚者善于调和各类人际关系,只要给其一个通透的环境,凝聚者就可以施展他们的作用,他们的社交和理解能力就是他们化解矛盾与冲突的资本,如果团队中有凝聚者,那么团队成员可以协作得更好,起到提升团队士气的作用。

(七)执行者

执行者是实用主义者,他们具备强烈的自我控制力和纪律意识。倾向于通过努力工作来系统化地解决问题。执行者是典型的把自身利益与忠诚和团队紧密相连、较少关注个人诉求的角色。

执行者最大的优点是组织能力强,自律且务实,他们不会去关注那些不切实际的想法与言论,他们擅长将一个想法转化成一个具体的行动,并且想尽办法去落实。其缺点是灵活性尚有欠缺,对所有还未被证实的想法提不起兴趣,不利于企业的变革。

在团队中,执行者的可靠性、高效率和处理具体工作的能力为企业落实工作起到了很大的作用,一个优秀的执行者会因为出色的组织技能和完成重要任务的能力而在企业里担任较高的职位。

(八)完成者

完成者是坚持不懈且注重细节的,他们会规避那些他们认为无法被完成的事项,虽然他们往往会被内部焦虑所激励,但表面看起来很从容。通常,大多数完成者的性格都较为内向,不受外部的激励或推动,他们对于态度随意的团队成员近乎零容忍,比起委派他人,更愿意由自己来完成所有的工作。

完成者的优点是其具备坚持不懈与精益求精的精神。缺点是极易为了小事而焦虑,更相信自己而不太愿意将工作放手给其他成员,有时会显得吹毛求疵。

在一些重要的、高难度或高准确性的工作中,完美者起着举足轻重的作用,他们擅长对照时间表一步一步地完成工作。在管理上,他们崇尚标准、注重准确、关注细节,其坚持不懈的精神使得他们在工作时能够比其他成员更为出色。

(九)专业师

专业师是专注的,他们会为自己获得专业技能和知识而感到骄傲。他们首要专注于维系自己的专业度和对专业知识的不断探究之上,而正因为他们把绝大多数注意力都集中在自己的领域,使得他们对其他领域知之甚少,最终变为只对单一领域有贡献的专家。不过,很少有人可以像他们一样通过一心一意钻研而成为一流专家。

专业师依靠其奉献精神和丰富的专业技能,致力于维护专业的标准。缺点是太关注技术层面而忽视企业整体发展。

在团队里,专业师为团队的产品和服务提供专业支持。作为管理者,其在专业领域的权威性导致其希望其他团队成员可以服从与支持他,但其管理方面经验与技能的缺失却常常使得事与愿违。

三、创业团队类型

每一个创业团队的角度、层次和结构都各不相同,可以据此将其分为不同的类型。根据创业团队组成者的不同,可以被划分为星状创业团队、网状创业团队和由网状创业团队演化而来的虚拟星状创业团队。

(一)星状创业团队

在星状创业团队里,往往存在一个充当领袖的核心人物。在这类团队组建之前,通常是这位核心人物先产生了创业的点子,再依据自己的想法来构建创业团队。所以,星状创业团队的创始人早在团队还未组建之前便有了自己的组建思路,并凭借自己的思路筛选加入团队的其他成员,这些人或许是创始人身边所熟悉的人,也可能是从未谋面的陌生人,然而这些团队成员最终通常会成为核心人物的支持者。

星状创业团队的优点是组织结构紧密,具备很强的向心力,核心人物在团队里的行为能够较大程度影响到其他成员,其决策程序也比较简单,有很高的组织效率。缺点是容易导致权力过分集中,进而提高决策失误的可能性。此外,在其他团队成员与核心人物产生冲突时,因为核心人物的特殊权威性而导致其他团队成员在冲突里通常处在被动地位,在冲突加剧时,其他成员往往都会选择离开团队,进而对企业造成较大的影响。

(二)网状创业团队

与星状创业团队不同,网状创业团队中的团队成员在组成创业团队之前往往都有着较为密切的关系,如同学、亲友、同事、好友等。他们在交往的过程中,对某一个创业想法产生了共同的兴趣,并就创业达成了共识后便开始共同创业。在创业团队组成之初,通常还未形成明确的核心人物,大家基于自身的专业领域与能力特点开展自发的团队角色定位,所以在企业创办之初,团队成员之间往往是协作伙伴关系。

这种创业团队的特点是团队里缺少明显的核心人物,整体结构比较松散。在进行组织决策时,往往采用集体决策的方式,通过持续的沟通和讨论以做出最后决策,故而这类团队的决策效率相对较低。此外,由于缺少团队领袖,导致团队成员在团队中的地位相似,进而在企业中造成多头领导的局面。在团队成员之间产生冲突时,往往采取平等协商、积极解决的态度以化解冲突,团队成员不会轻易离开,然而一旦冲突升级,造成一些团队成员离开团队,极易造成整个创业团队的涣散。

网状创业团队的典型案例有微软的比尔·盖茨及童年玩伴保罗·艾伦,惠普的戴维·帕卡德及他的大学同学比尔·休利特等。很多知名企业的创始团队都是源自亲密的关系,萌生出一致的创业想法后合伙创业的。

(三)虚拟星状创业团队

这种创业团队由网状创业团队演变而来,是介于前两种团队类型的中间形态。团队中存在一个核心成员,其核心地位是其他团队成员一致协商的结果,所以,虚拟星状创业团队中的核心人物与星状创业团队中占绝对主导地位的核心人物不同,在某种程度上更像是整个团队的代言人,其在团队中的行为决策需要充分考虑其他成员的意见,其权威性要弱于星状创业团队中的核心人物。

四、创业团队的组建程序

(一)明确创业目标

创业团队的总目标是要依靠完成创业阶段的技术、市场、规划、组织、管理等各项工作来实现企业从无到有、从起步到成熟。制定了总目标之后,创业者将其进一步分解,形成一定数量的可行的、阶段性的分目标,进而指导创业团队完成创业目标。

(二)制订创业计划

在阶段性分目标和总目标均确定了之后,创业者需要思考怎样将其实现,此时便要求创业者制订详细的创业计划。创业计划是在对创业目标进行具体分解的前提下,以团队为整体来思考的计划,创业计划涵盖了不同创业阶段所需要完成的所有阶段性任务,再将其逐步实现,以达成最终的创业目标。

(三)招募合适成员

招募合适的成员是组建创业团队中的关键步骤。通常来说,创业团队成员至少需要具备管理、技术与营销这三类技能,当具备这三类技能的人才形成有序的沟通协作关系后,创业团队才可能更为稳定高效地运作。团队规模也是创业者需要关注的问题,适度的团队规模是保证团队高效运转的前提条件,假如团队成员太少则难以覆盖团队需要的所有技能,过多又可能产生信息与沟通障碍,从而导致团队分裂成更小的团体,大幅削弱团队的凝聚力。通常来说,创业团队的最佳规模需要控制在 2~12 人之间。

(四)进行职权划分

创业者需要提前在团队内部进行职权的划分,以保障团队成员能够顺利执行创业计划、开展各项工作。创业团队的职权划分就是根据完成创业计划的需要,将每位团队成员所要承担的职责和相应所享有的权限进行具体规范。创业团队的职权划分一定要明确,一方面要避免职权的重叠与交叉,另一方面要规避无人承担职责而造成的工作疏漏。此外,处于创业过程中的团队所面临的创业环境是错综复杂的,经常会有新的问题涌现出来,团队成员的更迭也较为频繁,所以创业团队成员的职权也需要进行不断的调整。

(五)构建制度体系

创业团队制度体系体现了创业团队对成员的控制与激励能力,主要包含各种约束与激励制度。创业团队不仅需要通过各类约束制度(主要包括纪律条例、组织条例、财务条例、保密条例等)来防止其成员做出对团队发展不利的行为,确保团队的稳定,还需要设置有效的激励机制(主要包括利益分配方案、奖惩制度、考核标准、激励措施等)来实现团队的高效运转,将员工的自身利益与创业目标有效结合,以充分调动成员的积极性、最大限度发挥团队成员的作用。创业团队的制度体系必须以规范化的书面形式确定并公布出来,以规避制度条例不清晰所造成的管理混乱。

(六)团队调整融合

优秀的创业团队的建立并非一朝一夕能够完成的,而是随着企业的不断发展逐步形成的。随着时间的变迁,团队组建时的人员设置、规章制度设计、职权划分等不合理之处会慢慢显露出

创新创业基础

来，此时就需要创业者对团队进行适当调整与融合。因为问题的暴露需要一个过程，所以团队调整融合应该是一个动态持续的过程。

引导案例 华为的"灰度管理法"

人才不是华为的核心竞争力，对人才进行管理的能力才是。

——任正非

华为用30多年的时间从名不见经传的小企业，蜕变成为世界500强，靠的不仅是技术革新和战略布局，还依赖于它先进的管理方式，在华为看来，企业所有的事其实都是"人"的事，安排好了"人"，企业就能运营好。然而，自从人类有了团队分工开始，团队分歧就一直存在，哪怕是只有十来个人的小企业、小部门，也会存在团队分歧，而且这些分歧都是根源于观念和利益，很难凭情商和沟通战术去彻底弥合。作为一家成立了30多年，员工数超过19万的大型企业，华为是如何保持活力的呢？答案就是"灰度管理法"，灰度管理法以开放、宽容为核心，阐释了华为在文化建设、选人用人、干部培养、组织建设、绩效分配等管理方面的尺度和原则。灰度管理是任正非和华为的价值观、经营哲学、管理理念的精神实质，也是成就华为的基本法则，其中，华为高效的组织体系是值得很多企业借鉴学习的。

一、离客户最近的人指挥战斗

很多企业的组织是金字塔结构，一线员工发现了客户的需求或者机会需要层层向上汇报，最后再由总经理拍板，拍板后做出的决定又层层下传，到一线去落地执行。这样的流程往往会耗费大量的企业资源，此外每一层在向上报告的过程中都会夹杂自己的看法，最终决策人会因为对信息的真实性与准确性产生怀疑而难以判断，从而产生决策困境。华为通过20多年的管理变革，将自身塑造成了流程性组织，流程性组织的最大特点是决策指令不由最高层传达，而是来自离客户最近的人，这就是以客户为中心的导向驱动。任何一个决策的发出不是来自领导，而是来自业务需求，前线听得见炮火、知道客户需求的这些人能够及时做出决定，从而有效调动后方庞大资源线上的人，为共同的目标而奋斗。

二、构建铁三角组织，打造面向客户竞争的利刃

解决了组织指向的问题之后，就要关注在客户层面如何更加有效、高效地开展工作。华为创造性地提出了"铁三角"组织模型。所谓铁三角，就是指面向客户的三个角色——客户经理、产品经理和交付经理，分别对应销售力、产品力和交付力这三种重要的能力。销售力指的是能搞好客户关系，识别客户中的关键决策人；产品力指的是能生产出满足客户需求的优秀产品，提出解决方案；交付力则是能按照承诺保证交付到位，并给客户提供后续维护。当这三种经理都能共同聚焦于客户需求这一点，分歧就自然而然地被弥合，进而能发挥出巨大的效力。

以产品力的打造为例，华为当年刚进入法国市场的时候，六大运营商中有5个根本就不愿意搭理华为，表示不需要新的中国设备商。当华为找到第六个运营商的时候，运营商跟华为提出，它现在遇到了很多困难，营收规模上不去，原因是它的信号不好，基站建得不够，而基站建得不够，又是因为它作为六大运营商中最小的一个，没有办法获取更多的站点资源。带着客户这

第七章

团队管理：组织架构，塑造文化

样的需求,华为的产品解决方案部门迅速推动,形成了新的产品设计,叫作分布式基站,一举解决了客户站点获取的难题。国外土地大多是私有制,要占用私人土地建基站,就需要一家一家去谈,只有实力强的运营商才有办法建立密集的基站,从而实现网络覆盖,信号好了,营收自然就高。分布式基站有效解决了这一问题,分布式基站可以挂在电线杆上,还可以挂在房屋外面,一下子解决了站点获取困难的问题,使得运营商能够快速完成基站的建设并改善信号,用户也因此大量增长。只用了短短几年时间,这家运营商就进入了该行业前三名,同时也推进了华为在整个欧洲市场的渗透速度。通过这个案例,我们能够看到华为是怎么通过销售力和产品力的合作去打开缺口的,不是单靠销售部门巧舌如簧说服用户买单,而是靠产品研发去解决销售部门收集到的问题,华为通过客户需求这同一个点,真正把不同部门的诉求统一到了一起。

让客户经理收集需求交给产品经理这一举措非常合理,但却有一个难点,就是如何来进行人员的配置?毕竟不是每一个客户经理都对产品了如指掌的,而华为可以在170多个国家或地区开展业务,正是得益于大量的优秀客户经理。华为为此设计了一个很有规划性和长远性的机制,叫作指令性调配,指令性调配指的是不同岗位之间的人才输送。比如,华为的客户经理大部分是从产品经理岗位输送而来,这两个岗位最相近,把优秀的产品经理输送为客户经理的难度最小。而产品经理一定要有技术背景,所以华为就打造了另外一条关键人才链,使研发体系每年要输送大量的研发工程师到市场线来。研发体系发挥的是人才蓄水池的作用,尽可能地多招人才,经过培养之后,将合适的人才输送到产品与解决方案部门,产品与解决方案部门中优秀的人才又可以输送到客户经理岗位,从而形成一个正向发展的人才链条,保证了铁三角的三大角色都有一定的技术基础,同时也了解其他环节。

三、从组织建设看优秀产品的打造

2019年9月13日,苹果公司发布了iPhone 11,一周后华为紧接着在德国慕尼黑正式发布其打造的Mate30系列。相较于iPhone的中规中矩,新上线的华为Mate30不光实现了5G、设计、影像等方面的新突破,还利用分布式技术,通过多屏协同功能给消费者带来全新的交互体验,使华为手机与笔记本之间的顺畅协同操作、数据流转和多屏操控成为现实,引发了一波激烈的抢购热潮,海内外媒体蜂拥报道Mate30。

受中美贸易摩擦的影响,2019年华为被推到风口浪尖,以一己之力对抗美国及其盟友的追杀堵截,华为用自身深厚的科研底蕴把这部手机武装到了牙齿,如此强大的产品力和交付力,是华为这么多年来坚持不懈的高战斗力组织建设打造的必然结果,可以说,如果没有华为这样独具特色的组织建设,就没有Mate30这样的重器。以多屏协同功能为例,Mate30的多屏协同功能极大地方便了手机与电脑的交互,提升了办公效率和用户体验。这项功能的开发,其实要得益于华为以客户为中心的流程型组织和机制。研发初期,通过客户需求分析,华为发现手机计算机化是一个趋势,可以很好地解决移动办公的一些痛点。但是工程师发现要实现这种异源投屏需要上百人,工作量非常大,此外还存在海思芯片不支持Type-C接口等一系列难题。由于当时项目进度紧张,人力及技术准备得不够充分,这项技术的研发推进难度非常大,又因为是小众需求,如果是由上到下的常规决策方式,很可能这个技术研发会被取消或暂停。但是在华为就不同,基于以客户为中心的价值观及与之配套的流程组织架构,这项研发最终得以开展,实现了Mate30手机的极致客户体验。因此,"让听得见炮火的人指挥战斗"并不是一句口号,而是通过组织架构具体落实到每一个管理动作,最终的结果是客户的需求能够真正进入企业里。通过高效的组织运作去落实客户需求,只有这样才能真正打造出让客户满意的产品。

由此我们可以看到,一个先进高效的组织是企业良好发展的基础,一个企业的优良基因应该体现在具体的组织行为上,体现在组织的流程里,最终通过组织体现在企业的产品和服务上。我们向华为学习组织建设,不仅仅是学华为怎么做,更重要的是学会通过组织的力量撬动公司的发展,学会通过组织的力量满足客户的需求,让客户满意。

思考题:

作为创业者,你赞同华为的组织设计原则吗?你在选择组织结构类型时会考虑哪些因素呢?

第二节 组织结构与岗位设置

组织结构是组织全体成员为达成组织目标,在组织管理中展开分工协作,在职务范围、责任、权利方面所形成的结构体系,是企业流程运转、部门设置和职能规划的最基本结构依据。

一、组织设计原则

(一)系统原则

企业是由多个相互作用、相互依存的部门有机结合的系统。所以创业者在设计企业的组织时,需要把企业视作一个有机的整体进行系统化设计。创业者必须将其经营目标作为出发点,组织各项活动,使任何一个部门都和其他部门或环节相互联系与作用。所以,想要设计出有效的组织,创业者必须坚持系统原则,广泛联系组织内及组织之间错综复杂的业务与部门,凭借系统的设计以实现各部门的目标统一与相互协调。

(二)效率原则

组织的分层是为了实施管理控制,创业者在设置组织时不能忽视组织的运行效率。通常,组织分层和管理幅度是密不可分的。坚持组织设计的效率原则就是要处理好组织层次与管理幅度的关系。就拿垂直式与扁平式这两种极端结构来说,垂直组织的管理层次多,管理幅度小,所以对管理人员的数量需求较大,其优点是上级可以直接对下属进行具体的指导监督。其缺点是,若企业过分强调垂直领导,则极易导致企业内部组织臃肿,同时由于上下级层数过多而形成官僚主义作风,组织内也会因为缺乏有效的信息沟通与反馈导致效率低下。扁平组织的管理层次相对较少,每一位管理人员直接管理与对接的下属人数较多,所以对管理人员的管理水平与能力提出了较高的要求。在管理效率方面,扁平式能够降低管理时间与费用,显著减少部门间的摩擦,加强组织内的协调与沟通,进而提升上级反馈与决策的效率。

(三)环境适应原则

相较于工业化时代的企业,现代企业所面临的市场竞争极为激烈,企业与产品的生命周期均遭到了缩短。这也对企业提出了更高的要求,需要企业以市场与消费者为导向,对市场的变化做出快速应对。在企业中贯彻环境适应原则首先需要注意的是,企业的组织结构应当能够与内外部环境要求相适应,其次是企业应当具备迅速应对不断变化的经营环境的能力,及时做出组织调整。

二、组织结构类型

现代企业的组织结构主要分为直线制、职能制、直线-职能制、事业部制、模拟分权制、矩阵制和多维立体制这七种。

(一)直线制

直线制是最古老同时也是最简便的组织形式。其特点是企业各级部门从上而下实行垂直领导,下属部门只接受一个上级的领导,各级主管负责人对所属单位的一切问题负责。企业不需要另设职能机构,所有管理职能都由行政主管自己执行。

直线制组织结构的优点是结构较为简单,责任清晰,命令统一。不足是其要求行政负责人掌握多种知识与技能并亲自处理各种业务。在业务较为复杂、企业规模庞大时,最高主管无暇承担那么多管理职能。所以,直线制只适合那些规模较小,生产技术较为简单的企业或是初创企业。

(二)职能制

职能制的组织结构会在各级行政单位主管负责人之外再设置其他职能机构。如在总经理下设职能机构与人员,协助其进行职能管理工作。这种结构要求行政主管将相应的管理职责与权力下放给相关职能机构,各职能机构能够在自己业务范围内向下级行政单位行使权力。所以,下级行政负责人在听命于上级行政主管的同时,还需要接受上级各职能机构的领导。

职能制的优点是可以适应现代企业生产技术比较复杂、管理工作比较精细的特点,将职能机构的专业管理作用发挥到极致,降低直线领导人员的工作负担。缺点是它不利于集中领导及统一指挥,造成了多头领导的局面,阻碍了建立健全各级行政负责人的责任制,通常会造成有功大家抢,有过大家推的局面。此外,在上级行政领导和职能机构的命令产生矛盾时,会让下级无所适从,进而阻碍工作的正常开展。基于以上缺陷,现代企业往往不采用职能制。

(三)直线-职能制

直线-职能制也叫生产区域制或直线参谋制。它整合了直线制与职能制这两种形式的优点,大部分企业都采用直线-职能制作为组织结构形式。在直线-职能制下,企业的管理机构与人员分为两类,一类是直线领导机构与人员,依照命令统一原则对各级组织行使指挥权。另一类是职能机构与人员,按专业化原则,从事组织的各项职能管理工作。直线领导机构与人员在自己的职责范围内享有一定的决定权及对下级的指挥权,同时对本部门的工作负全部责任。职能机构与人员则是直线指挥人员的参谋,无法直接发号施令,只能进行业务指导。

直线-职能制的优点是其一方面保障了企业管理体系的集中统一,另一方面能够在各级行政负责人的领导下,将各专业管理机构的作用最大化。不足是职能部门间的协作与配合性较弱,职能部门的许多工作无法直接处理,需要向上级报告请示,这在加重上级领导工作负担的同时也不利于提升办事效率。为了规避这些缺陷,加强组织内的沟通与协调能力,可以设立综合委员会,或建立会议制度,以协助高层领导出谋划策。

（四）事业部制

事业部制最早是由美国通用汽车公司总裁斯隆提出的，所以也被称为"斯隆模型"，是一种高度集权下的分权管理体制。其适用于规模较大，品种较多，技术较为复杂的大型企业。事业部制提倡分级管理、分级核算、自负盈亏，企业按地区或按产品类别划分为多个事业部，从产品的设计、原料采购、成本核算、产品制造直到产品销售，都由事业部对其负责。这种组织结构奉行单独核算、独立经营，企业总部仅保留人事任免、预算控制及监督权，但可以通过利润等指标控制事业部。也存在只负责指挥与组织生产，不负责采购与销售的事业部，然而这类事业部正在被产品事业部逐渐取代。

（五）模拟分权制

这种组织结构介于直线-职能制和事业部制之间。一些大企业受制于产品品种或生产工艺过程，无法进一步划分为独立事业部，而企业庞大的规模导致高层管理者很难通过其他组织结构进行管理，便发明了模拟分权组织结构形式。其在形式上仿照事业部制进行独立经营、单独核算，但又与真正意义上的事业部有差别，只算得上是一个个"生产单位"，这些生产单位具备自己的职能机构，享有尽可能大的自主权，为的是调动企业的生产经营积极性，以达到改善企业生产经营管理的目的。

模拟分权制一方面可以调动各生产单位的积极性，另一方面还可以解决企业规模太大难以管理的问题。高层管理人员通过下放部分权力给生产单位，减轻了自己的行政事务，将精力集中到战略层面。其不足之处是难以为模拟的生产单位明确任务，难以考核其完成情况，各个生产单位负责人对企业整体情况不了解，同时还存在信息沟通与决策权力方面的缺陷。

（六）矩阵制

矩阵制组织是为了改进直线-职能制横向联系差，缺乏弹性的缺陷而形成的组织形式。其既具备按职能划分的垂直领导系统，还有按产品划分的横向领导关系，是围绕某项专门任务成立的跨职能部门的专门机构。比如组建专门的产品小组去从事新产品的研发工作，在研究、设计、试验、制造等不同阶段，均由有关部门指派人员参与进去，以协调有关部门的工作，保证目标的达成。

矩阵结构的优点是机动且灵活，能够随项目的开发与结束随时组织或解散。而这种结构本来就是根据具体项目来组建的，其任务目标清晰明确，各部门选派的专家也都是有备而来。所以在新的工作小组里，团队成员可以在明确目标的前提下有效沟通与融合，为达成最终目标一起努力。这种组织结构加强了不同部门人员之间的沟通与合作效果，克服了直线职能结构中各部门互相脱节的现象。

矩阵结构的不足是项目负责人的权力有限，因为参加项目的人员来自各个不同部门，其隶属关系仍在原部门，因此项目负责人无法对其进行有效管理，缺乏足够的激励和惩治手段。这种人员上的双重管理是矩阵结构的先天缺陷，团队成员在目标达成后依旧要回到原部门，所以容易产生临时观念，影响工作进展。

矩阵结构适用于一些重大攻关项目，对于那些复杂、涉及面广、临时性的重大工程项目或管理改革任务，或是以开发与实验为主的企业而言，矩阵结构是不错的选择。

（七）多维立体制

多维立体型组织结构是由美国道-科宁化学工业公司提出的，是事业部制和矩阵制组织结构的有机结合。它在矩阵制结构的基础上建立产品利润中心、职能利润中心与地区利润中心的三维立体结构，其中产品利润中心是按产品划分的；职能利润中心是按职能如市场研究、生产、技术等划分的；地区利润中心是按地区划分的。

多维立体制的优点是对于众多产品生产机构，按职能、按产品、按地区划分，管理结构清晰，利于组织管理。其不足是机构庞大导致其管理成本较高、各个中心之间的信息沟通较为困难。

三、岗位设置

一般来说，当企业处于初创阶段时，创业者在设置岗位时并不需要一味求全，而是应该以抓住市场机会为主。当企业位于创业中期时，创业者可以按照专业分工来设置岗位，以提高工作效率，此后随着企业的发展壮大以及岗位和员工人数的不断增多，分工会越来越细，一个处于发展阶段的企业主要包含以下岗位。

（一）产品岗位

产品经理一职是企业专门为负责产品管理的人员设置的，其主要负责市场调查并基于消费者的需求来就开发哪种产品、选择哪种技术与商业模式等做出决策，并介入相应产品的开发组织。产品经理还要基于产品的生命周期，对研发、营销、运营等岗位进行协调，决定及组织实施相应的产品策略与其他相关的产品管理活动。

产品岗位一般有：产品专员、产品经理、产品总监，而产品又可细分为前期产品（着重于市场调研和产品研发）、迭代产品（着重于数据及市场反馈开展产品研发）。

（二）运营岗位

运营就是对运营过程的计划、组织、实施及控制，是与产品生产与服务创造紧密相关的各项管理工作的统称。

运营岗位通常有：运营专员、运营经理、运营总监。创业运营岗位根据项目不同定位有所不同，例如可按照用户运营、数据运营、流程运营、关键节点控制等进行分类。

（三）营销/销售岗位

营销主要分为运营（一般包含设计、策划、市场人员）和销售，大部分创业团队的营销偏向于销售职能。营销一般指市场营销，挖掘的是产品本身的内涵，通过对消费者和众多商家需求的迎合，使消费者对产品产生深刻了解并最终购买的过程。

营销/销售岗位有：营销/销售专员、营销/销售经理、营销/销售总监。营销总监一般管控设计、策划、销售、市场等岗位。

（四）设计岗位

与上述岗位相比，设计岗位职能较为单一，往往搭配策划岗位存在。设计岗位一般有：设计员、设计经理、设计总监。大部分创业企业前期都不设专门的设计岗位，而是采用外包或计件作业的方式。创业团队需要对官网、项目计划书、项目PPT、推广单页等项目进行设计。

（五）策划岗位

策划指的是个人、企业、组织结构为了达到既定目标，在对市场环境进行充分调研的前提下，遵循一定的方法或规则，对未来将要发生的事情展开系统、周密、科学的预测并据此制订科学有效的可行性方案的过程。

在岗位设置上，除了策划专员，创业企业一般不设置专职经理和总监。在创业项目中，策划主要应用于活动策划和项目推广策划中，职能一般由品牌或运营经理/总监进行直管。

（六）市场（公关）岗位

市场经理的主要任务是确定企业产品与服务的需求、识别竞争者与潜在客户、开发并维护产品市场、制定价格策略并将企业利润及客户满意度最大化。此外，还需要根据消费者的需求及市场的特点研发新产品或服务。

市场岗位包括市场专员、市场经理、市场总监（一般直接为运营总监）。市场岗位一般设定为渠道开拓、大客户开拓、行业公关等。

（七）技术/制造岗位

技术岗位包含互联网技术（工程师）、实体技师（维修技师等）。技术岗位的设置根据行业的不同区别较大，以技术为核心的创业项目需要制订人才招聘计划和人才维稳计划，一般由管理者或人事经理负责计划的落地。

（八）财税岗位

财税岗位包括总会计师、出纳、稽核、资金核算、成本费用核算等。在创业初期，创业团队一般不单设财务岗位，至于税务一般外包给会计师事务所。后期创业企业逐步发展壮大，资金流动频繁时，建议创业者根据企业需求来配备财税人员。

（九）行政岗位

行政岗位包括办公室主任、行政文员、行政总监、行政经理、行政助理等，在创业初期，行政人员一般由合伙人进行兼任。

（十）人事岗位

一个好的人事可以进行团队的维稳，防止创始人由于性格缺陷而带偏团队，还可以更加专业地进行人才培养和招募，规避企业的用人风险。人事岗位有人事部总监、人事部经理、人事部主管和人事专员等。在创业的前期，由于人力和资金的匮乏，很多创业团队并没有设人事岗位或是直接由创始人兼任。

在创业初期，创业团队成员往往是一人身兼多职，但是受限于管理能力和专业技能，很难达到预期的效果。因此，学会利用合伙人制度进行对应岗位人才的挖掘，是创业者必须学会的能力。

引导案例　谷歌和字节跳动都推崇的"OKR"管理法

企业的宗旨和任务必须转化为目标，管理者必须通过这些目标来领导下层并以此来保证企业总目标的实现。

——彼得·德鲁克

第七章

团队管理：组织架构，塑造文化

2020年3月，字节跳动发布公开信宣布组织升级。张一鸣在信中表示，字节跳动人员数量的激增带来了员工敬业度和满意度的下降，需要进一步改进字节跳动的管理。这一举动再次引起了业界对"OKR"管理法的讨论，那么，这一字节跳动从创业伊始便奉行的管理方法究竟有什么不同之处呢？

一、OKR的概念与发展历程

OKR的全称是"目标与关键成果法"。其中O（objectives）代表的就是目标，是对企业在预期的方向想要取得的成果的精练描述，其主要描述的是"我们希望达成什么目标？"一个有效的目标一定可以激发所有团队成员的共鸣。然而有时这个目标很可能只是一个方向，或者是很难被清晰界定的，如果想要衡量的话就需要用到关键成果KR（key results）。关键成果主要描述的是"我们怎样知晓实现了目标？"一个好的关键成果一定是可以被准确描述出来的。

OKR源自彼得·德鲁克的目标管理，随后得到了英特尔的COO安迪·格鲁夫的认可和拥护，他认为管理者要注重培养员工的自我管理能力，制定的OKR要具有挑战性。安迪·格鲁夫作为英特尔的管理者，也为其他企业培养和输送了很多干部，其关于OKR的理念被约翰·杜尔在刚成立不到一年的谷歌公司发扬光大，谷歌不仅将这个方法沿用至今，而且还推广到它的投资公司。随着谷歌、推特、Uber、Facebook等公司的相继使用，OKR逐渐在硅谷盛行起来，并向各个行业和其他地区的企业蔓延，国内使用和推广OKR的企业主要有百度、华为、字节跳动、滴滴和美团等。

二、OKR的适用范围

相对于传统的考核方式，OKR更加注重员工自我和过程的管理，对整个考核过程持续跟踪，考核指标更具挑战性，也可以允许员工的失误。虽然OKR能够最大限度地解放员工的创造力，但其对员工的要求也比较高，所以OKR的适用范围主要是一些创新型、突破型的，需要通过团队协作，在不确定的环境下实现突破性创新业务的企业。互联网行业正是典型的OKR适用行业，所以其受到了很多硅谷和国内互联网企业的追捧。字节跳动自成立以来不断地通过拓展新业务的方式扩大市场规模，其所有的业务都是在摸索中不断成长的，这在无形中产生了一种鼓励试错的文化，这种文化允许员工为了达成目标而不断尝试，并且员工可以在一些新方向的探索中获得足够的资源与支持。此外，字节跳动打造的"今日头条""抖音"等产品都是直接面向消费者的，它们在上市之前，需要经过多轮内测打磨，收集用户反馈的意见，在上市后也需要持续更新迭代。所以其决策不可能完全由管理者做出，而需要将一部分决策权赋予能听到"炮声"的一线员工手里，这也与OKR的原则天然契合。

三、如何制定OKR

以字节跳动为例，在其内部，制定OKR遵循"自上而下"及"自下而上"两种方式。其中"自上而下"适合制定宏观类型的目标，字节跳动在2017年提出布局短视频领域就属于战略目标；今日头条孵化出抖音、抖音孵化出剪映属于团队业务发展类目标。以"自上而下"的方式制定目标，能够帮助企业和员工就总目标进行逐级理解与承接，形成对应的小目标。而"自下而上"则适合制定微观类型的目标，比如抖音决定提高日活和用户时长就属于具体的业务策略目标。在此途径下，一般员工可以向上发起目标的制定，再由上级领导统一对下属的目标进行选择、认定及总结，同时形成自身的目标。而为了培养管理层的能力，字节跳动规定，上级的OKR不可以只是简单地通过汇总下属的OKR得到，上级必须确保团队重要且最关注的事项出现在自己的

OKR 中。

举例来说，假如企业的目标(O)是要优化产品体验，使二季度新客户数量增加50%。那么为了衡量这个目标是否达成，可以设置多个关键结果(KR)，比如KR1：新客户签约成功率达到60%以上；KR2：搭建销售团队，招聘5名金牌销售；KR3：加快产品反馈收集和迭代速度，每月核心体验优化点提升5%以上。这些关键结果(KR)又分别由不同的负责人承接，比如销售部负责人负责承接KR1、人力资源部负责人负责承接KR2、产品部负责人负责承接KR3，以此类推，层层分解。

四、OKR 的评价与考核

OKR 的评价是由谷歌先推出的，谷歌将评分范围控制在0至1分，分为4个档级，分别是：

1.0 分：百分之百达成目标，取得了极其卓越、近乎不可能实现的成果；

0.7 分：尽管没有达成目标，但也付出了极大的努力，取得了关键成果；

0.3 分：未能达成目标，但达成了通过一般努力可以实现的成果；

0.0 分：未能完成目标，也未能取得任何成果。

谷歌认为，假如大部分 OKR 得分都高于0.9，则大概率是因为目标设置得太过简单；反之，如果得分都在0.4以下，则意味着目标设置得过高，或是目标定位错误，把本不属于重要及核心的领域视为工作重点；相对理想的得分区间是0.6到0.7之间，这一分数表明团队在正确的方向上达成了不错的成果。

在考核认定上字节跳动也与谷歌类似，谷歌的方法是OKR＋同伴评审，通过KR这个沟通工具和过程管理工具，可以看到某个人对目标实现的贡献以及他的努力程度，这时候大家再一起进行评估，对员工进行评价和反馈，主要有以下五步。

1. 员工自评

员工将一个评价周期的主要工作内容、承担的角色、工作成果、能力提升情况及待改进事项等罗列出来。

2. 同伴评审

由这位员工的上下级、合作伙伴或其他协作团队的同事对其工作重要性、表现与成果、待改进事项等方面提出反馈建议。

3. 经理初评

由员工的直接分管领导根据其季度 OKR 表现、自评、同伴评审意见及客观环境等因素，为员工的绩效进行打分。

4. 绩效校准

由参与初评打分的经理组成校准委员会，互相说明自己的打分依据，以此来消除偏见，保障评分的公平公正。

5. 绩效面谈

经理把绩效评价结果向员工进行反馈，并提供必要的辅导，帮助员工就其绩效考核期间的表现进行改进。

在当前互联网时代剧烈变化的环境中，保持组织的活力是至关重要的，OKR强调员工基于自我价值的驱动去实现绩效目标，恰恰满足了企业对组织活力的追求。

思考题：
作为创业者，你和你的团队是否有明确的团队目标？你们又是如何去设置它们的呢？

第三节　创业团队管理

创业团队并不是简单地将团队成员进行随意组合，在团队形成之后，创业团队管理就成了团队是否能够持续且高效运转的关键。创业团队管理强调的是团队的整体利益、目标与凝聚力，让每一位团队成员都能致力于同一个目标，挖掘自己的最大潜能。创业者的任务则是为团队成员创造积极、高效的工作环境，使每一位成员都可以达成目标。创业团队管理可以从设置团队目标、提升团队执行力、优化内部沟通、进行团队考核与激励、塑造企业文化这五个方面展开。

一、设置团队目标

创业团队管理的关键是设置团队目标，团队目标若是出现了偏差，则团队管理结果一定会南辕北辙。作为团队的管理者，创业者需要精准有效地设置团队目标，使其既能符合创业团队的集体成长，又能满足组织发展战略和团队成员的个人成长需求。创业者在设置团队目标时，可以参考管理大师彼得·德鲁克在《管理的实践》一书中提出的 SMART 原则。

（一）具体（specific）

创业者首先必须要有一个明确且可以被具体描述的目标，这个目标必须是可以切中特定工作指标的，目标必须要具体。创业者要将需要达成的目标以详细具体的语言描述出来，明确的目标对于想要获得成功的团队而言是必不可少的，很多团队失败的原因就是因为目标定得模棱两可，或是未能将目标有效地传达给相关成员。

创业者在设置团队目标时要有项目、衡量标准、达成措施、完成期限和资源要求，使团队成员得以明确地了解自己需要完成哪些工作，这些工作又需要完成到何种程度。

（二）可度量（measurable）

可度量指的是创业者在设置团队目标时必须将其最大限度地量化或行为化，设置一组明确的数据作为衡量目标是否达成的依据。假如创业者制定的目标缺少衡量标准，创业者就无法识别这个目标的实现与否。

制定人和考核人在设置团队衡量标准时必须基于统一、标准、清晰、可度量的标尺，尽量避免形容词等概念模糊、无法度量的描述。目标的可度量性应当先考虑数量、质量、成本、时间、上级或客户的满意程度这五方面。若是依旧无法衡量，创业者可以考虑先将目标细分为小目标后再从以上五个方面衡量，或是进一步将完成目标的工作以流程图的方式划分为一个个环节，使之能够被衡量。

（三）可实现（attainable）

团队目标的设置要考虑团队成员的能力范围，必须是其通过努力可以达到的，避免设立得过高或过低。若是设置得过高会导致团队成员无法按时完成目标，从而打击团队成员的积极性,若设置得过低导致团队成员极易达成又难以挖掘其所有的潜力。因此创业者在设置团队目标时要秉承员工参与、上下左右沟通的原则,使制定的目标在组织与个人之间达成一致。

(四)相关性(relevant)

目标的相关性是指实现此目标和其他目标的关联情况。假如团队成员达成了某个目标,然而其与其他目标没有任何关联,或者关联度很低,那么达成这个目标的意义便不是很大。所以,创业者在设置工作目标时,一定要和团队成员的本职工作和岗位职责相关联,不能"跑题"。

(五)有时限(time-bound)

所有的目标都是有时间限制的,缺乏时间限制的目标无法对其进行考核,一方面会带来考核上的不公平,另一方面会损害团队成员的工作热情。

创业者在设置目标时要充分考虑工作任务的权重和任务的轻重缓急,制定详细的时间安排,对项目的完成情况实施持续监督,以掌握项目开展的进度,及时指导团队成员的工作,并根据工作中的异常情况调整工作计划。

二、提升团队执行力

对于企业而言,执行力是将战略目标与决策一步一步落到实处的能力;对于团队成员而言,执行力是当指令或要求下达后,迅速做出反应,将其贯彻或者执行下去的能力。创业者可以采用PDCA循环来提升自身和团队的执行力。

PDCA循环作为一种日常工作的基本模型,可以极大地提高执行力,是由美国质量管理专家休哈特博士提出的,经爱德华兹·戴明博士采纳、宣传并普及,因此还被叫作戴明环。PDCA循环将质量管理分为四个阶段,分别是plan(计划)、do(执行)、check(检查)和action(处理)。

(一)计划(plan)

计划就是将一个大的工作目标科学分解为一系列具体的工作任务,让每个团队成员都明确自己的工作内容、认可自己的工作内容,并知道如何去完成。

(二)执行(do)

执行就是让每个团队成员都有按计划完成工作的能力和条件。创业者需要实时了解其他团队成员的工作进展,发现问题及时沟通与交流,保证目标的顺利达成。这一步对创业者的业务能力和管理能力提出了很高的要求,一个优秀的创业者能够使每一个团队成员的能力都得到充分发挥。

(三)检查(check)

检查就是查看每项工作的进展,以督促工作按计划完整执行。在团队成员的目标完成后,创业者需要对工作成果进行检查并做出相应的评价,及时给团队成员做出相应的反馈,方便展开工作总结。最好的检查是现场检查,创业者要养成现场管理的习惯,经常到现场巡查,随时发现问题,解决问题,指导团队。对于重大项目和关键任务,创业者还应该建立督办制度,指定专人跟踪,协调各方进展。

(四)处理(action)

处理就是汇报工作完成情况,同时对整个PDCA循环进行复盘,反思在哪些方面做得出色,哪些方面有待提高。从做得好的地方总结经验规律,转化为团队知识和能力,对于做得不好的地方,找出背后的原因,使同样的错误不要再犯,将失败转化为团队的财富。复盘是建立学习型组织的重要手段,它可以帮助我们在实践中成长,正视工作中的问题,发现团队思维的盲区,进而指导我们改进问题、优化流程、提高效率,最终实现团队的快速成长。

以上四个过程并不是运行一次就结束的,而是循环往复的,在一个循环结束时,部分问题得到了解决,未解决的问题则进入下一个循环,以达到团队能力和执行力的阶梯式上升。

三、优化内部沟通

团队沟通是团队合作的基础,然而对于很多团队来说,团队成员可能会由于各种各样的原因造成彼此间出现沟通障碍,从而拉低团队的整体工作效率。特别是当团队逐渐扩大的时候,这个问题会越来越严重,创业者可以从以下几个角度优化企业的内部沟通。

(一)提高就团队成员的任务进行沟通的有效性

创业者可以开展正式或非正式的培训课程、会议或通过工作中必要的监督以保证沟通生效,使团队成员明确其所做工作对应的目标,及其这些工作对达成目标所做出的贡献。此外,还可以让团队成员知道自己的工作与其他成员所做的工作之间存在怎样的相互影响关系。

(二)建立可用来报告不当可疑行为的沟通渠道

创业者可以在企业内部建立不经过直属领导而直接向上报告的沟通渠道,此外,还要在企业内允许匿名沟通,对报告不当嫌疑行为的团队成员,保证其不会遭到报复。

(三)提高管理者对其他成员提出的改进建议的接受程度

创业者可以通过制定各类规章制度以鼓励团队成员提出改进建议,并对团队成员提出的好建议给予精神与物质上的奖励。

(四)加强组织内各部门间沟通的适当性

企业内部各部门不应该彼此孤立,销售部门应当将顾客需求及时转达管理部门、生产部门及营销部门;应收账款管理人员应将逾期的客户信息告知授信部门;获取的与竞争对手产品相关的信息要及时告知管理部门、营销部门和销售人员。

四、进行团队考核与激励

(一)团队考核

考核是企业团队管理中的一项必要而有效的制度,考核标准是评估团队成员工作绩效以及进行相应奖惩的依据,企业考核或绩效评估的结果往往与团队成员的薪酬和晋升紧密挂钩。

考核作为企业的一项措施,其目的是使团队成员和创业企业的经营目标密切结合。创业者确定的考核项目和指标可以使团队成员事前明确要达到的目标和结果,增强创业者和其他团队成员在实现持续进步方面的共同责任。然而,只有在做出公正的考核后再实施奖励和惩罚,才能充分调动团队成员的积极性,达成组织目标,其主要有以下几种方法。

1. 等级评价法

等级评价法是团队考核中一类常用方法。创业者根据工作的安排,把接受考核岗位的工作内容划分为相互独立的几个部分,并用明确的语言来描述该部分所要求达到的工作标准,标准可以有多个等级选项,比如"优、良、合格、不合格",考核人基于被考核人的实际工作表现,对每个部分的完成情况进行评价,最后形成的总成绩就是该成员的考核成绩。

2. 目标考核法

目标考核法是基于被考核人完成工作目标的情况来实施考核的。在开始工作之前,考核人与被考核人应当对需要完成的工作内容、时间期限、考核标准等事项达成共识。在到达约定的期限时,考核人根据被考核人的工作状况及原先制定的考核标准来展开考核。

3. 相对比较法

相对比较法是对职务相同的成员进行两两比较的考核方法,任何两位成员之间都要进行一次比较,每两名成员比较过后,其中完成的较好的那位记"1",完成的较差的那位记"0"。在每一位成员都相互比较之后,将所有人的成绩叠加,总和越高,其考核成绩就越好。由于需要多次比对,所以使用这类方法时每次比较的团队成员总数不能太多,控制在五到十人即可。

4. 小组评价法

小组评价法是由两名以上熟悉该成员的其他成员或管理者组成评价小组进行考核的方法。其优点是操作简便,节省时间精力。缺点是易受评价者的主观因素影响,可能造成评价标准模糊。为了提高可靠性,在进行小组评价之前,应当将考核的内容、依据和标准向被评价者阐述,在评价结束后,需要向团队成员说明评价的结果。

5. 重要事件法

考核人在平日要关注发生在被考核人身上的"重要事件",也就是其在工作中的优秀表现与不良表现,并将这些表现形成书面记录。考核人在考核时会对这些书面记录进行汇总与分析,最终形成考核结果,此方法通常不单独使用。

6. 评语法

评语法是指由考核人撰写一段评语以对被考核人进行评价的一种考核方法。评语涵盖被考核人的工作业绩、工作表现、优缺点与需努力的方向。评语法在考核中较为常见,不足之处是它带有较强的主观性。

7. 情景模拟法

情景模拟法是一种模拟工作的考核方法,它要求团队成员在评价小组面前将实际工作中会遇到的问题一一完成,评价小组根据完成情况对被考核人的工作能力进行评价,情景模拟法主要评价的是团队成员的工作潜力。

8. 综合法

综合法将各类团队考核方法进行综合运用,以提高考核结果的客观性和可信度。

(二)团队激励

团队激励同样是团队管理中的一项重要工作,适当的激励可以激发团队成员的内在工作动力,促进团队成员努力工作,更好地履行其工作职责,以实现团队目标。激励的方式有物质激励和精神激励,物质激励的形式有加薪、发放奖金、增加福利、股权激励等。精神激励的形式多种多样,有榜样激励、文化激励、参与激励等。企业应当根据具体情况选择合适的激励政策和方式,以达到最有效的激励效果。

五、塑造企业文化

企业文化是企业在生产经营过程中逐步形成的,得到全体成员一致认可并遵循的带有本企业特征的使命、愿景、宗旨、精神、价值观及经营理念,以及这些理念在生产经营活动、管理制度、员工行为方式、企业对外形象等方面体现的总和。一个优秀的企业文化能够帮助团队成员树立正确的世界观、人生观和价值观,帮助他们将自己的行为与团队的整体目标关联起来,创业者可以从如下几个方面建设企业文化。

第七章 团队管理：组织架构，塑造文化

（一）培育共同价值观

企业文化建设的基础是培育共同的价值观，创业者可以通过教育培训等方式，帮助团队成员舍弃落后的价值观，树立正确的有助于企业发展的价值观并达成共识。

企业价值观的培育不是一朝一夕的，团队成员价值观的转变会受到内外部环境的影响而出现反复，这也加大了培育共同价值观的难度。价值观的培育需要创业者将抽象的逻辑思维凝练概括为团队成员所能接受的基本观点，共同的价值观可以唤起团队成员对工作意义的思考，加深对自己事业的信念。

（二）塑造企业精神

企业精神与企业价值观类似，企业价值观是企业精神的前提，企业精神是企业价值观的集中体现。企业精神的形成带有人为的主观因素，需要创业者依据企业的特点、任务、发展走向有意识地引导与培育。在塑造企业精神的过程中，创业者应该有意识地树立典型，将个别的、分散的事件从整体上进行概括、提炼与推广，使之成为具有代表性的企业精神。

（三）确立正确的经营哲学

企业经营哲学是企业行为的逻辑起点。确立经营哲学的关键在于要有创新意识，要具备有个性的经营思想和方法。全球最大的家居零售巨头宜家就凭借其另类、新潮、率真、个性十足的家居经营特色，成为享誉全球的家居旗舰。

（四）构建创新型企业文化

在创新型的企业文化下，创新理念作为企业的核心价值观，得到了团队成员的一致认可，大家坚信只有通过创新企业才能得以生存，整个团队都形成积极创新的氛围，创新思想渗透到企业方方面面，成为一种行为习惯。

企业的核心竞争力通常体现在对创新文化的培育上。在团队成员与消费者的互动中，既可以将企业对创新的实践传达给消费者，还可以掌握消费者对创新的需求，企业得以在这种创新反馈中不断发展壮大。学习与创新是创新型企业文化的重要内容，企业鼓励员工不断创新并将这些思想表达出来，使其认识到只有通过不断创新，才能提高企业壁垒，让竞争对手难以模仿的同时提升自身核心竞争力，进而在竞争中占得先机。

在柔性电子技术方面，中国最具代表性的企业，不是传统巨头，而是一家初创的独角兽公司——柔宇科技，其抢在三星和华为之前推出了全球第一款折叠屏手机"柔派"，并于2019年完成3亿美元F轮融资，估值60亿美元，成为一只不折不扣的独角兽。在三星、LG等巨头主宰LCD、OLED屏幕显示技术的背景下，柔宇自主研发了全新的"超低温非硅制程集成技术（ULT-NSSP）"，完美避开硅基面板的硬度限制，实现了领先全球的柔性显示技术方案，成本大幅下降，良率、弯折可靠性、显示性能均大幅上升。

作为一家由创新驱动的公司，研发是最重要的一个环节，为了不断突破技术极限、强化自主核心技术，柔宇成立了由联合创始人直接负责的面向未来五到十年研发前沿技术的部门。目前，柔宇在国内外储备了3000余项核心自主知识产权，拥有超过30个实验室，研发团队占比约60%。位于龙岗柔宇显示基地内的柔宇可靠度实验室，拥有数十台世界顶尖设备，在研发阶段，这些设备会对产品可靠性进行周密的测试，包括温度、湿度、抗跌落、耐盐、低气压、紫外光等常规测试。同时，针对全柔性屏的特性设计了弯折性、拉伸性、扭曲性等专用测试设备，确保全柔性屏的可靠性。这一系列措施保证了柔宇可以在技术密集、人才密集和资金密集的显示行业中博得一席之地。

拓展延伸 "每一位员工都是主角"的阿米巴经营模式

2020年4月30日,日本京瓷株式会社发布2019年度财务报表,报表显示,其利润较上年同比增长5.7%。距离1959年稻盛和夫成立京瓷公司已经过去了61年,在这半个多世纪里,京瓷经历了20世纪70年代的石油危机、20世纪80年代的日元升值危机、2008年金融风暴危机以及2020年的全球疫情危机,但其披露的历年财务报表却始终呈现一个非常完美的持续上升曲线,从未出现过亏损,这在全球上市公司中都是极为罕见的。稻盛和夫取得巨大成功的原因就在于其采用了基于牢固的经营哲学和精细的部门独立核算管理,被称为"阿米巴经营"的经营手法。

"阿米巴"源自拉丁语,意为单个原生体,它是一种单细胞动物,也就是变形虫。其最大的特性是可以随外界环境的变化而变化,通过持续不断的自我调整以适应所面临的生存环境。得益于其极强的适应能力,变形虫已经在地球上存活了几十亿年,是地球上最古老、最具生命力与延续性的生物。阿米巴经营就是以各个"阿米巴"的领导为核心,让其自主制订各项计划,凝聚全体成员的智慧与努力以达成目标。在这种模式下,企业组织也能够随着外部环境的变化而不断"变形",保持最佳状态,让"前线"的每一位员工都能成为主角,主动参与经营,形成"全员参与"的局面。

京瓷公司就是由一个个"阿米巴小组"组成的。与通常的日本企业一样,京瓷内部也设有事业本部、事业部等部、课、系、班等阶层。然而其特色之处就在于,稻盛和夫还设置了一套以"阿米巴小组"为单位的独立核算体制。"阿米巴"作为最小的工作单位,是在工厂、车间中形成的最小基层组织,能够具体到一个部门、一条生产线、一个班组甚至每一位员工。所有人都有自己所隶属的阿米巴小组,阿米巴小组的规模取决于其工作内容,内容繁重的小组人员可能会多达50人,少则只有2到3人。任何一个阿米巴小组都可以被视作一个独立的利润中心,具备高度的自治权,其经营计划、业绩管理等绝大部分经营上的实务都能够由他们独立运作。每个小组都集生产、会计、经营于一体,不同的阿米巴小组之间也可以根据需求任意分拆组合,这种灵活性和机动性决定了京瓷能够对市场的变化做出最迅捷的反应。

为了以更少的资源创造更高的附加价值,稻盛和夫联合青山正道提出了"单位时间核算制度",并将其作为衡量经营业绩的主要指标纳入了阿米巴经营体系。对于生产部门来说,单位时间附加价值的计算公式是:

$$单位时间附加价值=(销售额-费用)/总劳动时间$$

由此可见,在阿米巴经营中,阿米巴小组设定的目标是附加值的创造。想要达到目标,团队就需要以最少的费用完成业绩,同时将创造的价值最大化,最终获得最大的附加值,在这个过程中,阿米巴小组逐渐成长为一个极具创造性的团队。此外,对于大部分大型企业而言,员工相较于企业不过是庞大机器中的一颗螺丝钉,员工自己并不知道自己对企业有什么作用,能够为企业提供何种价值。在京瓷,单位时间的附加价值能够将各个部门、小组,甚至个人的经营业绩都变得清晰透明。因此,单位时间的附加价值能够成为激励员工的动力,让员工知道自己在企业中的价值。

阿米巴模式提倡的是全员参与,每位员工都要对自己所属的阿米巴的组织目标了如指掌,在自己的岗位上为了达成企业目标、实现价值而努力。企业会按月披露各小组每单位时间内创造的附加价值、每个小组当月的经营业绩、每位成员及小组所创造的利润及其在整个企业中所占的比重。

在考核上,京瓷并不会因为每个阿米巴小组的成绩高低而在工资待遇上区别对待。对成绩好的小组京瓷会予以表彰,但始终坚持只给予他们"对公司有贡献"的荣誉。对于业绩欠佳的小组,京瓷会严格追究责任,但京瓷对于业绩的评判并不局限于附加值的创造,有些阿米巴小组尽管取得了很高的单位时间附加价值,但由于其在工作中出于自身利益的需要损害了其他小组的利益,也会被认定为业绩欠佳,这一做法有效地缓解了各个阿米巴小组之间的恶性竞争。

阿米巴经营模式激发了员工的成本意识、大局观和运营思维,加强了员工的职业道德及团队精神,正是具备这些素质的员工所组成的阿米巴小组促成了京瓷的成功。

创业术语

绩效(performance)是一种管理学概念,指成绩与成效的综合,是一定时期内的工作行为、方式、结果及其产生的客观影响。在企业中通常用于评定员工工作完成情况、职责履行程度和成长情况等。

组织层次(level of organization)是指从最高的直接主管到最低的基层具体工作人员之间所形成的层次。

管理幅度(management range)是指一名领导者直接领导的下属人员数。

职能部门(functional departments)是指组织中对下属单位具有计划、组织、指挥权力的部门。

利润中心(profit center)是指拥有产品或劳务的生产经营决策权,是既对成本负责又对收入和利润负责的责任中心,它有独立或相对独立的收入和生产经营决策权。

成本中心(cost center)是对产品或劳务的成本负责的责任中心。成本中心不负责产品或劳务的销售,它的业绩与销售收入或利润无关。成本中心的目标是以最低的耗费完成既定的产量,或在预算既定的前提下增加产出。

COO(chief operating officer)指首席运营官,是制定企业长远战略,督导各分公司总经理执行工作的岗位,主要负责企业的日常运营以及辅助 CEO 开展工作。

会计师事务所(accounting firms)是指依法独立承担注册会计师业务的中介服务机构,是由有一定会计专业水平、经考核取得证书的会计师组成的、受当事人委托承办有关审计、会计、咨询、税务等方面业务的组织。

复盘(replay)是一种贸易术语,通常用于项目或活动结束后,对已经进行的项目进行回顾,对经验和教训进行总结。

榜样激励(example inspired)是指领导者选择在实现目标中做法先进、成绩突出的个人或集体,加以肯定和表扬,要求大家学习,从而激发团体成员积极性的方法。

参与式激励计划(attendance incentive plan)是组织为了发挥员工所有的潜能,为了激励员工对组织成功做出更多努力而设计的一种参与过程。

本章小结

1.创业者在甄选共同创业的伙伴时,要首先考虑其加入团队的目的、知识结构、个性特征和价值观念,再选择技能或功能互补、个性互补、资源互补和具备共同价值观的团队成员。一支结构合理的团队应该由九种角色组成,分别为智多星、外交家、审议员、协调者、鞭策者、凝聚者、执行者、完成者和专业师。

2.创业团队可以被分为星状创业团队、网状创业团队和从网状创业团队中演化而来的虚拟星状创业团队,创业者在组建团队时可以遵循以下的组建程序:明确创业目标、制订创业计划、招募合适成员、进行职权划分、构建制度体系和团队调整融合。

3.现代企业的组织结构可以分为直线制、职能制、直线-职能制、事业部制、模拟分权制、矩阵制和多维立体制七种类型,创业者在进行组织设计时要遵循系统、效率和环境适应原则。在岗位设置上,一个处于发展阶段的企业可能存在产品、运营、营销、设计、策划、市场、技术、财税、行政和人事等岗位。

4.创业团队管理要强调团队的整体利益、目标和凝聚力,使每一位团队成员都能围绕着一个共同目标,将自己的最大潜能挖掘出来,创业者则需要为团队成员创造积极、高效的工作环境,帮助每一位成员获得成功。创业团队管理可以从设置团队目标、提升团队执行力、优化内部沟通、进行团队考核与激励、塑造企业文化这五个方面展开。

思考与讨论

1.请从目的、知识结构、个性和价值观的角度谈谈你会如何选择一起创业的伙伴?
2.请举例说明,你在团队中扮演的是哪一类角色?
3.假如你是创业者,你会选择哪一种创业团队的类型,为什么?
4.假如你是创业者,你会选择哪一种企业的组织结构,为什么?
5.结合你现在所处项目的发展阶段,谈谈你们需要设置哪些岗位?
6.请举例说明,你更倾向于使用哪一种考核方法,为什么?
7.请举例说明,你会如何培育共同的价值观和塑造企业精神?

头脑风暴

学生分为若干组,各组利用头脑风暴的方法,对以下问题提出不同的看法,并尽量多地将它们列示出来。

讨论问题:每一位团队成员从加入团队的目的、知识结构、个性特征和价值观念四个角度尽可能详细地介绍自己,并列举自己的资源和能够为团队所做的贡献,明确自己在团队中的角色定位,选择适合自己的岗位。团队组建完成后,团队成员共同讨论并设置团队的总目标,并将其分解成不少于10个小目标,团队负责人根据团队成员的分工将其分配下去。最后,思考应该怎样塑造具备创新性和差异化的企业精神和经营哲学,尽可能多地提出自己的意见并广泛参与团队讨论。

第八章

创业融资：
合理杠杆，计划融资

IDG和盈科各投了110万美金后还各借了100万美金可转债，MIH替换这两家后，所有股东再供股200万美金以防资金紧张，这样总共历史上有620万美金融资。但换了一个有承诺后面还能拿出救命钱的投资者是很重要的，前两家是早期投资者，不同阶段需要不同类型的投资者，都很感激。

——马化腾

创业资金的筹集一直以来都是阻碍创业者成功创业的一大拦路虎，也是创业者不得不慎重考虑的问题。很多有着出色的创意和商业模式的初创企业，就因为创业者不了解融资渠道和投资人的特点而导致项目最终走入财务困境。了解创业融资的基本规律，可以帮助创业者制定最佳的融资战略及行动步骤。

知识目标

了解资产负债表、利润表和现金流量表的相关概念；

熟悉创业企业发展的不同阶段以及对应的融资过程；

掌握创业融资的几类主要渠道。

能力目标

学会运用简单的财务知识进行财务预测。

素质目标

树立创业者的理财意识，培养其在创业过程中合理规划、量入为出并适度运用现代商业杠杆的职业素养。

引导案例　2019 我国投资市场总览与趋势预判

2019 年可能会是过去十年里最差的一年,但却是未来十年里最好的一年。

——王兴

2019 年,美团创始人王兴在自己的社交主页上发表了上面这段话,近年来,随着人口以及资本红利的逐渐耗尽,中国企业正在进入一个从未经历过的存量经济时代。在"猪都能飞"的风口期,企业躺着也能赚钱,而当逆境来临时,只有强者才能生存。这一点在融资市场也同样应验,风险投资机构 First Round Capital 2019 年的一项调查显示,有 65% 的创业者认为 2020 年融资将变得更难。然而,有一大批还未来得及融资的创业公司,却因为 2020 年的一场疫情,扛不住现金流压力,无奈提前终止了创业的步伐。作为创业者,我们不但要了解目前投资者所青睐的行业,还需要能够对未来的趋势进行预判。

一、2019 中国投融资市场总览

在过去的十年内,早期(包含种子轮、天使轮、Pre-A 轮、A 轮、A+轮)投资占比从 2010 年的 75% 降至 2019 年的 55%,这意味着整体投资由早期向中后期转移。与此同时,战略投资占比明显增加,从 2013 年的最低点 1% 一路增长至 2019 年的 23%。对创业企业来说,引入战略投资,不仅能够获得资本的加持,还能够享有核心技术、运营管理等多方面的经验共享及战略合作,这也意味着,眼下资本最关注的是创业企业的长远发展。

从行业角度来看,过去十年内融资频数最高的五个行业分别为文创、企业服务、泛科技、大健康和生活服务,其中文创和企业服务遥遥领先,总融资次数超过 5000 次,而在过去的 2019 年内,企业服务、泛科技和大健康位列前三。过去十年内融资金额最高的五个行业分别为泛科技、金融、汽车交通、企业服务和文创,其融资总额均超过 5000 亿元人民币,在 2019 年,企业服务、汽车交通、大健康位列融资金额前三。

在各个行业中,企业服务融资频数最多,融资阶段以 A 轮和战略融资为主,农业的融资频数最少,且以种子和天使轮为主。整体来看,大健康、物流和汽车交通行业发展较为成熟,早期融资占比相对较少,农业、文创、教育行业早期融资较多。

从融资金额来看,在 2019 年,当企业处在种子或天使轮阶段时,各行业平均融资额为 0.41 亿元,其中,生活服务行业平均融资额最高为 0.91 亿元,物流行业最少为 0.04 亿元。当企业处在 Pre-A、A 或 A+轮阶段时,各行业平均融资额达 0.79 亿元,其中,物流行业平均融资额最高为 1.45 亿元,生活服务行业最少为 0.62 亿元。当企业处在 Pre-B、B 或 B+轮阶段时,各行业平均融资额达 1.90 亿元,其中,房产服务行业平均融资额最高为 4.02 亿元,互联网服务、物流和农业平均融资额最少,均为 0.86 亿元。

二、风口与趋势预判

(一)产业互联网

在过去的 40 年内,我国经济的高速增长主要来自劳动生产力的成长,未来将不可避免地转向劳动生产率的提高,这意味着商业组织需要降低成本和提高效率。同时,传统产业固化的流程难以适应快速变化的市场需求,况且我国人力、土地、能源等资源成本正在不断上升,而信息技术产业的成本却在逐渐降低,这也造成了产业互联网的快速发展。

(二)下沉市场

由于一、二线城市用户的获客成本不断上升,占据一半以上市场规模的下沉市场成了商家们新的争夺对象。下沉市场以三、四线城市以及农村乡镇地区为主,用户日均使用手机时长超过5小时。与此同时,得益于精准扶贫、棚户改造等政策,下沉市场的人均可支配收入和人均消费支出均呈现快速增长,这在一定程度上释放了当地居民的消费意愿。有钱有闲、消费意愿旺盛的下沉市场用户将成为未来消费的主力军。

(三)5G

从2017年开始,全球物联网设备数量便开始快速增长,预计到2025年市场规模将成长至3.9万亿~11.1万亿美元。5G拥有更高的容量、更强的可靠性和更短的延迟,正是实现万物互联的网络环境基础,同时5G生态也将带动移动互联网、物联网等关联领域发生裂变式的发展。在我国的政策支持下,5G得到了快速的推进,2019年6月我国发放牌照,10月底正式商用,截止到2020年8月,中国移动、中国电信和中国联通三家运营商的5G建站总数已经超过40万个,实现主要城市的连片覆盖。数据显示,预计到2030年,5G能够带动我国直接经济产出6.3万亿元、经济增加值2.9万亿元、就业机会800万个。

(四)AIoT(人工智能物联网)

物联网的最终目标是"万物智联",将所有的设备互联起来只是实现了"万物互联",只有赋予其"大脑",才能发挥出其更大价值。AIoT正是将研发能量进一步释放,以加深各领域应用的服务,也势必成为未来技术的主流形态,将在全球范围内加快应用和落地。同时,随着技术的提升,AIoT应用已从最初的制造业拓展至能源、汽车交通、医疗保健、零售等领域,几乎能够赋能所有行业。

(五)硬科技

"硬科技"指的是在人工智能、基因技术、航空航天、脑科学、光子芯片等领域中,通过自主研发、长期投入、持续积累而形成的高精尖原创技术。虽然近年来我国的研发投入不断提高,但是研发强度(研发支出/GDP)仅为2.18%,仍低于法国、美国、日本等发达国家。新的科技革命即将到来,新的科技红利亟待挖掘,人工智能、云计算、生物医药、商业航天、新能源汽车等技术蓬勃发展,将改变人类的生产和生活方式,成为国家竞争力的重要因素,对国际格局也可能产生重大影响。

思考题:
作为创业者,你有过融资经历吗?你认为你的项目是否能够获得投资人的青睐呢?

第一节 创业融资渠道

一、创业融资的概念

创业融资是指初创企业根据自身发展的需求,充分考虑其生产经营、资金需求情况,经过科学的分析与决策,借助企业内外部的资金来源渠道与方式,筹集企业经营发展所需资金的行为与过程。融资主要分为两大类:债权融资和股权融资。

二、债权融资

债权融资是指企业通过举债的方式进行融资,主要渠道有:银行贷款、民间借贷、发行债券等。通过债权融资所募得的资金,企业具有使用权和支配权,但是需要支付产生的利息,并在借款到期后向债权人偿还本金。债权融资方式对企业的资质与担保提出了一定的要求,主要有以下几个特点:①企业通过债权融资取得的只是资金的使用权而不是所有权,这些资金的使用是有成本的,企业需要在债务到期时还本付息;②债权融资可以提高企业自有资金的资金回报率,起到了财务杠杆的作用;③相较于股权融资,债权融资除了在一些极端的情况下可能带来债权人对企业的控制及干预,其余情况下不会为企业带来控制权问题。

债权融资的特点决定了其用途主要是解决企业营运资金短缺的问题,而不是用于资本项下的开支。常见的债权融资方式有以下几类。

(一)银行贷款

最为常见的债权融资方式是银行贷款,指的是银行根据国家政策,基于一定的利率把资金投放给融资企业,并约定期限归还的一种经济行为。银行贷款通常需要提供担保,且只有在个人征信良好的情况下才可以申请。很多银行都设有小额担保贷款,在必要时可以满足创业者创业初期的资金周转需求,帮助初创企业突破瓶颈。

(二)民间借贷

民间借贷作为一种民间金融活动,其历史悠久且在世界范围内广泛存在,是指自然人之间、自然人与法人或其他组织之间,以及法人或其他组织之间,以货币或其他有价证券为标的进行资金融通的行为。其优点是融资速度较快,融资门槛也较低。缺点是,虽然创业者可以通过签订书面协议来保障双方的利益,但是民间借贷在拥有不确定性的同时融资成本也显著高于银行贷款。

(三)发行债券

发行债券是指企业在一定时期内为追加资本而发行的借款凭证。持有人虽无权参与企业的管理,但每年可根据票面的规定向企业收取固定的利息。初创企业很少使用发行债券的方式募集资金,因为发行债券需要企业具有较高的社会知名度或者有足够体量的规模来获得社会的信任,这恰恰是初创企业所欠缺的。

三、股权融资

股权融资指的是企业为了获得资金,企业的股东同意将企业的部分所有权出让以引入新的股东,提供资金的一方就成为企业的新股东,按照出资额比例拥有相应的企业股份,从而分享企业的利润、共担企业的风险。与债券融资不同,以股权融资方式获取的资金,企业不需要还本付息。股权融资的特点如下:①股权融资筹集的资金具有永久性,没有期限,也不需要偿还;②企业采用股权融资无须还本付息,投资人无法从公司抽回资金,除非通过流通市场将自己的股份转让给其他人;③股权融资没有固定的股利要求,是否支付股利、支付多少股利取决于企业的经营需要。

常见的股权融资方式有以下几类。

（一）众筹融资

众筹融资是指利用团购加预购的方式募集资金的模式。创业者可以将自己的产品或创意发布到众筹平台上，借助互联网和社交网络服务传播的属性，博得消费者的关注与支持，从而取得所需的资金援助。与传统融资方式相比，众筹融资的开放性更强，是否能够取得资金的标准也不再仅仅是项目的商业价值，在众筹平台的帮助下，任何一个有想法的创业者都可能获取到足够的启动资金以开展自己的项目。

（二）风险投资

对于创业者而言，最常见的股权融资方式就是风险投资。风险投资也叫创业投资，指的是风险投资机构为初创企业提供资金支持的同时取得该企业股份的一种融资方式。风险投资公司是由一群具有科技及财务相关知识与经验的风险投资人构成的，他们以参股的形式进入初创企业，但并未过多介入企业的运营，只是提供资金和专业上的知识与经验，以帮助初创企业迅速成长从而获取更多的利润。

天使投资是风险投资的先锋，相较于较为青睐高科技创业企业的其他风险投资，天使投资聚焦的主要是处在初创期及种子期的企业。在创业者只有一个创业设想的时候，是很难获得风险投资的眷顾的，此时为他们送来启动资金的天使投资人，就如同雪中送炭的天使一般。

（三）私募股权融资

私募股权融资指的是企业通过非公开渠道和方式，同特定投资者签订股权认购协议，将部分股权出让以直接融资的行为。这种方式对于初创企业而言并不可行，因为私募股权投资者青睐的是那些具备高成长性的即将上市的企业，通过注资获得一定比例的股份，助推企业发展直到最终上市，再将股权转让以获取收益。

四、债权融资与股权融资的区别

债权融资与股权融资的区别如表 8-1 所示。

表 8-1　债权融资与股权融资的区别

区别点	债权融资与股权融资的具体区别内容
融资目的不同	股权融资一方面可以解决企业缺乏资金的难题，另一方面也是企业发展过程中的资源互助。而债权融资是纯粹的财务融资，借款方仅仅是融资企业的金主
融资性质不同	股权融资是企业以出让自身的股份为代价，面向资本市场招募合伙人的一种融资方式。债权融资是通过抵押企业的固定资产、货币资金等资源，使企业取得借款的一种方式，实质上是债权的增加
企业的负担不同	通过股权融资筹集的资金，不需要企业还本付息，但投资者会与初创团队一起分享企业的赢利与增长。债权融资则需要还本付息，企业在承担资金利息的同时还需要在借款到期后偿还本金

续表

区 别 点	债权融资与股权融资的具体区别内容
控制权不同	股权融资由于出让了股份,所以可能会引发企业控制权上的纠纷。相较于股权融资,债权融资除了在一些极端的情况下可能带来债权人对企业的控制及干预,其余情况下不会为企业带来控制权问题
退出方式不同	股权融资的退出方式多种多样,风险投资者可能以新三板挂牌等条件退出,私募股权投资者可能以对赌条款等条件退出。债权融资的退出无非就是到还款期后还本付息即可

2001年,携程的创始人之一季琦发现了另外一个蓝海市场,那就是经济型酒店,它具有广阔的发展前景。于是,季琦牵头创立了如家快捷酒店,并于2002年彻底退出了携程的管理层。作为如家的CEO,如家对于他来说,是一份全新的事业,值得他全情投入,然而季琦在携程和如家的股权决定了他并没有最终决策权。最终,季琦离开了他一手创建的如家,成立了汉庭快捷酒店,这一次,吸取了经验教训之后的他完全掌控了汉庭的话语权。2008年的金融危机导致汉庭原本计划中的第二轮融资遇到了麻烦,摆在季琦面前的有两份合同:1到2亿元的债权融资或是5500万元的股权融资。假如选择债权融资,就意味着他将背负巨额债务,而选择股权融资则会导致其股权被稀释。面对选择,季琦最终选择了债权融资,宁肯承担巨大的债务压力,也不想把自己的股权稀释,因为只有掌握企业的绝对控制权,才能使之成为自己终生为之奋斗的事业,这是每一个企业创始人的共同想法。2010年3月,汉庭于纳斯达克成功上市,季琦成了全球第一个连续创立3家在美国纳斯达克上市的市值超过10亿美金的公司的企业家,被誉为"创业教父"。

对于初创企业而言,以股权融资的方式募集资金更为简单和可行。处于初创阶段的企业,往往无法拿出符合条件的抵押物,也就无法从银行等金融机构借到资金。即便可以借到,企业创办初期对资金的渴求远远大于资金的流入,借款到期后无力偿还导致创业失败的案例比比皆是。如果采用股权融资的方式募集资金,并不需要创业者到期偿还,甚至还可以得到投资者力所能及的帮助,对于企业股权稀释后可能带来的关于企业控制权的风险则完全可以通过股权架构来规避。

引导案例　国内主要风险投资机构与投资风格

有些创业者仅仅为了上市、赚钱而创业,但我们更欣赏的创业动机是希望创造一种产品和服务满足某种需求,解决某个问题,其动力源自好奇心和使命感。

——沈南鹏

2019年11月,胡润研究院发布《2019胡润全球独角兽活跃投资机构百强榜》。榜单中既不乏红杉资本、IDG、经纬创投等风险投资机构,又有腾讯、阿里巴巴等独角兽。从上榜独角兽投资机构国家来看:美国在百强投资机构中占六成,中国占三成排名第二。从城市来看:北京独占

第八章

创业融资：合理杠杆，计划融资

20%,成为全球独角兽活跃投资机构最多的城市,远远领先于其后的旧金山(12%)、门罗帕克(11%)和纽约(10%)。而随着我国资本市场的不断完善,一大批明星投资人成为聚光灯下的主角。

一、国内主要风险投资机构

(一)红杉资本中国基金

排名榜首的红杉资本是全球五分之一独角兽的主要投资机构,其成立于1972年,总部位于美国硅谷,多年来,红杉资本投资了包括苹果、思科、甲骨文、谷歌、阿里巴巴等行业领导者企业。红杉资本中国基金由沈南鹏与红杉资本共同创办于2005年,红杉资本中国基金被称为"创业者背后的创业者",聚焦于科技/传媒、医疗健康、消费品/现代服务、工业科技等方向。红杉资本中国基金自创办以来,投资了超过600家具有鲜明技术特征、创新商业模式、具备高成长性与高发展潜力的企业,如美团点评、360、蚂蚁金服、京东、饿了么、今日头条、新浪、唯品会、滴滴出行等。

(二)IDG资本

IDG资本成立于1992年,成立的第二年就成为第一家进入中国市场的外资投资机构。其投资主要集中在以下产业(方向):TMT(信息技术、互联网、电信)产业,代表企业有bilibili、猿辅导、神州数字等;高端制造/清洁能源产业,代表企业有小鹏汽车、小牛电动、蔚来汽车等;医疗健康产业,代表企业为平安好医生等;消费与娱乐产业,代表企业有蘑菇街、三只松鼠、周黑鸭、喜茶等。

(三)经纬中国

经纬创投创立于1977年,其与红杉资本、凯鹏华盈齐名,偏爱投资早期创业型企业。经纬中国成立于2008年,由张颖、邵亦波、徐传陞三位合伙人共同管理。经纬中国的主要投资方向为互联网和移动互联网、企业服务、健康医疗和新文化领域。成功投资了诸如滴滴出行、饿了么、瓜子二手车、富途证券、陌陌、猎豹移动、VIPKID、太美医疗等企业。

(四)高瓴资本

高瓴资本由张磊创建于2005年,主要聚焦于长期结构性价值投资,其主要投资方向是消费与零售、医疗健康、金融科技和企业服务领域。其投资的企业包括爱尔眼科、京东、药明康德、蓝月亮、孩子王、Airbnb等。

(五)顺为资本

顺为资本由小米创始人雷军和其他投资行业及互联网行业资深人士一同创办于2012年,主要投资初创期及成长期的创业公司。其关注的重点领域有移动互联网、互联网+、智能硬件、智能制造、深科技和农村互联网等,所投资的企业包括小米科技、华米科技、爱奇艺、云米、蔚来汽车等。

(六)真格基金

真格基金是由徐小平、王强先生于2011年联合红杉中国创立的早期投资机构。真格基金一直积极在互联网、移动互联网、未来科技、人工智能、企业服务、医疗健康、大消费和教育等领域寻找最优秀的创业团队和投资机会,陆续投资了700余家创业企业,所投资的企业包括VIPKID、小红书、优客工场、水滴互助、完美日记和逻辑思维等。

(七)DCM

DCM于1996年成立于美国,多年来,DCM累计在美国和亚洲投资了200余家高科技企业。

创新创业基础

DCM偏爱投资处在种子期、早期和中期的创业企业,并专注于移动技术、消费者互联网、软件与服务领域。成功投资了唯品会、51Talk、58同城、快手、途牛网、探探、豌豆荚、人人网等企业。

(八)今日资本

今日资本创办于2005年,其投资目标是商业模式易于理解且能够可持续发展的企业和有眼光、有领导力、有诚信的创业者。其投资的行业为零售、消费品、医药和互联网,成功投资了京东、良品铺子、赶集网、马蜂窝、唯品会等企业。

(九)海纳亚洲(SIG)

海纳亚洲创投基金于2005年进入中国。10余年来,海纳亚洲聚焦科技、传媒、消费品、现代服务、医疗、环保等领域,并特别关注消费类、服务类,以及数字媒体方面的企业,投资了包括今日头条、博纳影业、大麦网、喜马拉雅、闪银、威马汽车等在内的超过260家公司。

二、我国风险投资机构的投资风格

除了上述提到的风险投资机构以外,上榜的还有诸如老虎基金、纪源资本、高榕资本、晨兴资本、达晨创投等优秀风险投资机构,每一家呈现出来的投资风格也各有不同。以IDG、真格基金和高榕资本为代表的风险投资机构主要是投"选手",IDG甚至形成了"第一是投人,第二是投人,第三还是投人"的方法论,其对"连续创业、拥有海外名校背景和在互联网企业担任过高管"的创业者尤为偏爱。以DCM和今日资本为代表的风险投资机构则十分谨慎,它们对于创业计划书中的商业逻辑、团队配置和赛道趋势都会做细致的分析。它们出手的次数很少,但是一旦出手,通常都会帮助被投资企业招募人才、解决后续融资和后续管理等,得益于其精准的投资,今日资本仅在京东一家企业身上就获得了百倍的回报。以红杉资本和老虎基金为代表的风险投资机构主要投资的是创业赛道,红杉资本采用的是自下而上的做法:首先通过分析大批量的相关企业来判断这个赛道是否有上升趋势,如果有,就把这个行业的链条、格局、阶段、选手、商业模式全部梳理清楚,再挑选有价值的企业投资,如果有必要,甚至会把行业的前几名投资个遍。与之相反的风险投资机构则采用自上而下的方式展开研究,先寻找具有上升趋势的行业,然后主动深入行业,寻找与商业模式相契合的创业者,这一类风险投资机构以高瓴资本为代表。最后一类风险投资机构主要投资圈内的企业,这类风险投资机构内必须要有一个核心灵魂人物作为主导,他能够连接一批人形成一个圈子,然后在这个圈子中寻找投资的机会,代表企业是以雷军为核心的顺为资本。

20年前的中国只有主板市场,而到了2020年,我国已经有主板、创业板、新三板和科创板,逐步形成了多层次的资本市场,10倍、100倍、1000倍回报的故事层出不穷。在风险投资机构支持下的产业巨头们也挤进了全球科技企业的第一梯队,在2019年全球互联网公司排名中,中国在前20名里占了8个席位,直逼美国。随着上一代的互联网企业借助资本取得成功,新一代的创业者又将如何利用资本的力量呢?

思考题:

对于创业者而言,应该如何借助资本的力量,实现合理融资呢?

第二节 创业融资过程

初创企业通常难以依靠债权融资的方式募集资金,而是选择求助于创业资本市场,有计划性的多轮次融资是初创企业最常见的融资方式,对应的是创业企业的各个发展阶段。初创企业的每一个阶段在企业规模、资金需求、投资风险、市场开拓以及公司成长等方面都各不相同。

一、创业企业发展阶段

初创企业的发展是循序渐进的,往往可以被划分为种子期、初创期、发展期、扩张期与成熟期五个阶段。

(一)种子期

处在种子期的初创企业尚且处于技术、产品的研发阶段,此时的产品仅仅停留在实验室成果、样品或专利层面,还没有可供销售的产品,甚至只有一个想法。此时企业刚刚筹建,没有稳定的管理队伍,影响企业的不确定因素较多,具有很高的风险。这一阶段企业通常不需要太多的资金,初创企业的资金主要来源为政府专项拨款、大学科研基金、互联网股权众筹、天使投资或是身边亲朋好友的资金支持。

(二)初创期

在这一时期,企业通常已经有了一个处于初级阶段的产品原型,并围绕其产生了一份早期的商业计划,开始了对市场的探索,此时的企业管理队伍还不完善,开销并不大。初创期通常会持续1~2年,至该阶段末期,企业通常已经形成了一支稳定的管理团队和明确的商业计划。由于已经有了产品原型,初创期的企业可以通过股权众筹的方式融资,此外,创业投资从这一阶段开始真正介入企业的发展中。

(三)发展期

企业步入发展期后,产品与服务进入最后的开发阶段,开发和管理费用不断上涨,由于还未上市,所以企业并没有收入来源,此时企业对资金的需求量急速上升,考虑到初创企业难以通过自我积累和债权融资等方式解决不断上升的资金需求,所以天使投资和早期的风险投资是这一阶段企业采用的最常见的融资渠道。

(四)扩张期

在这一阶段,企业已经可以在产品与服务上取得收入,但获得的收入依旧无法覆盖消耗的支出。在企业的产品在市场上取得成功后,企业迫切需要组建自己的销售和管理团队、扩大生产线以进一步开拓市场。这一阶段持续的时间较长,企业往往已经具有了一定的资产规模,也确定了相应的市场地位,对资金的需求量更为庞大。基于企业已经取得的业绩,此时投资企业的风险大大降低,融资的方式也开始呈现出多元化的态势,风险投资和私募股权投资是这一阶段企业最主要的融资渠道。

(五)成熟期

伴随着企业不断发展壮大,其进入了成熟期,这一阶段的企业是最容易获得投资者的青睐的,尤其是那些接近并且有意向公开上市的企业,投资者会帮助有意向上市的企业完成上市。考虑到成熟期企业的体量,这一阶段资金的需求量更大,以私募股权投资为主的投资者在帮助企业完成上市飞跃后便完成了自己的使命,从而逐渐退出企业。除了股权融资,成熟期的企业还可以灵活选用银行贷款和发行债券等债券融资的方式筹集资金。

二、融资轮次

企业的发展阶段还可以按照融资的轮次来划分,一个创业项目从创业点子产生,到最终首次公开募股上市,会经历的融资轮次主要有:种子轮→天使轮→Pre-A 轮→A 轮→B 轮→C 轮→Pre-IPO 轮→IPO 轮,如表 8-2 所示。

表 8-2 企业融资轮次

融资轮次	企业特征与投资方
种子轮	只有一个创意或团队,没有具体的产品 投资方:创始人、亲朋好友、种子期投资人 融资金额:100 万元左右
天使轮	团队组建完毕,产品或服务已经有了雏形,商业模式已经成型,在小范围内积累了一定的核心用户 投资方:天使投资人 融资金额:300 万～500 万元
Pre-A 轮	创业者根据产品的成熟度决定是否要进行此轮投资,企业整体规模已经成型,但还未达到市场前列 投资方:前期投资人续投 融资金额:500 万～1000 万元
A 轮	产品已经成熟,虽然依旧可能处于亏损状态,但已有完整的商业模式和盈利模式,并在业内有一定的影响力与口碑,可以看到在赛道中的地位 投资方:风险投资机构 融资金额:1000 万～5000 万元
B 轮	经过一轮厮杀,企业的商业模式已经相对成熟,也得到了市场的验证,应用场景和覆盖人群更加明确精准,产生了规模优势,甚至开始盈利,企业需要资金来支持新产品线和业务的开发 投资方:风险投资机构、私募股权投资机构 融资金额:5000 万～1 亿元
C 轮	企业已经十分成熟,不论是商业模式还是团队能力,都经历了一定时间的沉淀,在所处的垂直赛道基本能排进前三。这一阶段的企业除了需要获取拓展新业务的资金外,还需要资金补全商业闭环、准备充足的资金以准备上市 投资方:上轮风险投资机构跟投、私募股权投资机构 融资金额:1 亿～10 亿元

续表

融资轮次	企业特征与投资方
C+轮	C轮以上就是所谓的C+轮,是为企业最终上市而募集的,为的是得到更多的上市溢价,由于上市之路并不会一帆风顺,所以企业可能会进行多轮次的融资 投资方:上轮风险投资机构跟投、私募股权投资机构 融资金额:10亿元以上

三、风险投资的退出

在创业者寻求融资时,投资者看中的是创业企业的商业价值和投资回报,随着近年来众多领域的高速发展,资本为了追逐利益而加速催化企业的现象越发明显,风险投资的退出作为风险投资周期的最后一环起着至关重要的作用。对于创业者而言,前期选择风险投资进入是因为缺乏创办企业的经验以及难以从传统的融资渠道获取资金。随着企业的成长,商业模式逐渐成形,不确定性渐渐消退,创业者也有了独立运作企业的能力,产生了增强在自己企业的控制权的诉求。目前,主要的风险投资退出渠道有以下四种。

(一)公开上市(IPO)

上市是创业者和投资者最希望采取的退出方式,它是几类退出渠道中双方收益最大的一类退出方式,但是其在取得巨额回报的同时,也存在难度高、费用高、耗费时间长等弊端。对于资金不足、产品市场空间不明朗的创业者来说,反而会增加企业的财务负担,给企业的运营造成不必要的困难。

(二)股权转让

股权转让是通过出售股份给第三方来实现退出的,可以出售给其他公司,也可以出售给其他投资人。在不具备上市的条件下,企业可以选择股权转让的方式,其实现门槛和限制条件都要显著低于公开上市,对于那些希望提升资本循环利用率的风险投资机构而言,股权转让的灵活性很强,能够在较短时间内实现资本循环与增值。

(三)股权回购

股权回购指的是创业公司将风险投资机构所持有的股份赎回,其发生的前提是创业公司获取了足够的资金或是可以通过债券融资取得借款。回购股份能够帮助创业团队提高手中的股权,同时也加大了其债务负担。股权回购通常在企业无法上市,创业者又看好企业的前景,不愿企业的股份被他人收购时发生。

(四)破产清算

当企业财务状况持续恶化,无法偿还到期债务,又无法得到新的融资,导致上述三种退出方式均无法实现时,创业者和风险投资方只能采取破产清算的方式实现退出以尽量减少损失。企业宣布破产后,风险投资方将企业中值钱的资产变卖,提取属于自己的部分现金以抵消前期的投资。

引导案例　ofo 的困境

从去年底到今年初没能够对外部环境的变化做出正确的判断，公司一整年都背负着巨大的现金流压力。退换用户押金、支付供应商的欠款、维持公司的运营，1块钱要掰成3块钱花。

——戴威

2020年1月10日，北京拜克洛克技术服务有限公司发生工商变更，ofo创始人戴威不再担任法定代表人、执行董事和经理，由朱爱莲接任。作为全球共享单车曾经的领骑者，ofo自2015年6月启动以来，已在全球连接了超过1000万辆共享单车，为全球20个国家250座城市2亿用户提供了超40亿次出行服务，创始人戴威更是于2017年10月，以35亿元身家登上《胡润百富榜2017》，成为第一个白手起家上榜的90后。就是这么一个被国外青年和央视评为中国的"新四大发明"的共享单车平台，却在2018年下半年接连曝出拖欠供应商货款、诱导消费等负面新闻，直至被多个法院列入被执行人名单，引发消费者排队退押金。截至2019年年中，排队人数达到1600万人，每天约有3500人在排队等待退押金，以人均99元或199元计算，押金总规模为15.84亿~31.84亿元，假设退款速度不变，最长的用户要等待超过12年。

一、ofo 的融资历程

摩拜单车与ofo是最早进入共享单车行业的企业，有效解决了三千米内上班族、学生党、逛街人士等人群的出行需求。除了拥有巨大的市场，共享单车的商业模式也让投资者趋之若鹜，以ofo为例，假设一天有8个人骑车，每次骑车花费1元，一个月的收入就是8×1元×30＝240元，一辆单车的成本也不过240元，算上运营成本三个月便可以回本，而单车的寿命有六个月甚至一年。过于乐观的商业模式让创业团队没有过多考虑潜在的行业竞争，当行业中有太多的入局者后，价格就会被迫一再降低，最后导致没有人能赚得到钱，这时候就必须要依靠资本的注入，滴滴出行就是一个成功的例子。从表8-3中可以看到，ofo在2016年10月到2017年7月间共融资四轮，C轮到E轮的融资总额达到12.8亿美元，投资者包括滴滴、阿里、小米、蚂蚁金服、DST、中信产业基金等十余个明星资本。

表8-3　ofo 的融资进程

时　　间	轮　　次	金　　额	投　资　方
2014年12月	天使轮	150万元人民币	唯猎资本
2015年10月	Pre-A轮	900万元人民币	唯猎资本、弘道资本
2016年2月	A轮	1500万元人民币	金沙江创投、弘道资本
2016年4月	A+轮	1000万元人民币	王刚、真格基金
2016年9月	B轮	数千万美元	经纬中国、金沙江创投、唯猎资本
2016年10月	C轮	1.3亿美元	滴滴出行、Coatue Management、小米科技、顺为资本等

续表

时间	轮次	金额	投资方
2017年3月	D轮	4.5亿美元	DSTGlobal、滴滴出行、中信产业基金、经纬中国等
2017年4月	战略投资	未披露	蚂蚁金服
2017年7月	E轮	超7亿美元	阿里巴巴、弘毅投资等
2018年3月	E+轮	8.66亿美元	阿里巴巴、灏峰集团等

有了投资者注入的资金,ofo和老对手摩拜单车在共享单车领域展开了激烈的竞争,在短短一年的时间内,烧钱高达70亿之多,这也最终为ofo的失败埋下了伏笔。

二、ofo的财务困境

随着共享单车领域的市场争夺趋于白热化,企业对资金的渴求也越来越强烈,在无法盈利的前提下,如果拿不到新一轮融资,意味着公司接下来的发展将极其被动,在一个多月之内,悟空单车、3Vbike、町町单车等共享出行企业相继倒闭。2017年底,难以忍受持续的烧钱竞争,摩拜单车和ofo开始寻求合并,由腾讯、滴滴和金沙江创投主导,条件之一是ofo创始人戴威要放弃手中的一票否决权,戴威没有接受,动用了手中的一票否决权,合并谈判宣告失败。与此同时,戴威、阿里巴巴、滴滴三方展开了激烈博弈,戴威想拥有主导权、阿里巴巴想获得更多股权、滴滴想把ofo变成一个事业部,这也导致ofo融资进度一直不顺,对融资持乐观态度的戴威,利用一票否决权多次拒绝了滴滴的收购方案。与之相对的是,对手摩拜被美团收购,拥有了更为充足的"弹药",继续与ofo争夺市场。为了解决资金问题,戴威先后两次通过抵押共享单车的方式,从阿里巴巴处筹集了超过17.7亿元的借款,用于抵押借款的几乎是当时ofo所拥有的所有在运营单车。除了阿里的借款和用户的押金,ofo还欠上游自行车厂商、物流公司、配件公司等超过4亿元,为ofo提供共享单车的富士达、上海凤凰、天津飞鸽,最终因欠款与ofo反目成仇,纷纷与之对簿公堂。

一轮又一轮的融资与不断扩张的业务版图使得ofo的资金池不断地被做大,从而给企业造成了财务风险,新增用户带来的押金看似是收入,实则为负债,一旦ofo在经营过程中触发风险,资金链随时可能断裂。前期资本的追捧以及与摩拜的竞争使得创业团队将大部分资金用在了补贴市场上,对车辆损耗、运维等成本估算的严重不足也加速了ofo的失败。

思考题:

作为创业者,你是否足够了解企业的资产负债情况、盈利能力和现金流情况,并能够据此选择合适的融资规模和节奏?

第三节 财务预测

财务预测对于早期创业公司作用重大,通过财务预测,创业者可以更为清晰地了解整个项目的成长路径,了解项目的现金流状况,使企业上下都明确企业的目标并为该目标共同努力,还可以通过实际运营情况和财务预测的比较,使创业者更加清楚地了解企业的发展状况与目标之间的差异,并适时地做出应对。最重要的是,投资者对企业的了解往往不如创业者,他们通常依靠财务预测来对创业者及其企业进行判断,一个合理有效的财务预测,能大幅提高企业的融资成功率。

财务预测要求创业者基于对已有的市场、行业、产品、业务数据分析的基础上,根据公司确定的发展计划、市场策略,用合理的假设逻辑进行估算、推演。可以有比较保守的估计,也可以有比较乐观的估计,还可以分别编制有投资进入的财务预测和没有投资进入的财务预测,这样可以让投资者更清楚地了解投资可能带来的效益。其中关于市场和产业分析的部分已经在之前的章节中做过介绍,之所以将财务预测放在本章来学习,是因为财务预测与企业的融资是密不可分的,所有的投资都需要预测回报,投资者希望从企业的财务预测上大致估算这笔投资会有怎样的回报,预期的回报越高越有吸引力。投资者还有更深层的理由,那就是看企业的实际业务是什么?盈利模式如何体现?盈利能力究竟如何?商业逻辑是否合理?市场计划是否可行?

提到财务预测,通常都离不开三张报表,它们分别是:资产负债表、利润表和现金流量表。

一、资产负债表

资产负债表也被称为财务状况表,它是表示企业在一定时期财务状况的主要会计报表,可以让投资者在短时间内知晓企业的经营状况,其格式如表 8-4 所示。

表 8-4 企业资产负债表(部分)

会企 01 表

编制单位:_____   ___年___月   单位:元

资　　产	期末余额	上年年末余额	负债和所有者权益(或股东权益)	期末余额	上年年末余额
流动资产:			流动负债:		
货币资金			短期借款		
交易性金融资产			交易性金融负债		
应收票据			应付票据		
应收账款			应付账款		
预付款项			应付职工薪酬		
其他应收款			应交税费		
存货			其他应付款		
其他流动资产			其他流动负债		
流动资产合计			流动负债合计		
非流动资产:			非流动负债:		
债权投资			长期借款		

第八章 创业融资：合理杠杆，计划融资

续表

资产	期末余额	上年年末余额	负债和所有者权益（或股东权益）	期末余额	上年年末余额
长期应收款			应付债券		
长期股权投资			长期应付款		
固定资产			预计负债		
在建工程			其他非流动负债		
无形资产			非流动负债合计		
商誉			负债合计		
长期待摊费用			所有者权益（或股东权益）：		
递延所得税资产			实收资本（或股本）		
其他非流动资产			资本公积		
非流动资产合计			盈余公积		
			未分配利润		
			所有者权益（或股东权益）合计		
资产总计			负债和所有者权益（或股东权益）总计		

资产负债表可以反映一家企业拥有多少资产，负担了多少债务以及从股东那里筹集了多少资金。在阅读和编制资产负债表时可以从"资金的来源"和"资金的去处"两个角度分析，表格的右边部分就是资金的来源，包括源于股东的资金和源于债主的资金，表格的左半部分则是这些资金的去处。

企业资金的来源体现在报表上则分为负债和权益两大类，负债指的是企业借的资金，到期需要偿还，按偿还期限的长短分为流动负债和非流动负债。权益指的是企业股东投入的资金，反映的是企业的自有资金有多少，通常不需要企业偿还，如实收资本和留存收益等。

企业资金的去处最后都会形成企业的资产，包括货币资金、应收账款、存货、固定资产和无形资产等。表8-5中列出了几个常见的资产负债表项目。

表8-5 常见的资产负债表项目

项目名称		概念
负债	流动负债	企业将在一个营业周期（通常为1年）内偿还的债务
	非流动负债	偿还期在一个营业周期以上的债务
权益	实收资本	企业实际收到的投资人投入的资本
	留存收益	企业从历年获取的利润中提取或形成的留存于企业的内部积累，包含盈余公积与未分配利润

续表

项目名称		概念
资产	货币资金	企业拥有的以货币形式存在的资产,常见的有现金和银行存款等
	应收账款	企业在经营过程中应收却未收的款项
	固定资产	企业在经营中持有的非货币性资产,像房屋建筑、机器设备和运输工具等都属于企业的固定资产
	无形资产	企业拥有的无实物形态的非货币性资产,常见的无形资产有专利权和商标权等

二、利润表

利润表也叫损益表,顾名思义就是企业赚了或者亏了多少钱,利润表揭示了企业预计收入和费用支出清单,展示了企业在一定时期内的盈利能力,如表8-6所示。在进行财务预测时,利润表起到了至关重要的作用,有时甚至只需要一张利润表就能完成财务预测。不同于展示静态数据的资产负债表,利润表在某种程度上对创业者和投资者看清企业的未来更有帮助。

表8-6 企业利润表(部分)

会企02表

编制单位:_____　　　　　___年___月　　　　　　　　　　　　单位:元

项　目	本期金额	上期金额
一、营业收入		
减:营业成本		
税金及附加		
销售费用		
管理费用		
研发费用		
财务费用		
其中:利息费用		
利息收入		
二、营业利润(亏损以"-"号填列)		
加:营业外收入		
减:营业外支出		
三、利润总额(亏损以"-"号填列)		
减:所得税费用		
四、净利润		

第八章
创业融资：合理杠杆，计划融资

简单来说，作为一个企业，首先需要思考的问题便是如何从销售环节中获利，其次是在销售的过程中需要哪些投入，如产品的成本、人工、设备和租金等，最后扣除需要缴纳的税金后得到的钱便是到手的利润。利润表是由营业收入、销售费用、管理费用、财务费用、营业外收入、营业外支出和所得税费用等项目构成的，如表8-7所示。

表8-7 常见的利润表项目

项目名称	概念
营业收入	企业从事主营业务获得的收入，可以通过销售预测推算得出
销售费用	企业在销售的过程中需要支出的费用，包括差旅费、业务费和广告费等
管理费用	企业行政管理部门为组织和管理生产经营活动而发生的各项费用，包括办公室的开支、日常运营所需要的开支和租金等
财务费用	企业为筹集生产经营所需资金等而发生的费用，包括利息支出、汇兑损失和相关的手续费等
营业外收支	企业发生的与其生产经营活动没有直接关系的各项收入与支出

在进行财务预测时，通常只需将销售产品取得的收入扣除产品的成本，得到的便是毛利，将毛利减去表格中的销售、管理和财务费用等，如果不考虑折旧和摊销的话，就是税前收入了，缴纳相应的税金后便得到了税后收入，也就是企业最终真正赚得的钱。通常创业者在进行财务预测时需要针对未来3~5年的时间展开预测，只需要按照同样的方法便可以得出企业未来的盈利能力。

三、现金流量表

现金流量表中记录的是企业现金的流入与流出，可以帮助创业者和投资者获取企业现金流动和结存的真实情况，了解企业在一定期间内是否有充足的现金去弥补开销，解决了资产负债表及利润表在静态状况下无法反映企业现金流动情况的短板，如表8-8所示。

表8-8 企业现金流量表（部分）

会企03表

编制单位：_____　　　　　　　____年____月　　　　　　　单位：元

项目	本期金额	上期金额
一、经营活动产生的现金流量：		
销售商品、提供劳务收到的现金		
收到的税费返还		
收到其他与经营活动有关的现金		
经营活动现金流入小计		
购买商品、接受劳务支付的现金		

续表

项　　目	本 期 金 额	上 期 金 额
支付给职工以及为职工支付的现金		
支付的各项税费		
支付其他与经营活动有关的现金		
经营活动现金流出小计		
经营活动产生的现金流量净额		
二、投资活动产生的现金流量：		
收回投资收到的现金		
取得投资收益收到的现金		
处置固定资产、无形资产和其他长期资产收回的现金净额		
收到其他与投资活动有关的现金		
投资活动现金流入小计		
购建固定资产、无形资产和其他长期资产支付的现金		
支付其他与投资活动有关的现金		
投资活动现金流出小计		
投资活动产生的现金流量净额		
三、筹资活动产生的现金流量：		
吸收投资收到的现金		
取得借款收到的现金		
筹资活动现金流入小计		
偿还债务支付的现金		
分配股利、利润或偿付利息支付的现金		
支付其他与筹资活动有关的现金		
筹资活动现金流出小计		
筹资活动产生的现金流量净额		
四、汇率变动对现金及现金等价物的影响		
五、现金及现金等价物净增加额		
加：期初现金及现金等价物余额		
六、期末现金及现金等价物余额		

第八章

创业融资：合理杠杆，计划融资

现金流量表由经营活动产生的现金流量、投资活动产生的现金流量和筹资活动产生的现金流量等几部分构成。其中经营活动产生的现金流量可以从利润表中得到，投资活动产生的现金流量来自资产负债表的左边，筹资活动产生的现金流量来自资产负债表的右边。如果有现金流入企业，那么在资产负债表上会以正值来表示，如果现金从企业流出到其他地方，则会以负值来表示。对于一个企业来说，账面上的现金就如同一个人体内流动的血液，经验丰富的投资者可以从中判断出企业是否健康，假如企业经营活动产生的现金流无法匹配日常的生产能力，而需要采用借款的方式来满足这些需求，这就意味着这家企业从长期来看无法维持正常情况下的支出。

尽管资产负债表能够反映企业在一定时期的财务状况，但却并不能反映财务状况变动的原因，也无法从中得到这些资产与负债为企业带来了多少现金以及耗费了多少现金。通过利润表我们可以了解企业在一定时期内的经营成果和利润的组成，但无从得知筹资活动与投资活动的全部事项，以及经营、投资及筹资活动为企业带来了多少现金，又消耗了多少现金。现金流量表则可以弥补资产负债表和利润表的不足，它能够帮助报表的使用者了解一定期间内的现金流入和流出信息，显示企业在一定时期间通过经营、投资及筹资活动取得了多少现金以及这些现金的运用情况，从而揭示企业资产、负债和所有者权益变动的原因。

掌握了资产负债表、利润表和现金流量表的概念后，创业者便可以根据企业的实际情况开展财务预测，并将有价值的、可以健康反映企业情况的数据，以图表的方式呈现给投资者。

拓展延伸　风险投资人简介

对于创业者而言，主要的融资渠道是股权融资，在融资过程中，创业者要想获得资本的注入，前提是必须在与投资人的沟通与交流中获得其对你或者你的创业项目的认可，投资者的特点与偏好就成了创业者融资时所需要关注的问题，以下是部分投资者的相关信息。

沈南鹏：

所在机构：红杉资本中国基金

代表项目：美团点评、奇虎360、京东、陌陌、阿里巴巴、蚂蚁金服、诺亚财富、阿里巴巴影业集团、万达院线、华大基因、滴滴出行、博纳影业等

沈南鹏作为红杉资本全球执行合伙人、红杉中国创始及执行合伙人，同时也是携程旅行网和如家连锁酒店的创始人。作为全球知名的投资家，沈南鹏与红杉资本中国基金在过去的十余年里始终屹立潮头且风头正劲，已经在中国投资了多家具有鲜明技术、模式创新的高成长性企业，其中很多明星企业均成为各自领域的佼佼者，这些企业长期活跃在中国经济舞台的中心，被外界视为中国创新创业领域发展的风向标。

张磊：

所在机构：高瓴资本

代表项目：百度、腾讯、京东、美的、格力、去哪儿网、中通快递、蓝月亮、滴滴出行、美团、Airbnb、摩拜单车、百济神州、药明康德、孩子王等

张磊于2005年创立高瓴资本，担任创始人和首席执行官。其投资风格是寻找具有大格局

观的企业家,并帮助他们的企业成为具有大格局观的企业,投资理念是坚守长期价值。所以在张磊的投资版图中,我们可以看到百度、腾讯、京东、去哪儿、百丽等公司。

徐新:

所在机构:今日资本

代表项目:京东商城、赶集网、美团点评、土豆网、三只松鼠、小猪短租、马蜂窝、贝贝网、益丰大药房、都市丽人、良品铺子、避风塘茶餐厅、永和大王等

徐新于2005年创立今日资本,十六年间专注于互联网、零售以及消费品等领域,投资了许多与民众生活息息相关的项目,例如京东商城、益丰大药房、永和大王以及贝贝网等。徐新不仅是丁磊和刘强东的伯乐,更是凭借自己敏锐的嗅觉和独到的眼光成就了许多优秀的创业者,被誉为"风投女王"。

徐小平:

所在机构:真格基金

代表项目:世纪佳缘、兰亭集势、聚美优品、一起作业、找钢网、蜜芽、橘子娱乐、小红书、二更、Papi酱、美菜网等

在成为真格基金的创始人前,徐小平是国内最大的教育培训机构新东方的联合创始人。天使投资的性质和大量的投资项目,让真格基金站在中国创业的第一线。徐小平主要聚焦人工智能、企业服务、教育、电商、文娱等领域。创办真格基金以来,他投资的数百个项目中不乏橘子娱乐、小红书、二更、Papi酱等优质企业。

李开复:

所在机构:创新工厂

代表项目:美图、知乎、摩拜单车、米未传媒、原麦山丘、Wonder Workshop等

李开复在2009年创办了创新工厂,他坚信人工智能未来会改变全人类的生活方式,于是便大力支持AI行业的发展,先后投资了美图、知乎、摩拜单车等多个新型科技行业。未来计划在黑科技、高科技、人工智能等领域寻觅投资机会,为更多有想法的创业者服务。李开复在其出版的《人工智能》书中倡导"未来十年,每个人都要在人机协作中找到自己的新位置。"

熊晓鸽:

所在机构:IDG资本

代表项目:传奇影业、印象系列、时尚集团等

1993年,熊晓鸽投资2000万美元创立了"太平洋风险技术基金"(IDG资本前身),率先把国外风险投资实践引入国内。二十余年来,搜狐、腾讯、百度这些中国最为成功的互联网企业背后都有着IDG的身影。2017年,IDG资本宣布联合泛海资本收购IDG集团,成了IDG投资板块的控股股东,熊晓鸽成功实现了从风险投资人向企业家的转变。

朱啸虎:

所在机构:金沙江创业投资

代表项目:滴滴出行、饿了么、上海大智慧、映客、小电科技、荔枝微课等

第八章
创业融资：合理杠杆，计划融资

朱啸虎作为金沙江创业投资基金董事总经理，主要负责在互联网行业进行早期投资。其在谈项目时的风格是快、准、狠，所以在选择早期创业项目时抓住了很多机会。其投资项目时奉行"3S原则"：Significant，要大市场；Scalable，要可扩张；Sustainable，要可防守。朱啸虎在滴滴出行身上获得的巨大回报使他在创投圈名声大噪。

符绩勋：

所在机构：GGV纪源资本

代表项目：百度、土豆网、去哪儿网、途家网、滴滴出行、典典养车、蘑菇街、途家等

符绩勋作为纪源资本的管理合伙人，在投资时主要聚焦在线旅游、移动交通等领域。他主导了GGV对去哪儿网、优酷土豆、UCweb、滴滴出行、蘑菇街等投资，此外，他还在许多重大战略并购中扮演重要角色。符绩勋认为，在近10年内，移动互联网将在很大程度上影响并改变许多商业模式，也将更加关注企业互联网、消费升级和智能终端这些具有创新点的领域。

雷军：

所在机构：顺为资本

代表项目：无忧英语（51Talk）、丁香园、优家青年公寓、凡客、聚美优品、人人车、小米科技等

雷军是集天使投资人、小米创始人、顺为资本创始合伙人兼董事长为一身的创业者和投资者。在他成为投资者的早期，主要将目标聚焦于移动互联网、电子商务和互联网社区领域。当下，其投资版图已经涵盖了在线教育、旅游、新型房地产服务、医疗、外卖、家政和汽车等众多O2O细分领域。对于未来的投资策略，除了配合小米生态链的智能硬件和新型房地产及服务，雷军认为农村互联网是未来十年最核心的投资领域。

薛村禾：

所在机构：软银中国资本

代表项目：阿里巴巴、万国数据、辉能科技、国政通、东方CJ等

薛村禾于2000年创立软银中国资本并担任管理合伙人。在此之前，薛村禾是UT斯达康的创始人之一，并在美国和中国拥有成功的高科技创业经验。得益于其创业经验，薛村禾在国内成功投资了阿里巴巴、分众传媒等项目，其对阿里巴巴的早期大手笔投资让软银中国收获了逾千倍的高额回报，其主要投资领域是科技和环保，他更青睐那些可以切实解决某一社会问题，以提高社会效率的企业。

张颖：

所在机构：经纬中国

代表项目：分众传媒、爱康国宾、猎豹移动、世纪互联、暴风影音、陌陌、友盟、野兽派等

张颖是经纬中国创始管理合伙人，一手打造了经纬中国庞大的投资矩阵，其参与投资的企业中已有超过60家上市公司，以兼并收购方式取得巨额回报的超过100家。自经纬中国成立以来，其投资的公司包括滴滴出行、陌陌、饿了么、猎豹移动、世纪互联、博纳影业、暴风影音、土巴兔、找钢网、瓜子二手车、猎聘网、VIPKID等。

刘芹：

所在机构：晨兴资本

代表项目：YY、凤凰网、小米、迅雷、爱屋吉屋、聚众传媒等

作为一名具备超过20年风险投资经验的投资人,刘芹主要聚焦媒体、娱乐、消费者服务、企业服务、人工智能及互联网金融等领域,是YY、凤凰网、小米、UC、迅雷、爱屋吉屋、聚众传媒、康盛创想等公司的早期投资人。

王琼：

所在机构：海纳亚洲(SIG)

代表项目：今日头条、闪银、大麦网、穷游、博纳、Camera360等

王琼于2006年加入海纳集团,是海纳亚洲创投基金的创始成员及合伙人。在15年的风险投资生涯中,她凭借敏锐的嗅觉和洞察力在移动互联网、互联网金融、人工智能及消费升级等领域主导投资了多个中早期项目。其中2012年开始投资的今日头条已成为互联网业界冉冉上升的新星,除此之外还有像闪银、大麦网、穷游等诸多优秀企业。

林欣禾：

所在机构：DCM中国

代表项目：唯品会、58同城、途牛旅游网、豌豆荚、无忧英语等

林欣禾是DCM中国的联合创始人、董事合伙人,以及新浪的联合创始人。在DCM,林欣禾主要关注消费互联网领域,包括电子商务、数字媒体、在线旅游、移动应用以及O2O。其投资版图涵盖唯品会、58同城、途牛旅游网、豌豆荚、无忧英语等。

以上就是国内的部分投资人和他们的主要事迹,作为创业者要了解投资者的需求,从投资人的角度来看待问题,以求达到事半功倍的效果。然而,仅仅了解投资人是远远不够的,创业者也要做好融资准备、确定融资目标、制订融资计划,以最小的融资成本为初创企业获取融资。

创业术语

债权(creditor's rights)是按照合同的约定或者依照法律的规定,在当事人间产生的特定的权利义务关系。享有权利的人是债权人,负有义务的人是债务人。

财务杠杆(financial leverage)。在物理学中,利用一根杠杆和一个支点,就能用很小的力量抬起很重的物体。财务杠杆是指在筹资中适当举债,调整资本结构给企业带来额外收益。

股利(dividend)是指企业在进行利润分配时,分配给股东的利润。

股权稀释(equity dilution)是指由于普通股股份的增加,使得每股收益有所减少的现象。

私募(private placement)是指以非公开发行方式向合格投资者募集资金设立的投资基金。

资产(assets)是指由企业过去经营交易或各项事项形成的,由企业拥有或控制的,预期会给企业带来经济利益的资源。

负债(liabilities)是指由企业过去的交易或者事项形成的,预期会导致经济利益流出企业的

现时义务。

所有者权益(owners' equity)是指企业资产扣除负债后,由所有者享有的剩余权益,又称为股东权益。

盈余公积(surplus reserve)指企业从税后利润中提取形成的、存留于企业内部、具有特定用途的收益积累。

未分配利润(undistributed profits)是企业留待以后年度分配或待分配的利润,是企业实现的净利润经过弥补亏损、提取盈余公积和向投资者分配利润后留存在企业的、历年结存的利润。

固定资产折旧(depreciation)。对于企业来说,固定资产是企业花钱买来的,但是往往这种支出金额很大,而且受益期很长,如果将此支出一次性计入某个月,会导致当月明显亏损,而实际上当月从该固定资产得到的收益不会这么多,同时,其他受益的月份,又没有体现应有的支出,所以,将固定资产入账后,在受益期内平均其支出,按月列支。

摊销(amortization)是指对除固定资产之外,其他可以长期使用的经营性资产按照其使用年限每年分摊购置成本的会计处理办法。常见的摊销资产如大型软件、土地使用权等无形资产和开办费,它们可以在较长时间内为公司业务和收入做出贡献,所以其购置成本也要分摊到各年才合理。

本章小结

1. 企业融资可以采取债权融资和股权融资的方式进行。债权融资指的是企业通过举债的方式进行融资,主要渠道有银行贷款、民间借贷、发行债券等。股权融资是指企业的股东愿意出让部分企业所有权,通过企业增资的方式引进新的股东,届时提供资金者成为企业的股东,按照出资额比例拥有相应的企业股份,分享企业的赢利与增长,主要渠道有众筹融资、风险投资和私募股权融资等。债权融资和股权融资在融资目的、融资性质、企业负担、控制权和退出方式上有诸多差异。

2. 初创企业的发展具有阶段性,通常可以被划分为五个阶段:种子期、初创期、发展期、扩张期和成熟期。企业的发展阶段还可以按照融资的轮次来划分,一个创业项目从创业点子产生,到最终首次公开募股上市,可能经历的融资轮次有:种子轮、天使轮、Pre-A轮、A轮、B轮、C轮、Pre-IPO轮、IPO轮等,投资方和融资金额会随融资轮次的不同而发生变化。风险退出的方式有公开上市、股权转让、股权回购和破产清算等。

3. 财务预测对于早期创业公司作用重大,通过财务预测,创业者可以更为清晰地了解整个项目的成长路径,了解项目的现金流状况,使企业上下都明确企业的目标并为该目标共同努力。与财务预测有关的三张报表分别是:资产负债表、利润表和现金流量表。资产负债表也被称为财务状况表,它是表示企业在一定时期财务状况的主要会计报表,可以使投资者在最短的时间内了解企业的经营状况;利润表揭示了企业预计收入和费用支出清单,展示了企业在一定时期内的盈利能力;现金流量表记录的是企业现金的流入和流出,可以帮助创业者和投资者获取企业现金流动和结存的真实情况,分析企业在短期内有没有足够的现金去应付开销,弥补了资产负债表和利润表在静态状况下不能反映企业现金流动情况的短板。

1. 结合企业所处的不同阶段,谈谈你对债券融资和股权融资的选择。
2. 请举例说明,对于一个初创企业而言,选择股权融资会带来何种风险?
3. 请举例说明,当企业处于种子期或初创期时,你会用何种方式获得第一桶金?
4. 请举例说明,当企业处于不同的发展阶段时,如何选择风险资本的退出方式?
5. 如果你是投资者,你更关注哪一张报表,为什么?
6. 请举例说明,企业发生哪些事项会导致现金流入和现金流出?

学生分为若干组,各组利用头脑风暴的方法,对以下问题提出不同的看法,并尽量多地将它们列示出来。

讨论问题:你们团队的项目目前属于哪一个阶段?尽可能多地列出所需的资产并展开财务预测,据此估算需要融资的数额,选择合适的融资方式(可结合使用)并说明理由。

第九章

公司治理：创业不易，守业更难

所有的创业者，不论多有魅力、多么高瞻远瞩，最后都会去世，但是，一家高瞻远瞩的公司却不见得会灰飞烟灭。只要这家公司具有组织的力量，超越任何一个人，年复一年，经过十代百代，都能继续保持高瞻远瞩和活力，公司就不会衰败。

——詹姆斯·柯林斯

公司治理是对利益相关者的责、权、利的一种制度安排，长久以来为大型企业所关注。由于初创企业规模较小且各方面尚不成熟，故而创业者经常会对公司治理视而不见，事实上初创企业更需要公司治理，以确保少走弯路，少犯错误。

知识目标

了解股权激励的基本模式；

熟悉公司治理结构中"三会一层"的概念与权力；

掌握股权控制的方式。

能力目标

学会合理运用股权架构和股权激励的方式对团队成员进行激励与约束。

素质目标

提升创业者的团队精神与凝聚力，培养其在创业过程中抱团发展、优势互补的意识，帮助自己和合伙人实现自我价值。

引导案例 "门口的野蛮人"

> 我们还是太理想主义,认为把企业经营好就行,却没有意识到,高度分散的股权给万科文化带来了很多不确定因素。
>
> ——王石

1990年,《门口的野蛮人》一书在美国出版,三年后同名电影上映。这本书详细描述了RJR纳贝斯克公司被收购的整个过程,将华尔街历史上最著名的企业争夺战展现给了大家,揭示了企业管理者是怎样取得与掌握企业控股权的。在该书出版了20多年后,在国内资本市场中,"野蛮人"的敲门声再次响起。

2015年1月,潮汕商人姚振华旗下的"宝能系",利用深圳市钜盛华实业发展有限公司(下称"钜盛华")及关联企业前海人寿等"一致行动人",从二级市场上买入万科的股份,截止到7月10日,其累计持有万科5%的股份,开始举牌(当某一组织或个人买进一只股票超过了5%就必须要举牌,公布其真实身份,让大家知道)。

7月24日,宝能系再次举牌,所持有的股份升至10%。这引起了万科高层的警觉,王石与姚振华面谈后明确表示,万科不欢迎其成为第一大股东,然而未能阻止宝能系的节节进取。

8月26日,宝能系第三次举牌,手中所持股份达到15.04%,从华润手中夺走了万科第一大股东之位。在接下去的一个月里,华润两度增持,将其所持有的万科股份增加到15.29%,重新成为第一大股东。

11月27日,宝能系通过增持成为万科第一大股东,并于一周后再次举牌,将手中所持股份增至20.008%。

12月18日,万科申请停牌,理由是其正在筹划股份发行,用于重大资产重组与收购资产。在此之前,宝能系依旧通过不断地增持提升手中所持有的万科股份,一周内两次增持,其持有的万科股份也从12月11日的22.45%增加至12月15日的23.52%,累计持有万科股份25.994亿股。

对于万科这样的优质企业,握有充足资金的姚振华,已经不满于将手中股票卖出以获得收益,这段时间内的多次举牌彰显着其介入万科管理层的野心,最终得偿所愿,成了万科的第一大股东。这自然也遭到了万科管理层的联合反击,截至12月22日,宝能系持有万科23.52%的股份,华润、刘元生、万科工会委员会构成的一致行动人合计持股21.19%,安邦保险持股6.17%。

在万科停牌期间,王石一边争取到了安邦保险,另一边一直在积极寻找"白衣骑士",想通过稀释股权的方式阻挡"野蛮人"进攻的步伐。2016年3月,万科引入深圳市地铁集团有限公司作为其新的战略投资伙伴,并希望通过发行新股,收购深圳地铁集团所持有的目标公司的全部或部分股权,交易规模预计在400亿~600亿元,这一金额足够使其超过宝能系成为万科的第一大股东。深圳地铁的介入稀释了华润原有的股东权益,遭到了华润与宝能系的一致抗议,一直以来都坚定站在万科一方的华润与万科之间出现了裂痕。

2016年6月26日,宝能系向万科董事会提出召开临时股东大会,审议罢免全体董事的议案。

7月4日,万科董事会公告披露,不通过宝能系提请召开临时股东大会的议案。同日,华润

第九章

公司治理：创业不易，守业更难

发布消息称，通过法律专家论证，万科此前做出的引入深圳地铁的董事会决议无法生效。两天后宝能系第五次举牌，将手中所持有万科股份提升至25%。

8月4日，恒大集团在毫无征兆的情况下大量购入万科股份，占总股本的4.68%，随后连续三次增持，持股比例达到14.07%，迅速成为仅次于宝能系和华润的第三大股东。至此，华润、深圳地铁、宝能、安邦、恒大悉数登场，宝万之争达到高潮。

宝万之争也引起了监管层的注意，早在2016年，深圳证券交易所就分别向华润和宝能系下发了关注函，证监会也对"野蛮人"行径进行了严厉警告。2017年2月，银保监会发布公告，前海人寿涉及违规运用保险资金等五项违规，所以撤销了时任前海人寿董事长的姚振华的任职资格并在10年内禁止其踏足保险业。

2017年1月12日，华润发布公告，拟将其持有的15.31%股份协议转让给深圳地铁，至此，华润退出此次争夺。随后，恒大集团也于6月将持有的14.07%股份协议转让给深圳地铁，转让完成后，深圳地铁共持有万科29.38%股份，以绝对优势成为万科的第一大股东。与此同时，王石也离开了自己一手创办的万科，长达两年之久的宝万之争落下帷幕。

其实，这并不是王石第一次遭受恶意进攻，在20多年前的"君万之争"中，君安证券就曾经拉拢万科的四家股东，通过手里合计10.73%的万科股份，要求改组董事会，但是最终王石紧急自救成功，化解了争端。造成这一局面的根本原因在于万科的股权结构非常分散，没有绝对控股的大股东及实际控制人，王石等管理层作为企业的实际管理者，对企业的发展具有决策权力，但所持有的股权却微乎其微，这也引来了"野蛮人"的觊觎。宝万之争不仅是一场关乎多方利益集团的较量与博弈，更是一个在资本市场上具有历史意义的里程碑事件。

思考题：

作为创业者，你是如何分配股权的？你知道不同的持股比例对应的权力和责任是什么吗？

第一节 公司治理的概念

狭义上的公司治理是指为实现资源配置的有效性，股东对公司的经营管理与绩效进行监督、激励、控制与协调的一整套制度安排。广义上的公司治理是包括所有利益相关者的权、责、利的一系列制度。正是这个制度，决定了企业日常运作的基本样式，是操纵企业运转的无形之手，从一开始便决定了企业的命运和归宿。

大多数初创企业从成立到快速发展的过程都是"野蛮生长"的模式，这是非常合理且必须经历的发展阶段，在获得风险投资之后，为了保持这种发展势头，创业公司的治理方式也会在较长时间内依然延续之前的模式，并不会立即做出较大的改变。但是从长远来看，为了顺利走向资本市场，初创企业将会根据投资人的要求，慢慢适应规范治理的要求。

一、公司治理与公司管理

公司治理与公司管理对于现代企业而言都是至关重要的，公司治理是企业运作的一种制度构架与安排，能够引领企业的发展方向。公司管理则是在这种基本的构架与安排的指导下，通过实施具体的计划、组织、控制、指挥、协调与评价等活动,最终达成企业目标。企业如果不具备合适的治理模式,就好比没有打好地基的大楼,随时都会坍塌;同样,公司管理体系的不畅通,也会导致治理模式缺乏实际的内容而沦为空中楼阁。从最终的目标来看,公司治理与公司管理最终都是为了帮助企业实现价值创造的最大化,只是在其中扮演了不同的角色,它们之间的异同如表9-1所示。

表9-1 公司治理与公司管理的异同

	公司治理	公司管理
目的	实现相关利益主体间的制衡	实现企业的目标
所涉及的主体	所有者、债权人、经营者、员工、消费者	所有者、债权人、经营者、员工、消费者
在公司发展中的地位	制定企业的基本框架,以保证企业具备规范的管理	制定企业具体的发展路径和方法
职能	监督、确定责任体系及指导体系	计划、组织、指挥、控制与协调
层级结构	企业治理结构	企业内部组织结构
实施的基础	主要的契约关系	行政权威关系
法律地位	主要由法律法规决定	主要由管理者决定
政府的作用	政府发挥重要作用	政府几乎不直接干预

二、公司治理模式

(一)英美模式与大陆模式

目前国际上主流的公司治理模式包括股权分散的英美模式和集中控股的大陆模式,这两种模式在股权结构、融资体系、目标价值和监督机制上存在差异,这些差异源于公司治理模式形成与发展过程中面临的政治环境、历史初始条件、文化价值以及投资者权益法律保护等因素。

英美模式以英国和美国为代表,特点是股权结构高度分散,在企业内部形成强管理者、弱所有者的局面,主要依靠外部市场监督机制来约束管理者。大陆模式以德国和日本为代表,特点是股东相对集中和稳定,股权掌握在家族、企业法人和银行等机构投资者手中,银行在公司治理结构中起主导作用,通过内部人控制机制实现对企业管理者的监督。两种公司治理模式的区别如表9-2所示。

表9-2 英美模式与大陆模式的区别

区别	英美模式	大陆模式
股权结构差异	股权结构分散,股东人数分布广泛	股权高度集中于大股东手中
融资体系差异	企业直接从社会公众募集资本,股票在社会公众之间流通	融资具有高度中介化,侧重于以银行为中介的间接融资
目标价值差异	公司治理目标是实现股东利益最大化,遵循股东至上的价值取向	公司治理着眼于企业长远利益,强调利益相关者的协调与合作

第九章
公司治理：创业不易，守业更难

续表

区　　别	英美模式	大陆模式
监督机制差异	通过市场手段对企业监督，股东不直接干预企业的经营决策	股东对企业及其管理层进行直接的有效控制

（二）家族模式

除了英美模式和大陆模式，企业还可以采用以韩国与东南亚为代表的家族模式。其主要特点是，企业的所有权以及主要的经营管理权都掌握在家族成员的手中。在实施家族模式的企业里，企业的创办人就是家族里的家长，企业的各类重大决策均由其做出。企业的管理者在经营企业时受到家族的责任感、发扬祖辈的事业心以及维系家族亲情方面的多种激励与约束。在家族企业中，银行仅仅是融资的工具，银行对家族企业的监督与约束相对其他模式的企业而言并不显著。

三、公司治理结构

公司治理结构可以被概括为"三会一层"，也就是所谓的股东大会、董事会、监事会和高级管理层，四者之间互相联系与制衡，维系着企业运转。

（一）股东大会

企业的股东大会是企业的最高权力机构，由全体股东组成，基于股东大会产生的其他机构均需要对其负责。股东大会能够就企业的重大事项进行决策，同时具备任免与解除董事的权利，其拥有的对重大决策的决定权奠定了其在企业运营管理中的重要作用，其主要职权如下：

(1)决定企业的经营方；

(2)选举和更换非由职工代表担任的董事、监事，决定有关董事、监事的报酬事项；

(3)审议批准董事的报告；

(4)审议批准监事会的报告；

(5)审议批准企业的年度财务预算方案、决算方案；

(6)审议批准企业的利润分配方案和弥补亏损方案；

(7)对企业增加或者减少注册资本作出决议；

(8)对企业发行债券作出决议；

(9)审议批准对外担保事项；

(10)审议批准重大对外投资、重大资产处置等交易事项；

(11)审议批准重大关联交易事项；

(12)审议股权激励计划；

(13)法律、行政法规、部门规章及企业章程规定应当由股东大会作出决议的其他事项。

（二）董事会

董事会是由经过股东大会选举产生的董事构成的，是负责制订各类计划与方案，执行股东大会决议的经营决策与业务执行机构。董事长通常由董事会选举产生，其任期最长三年，期满后可连选连任，在任职期满前，股东大会不得无故解除其职务，董事会的职权如下：

(1)召集股东大会，并向股东大会报告工作；

(2)执行股东大会的决议;
(3)决定企业的经营计划和投融资方案;
(4)制订企业的年度财务预算方案、决算方案;
(5)制订企业的利润分配方案和弥补亏损方案;
(6)制订企业增加或者减少注册资本、发行债券或其他证券及上市方案;
(7)决定企业内部管理机构的设置;
(8)决定聘任或者解聘企业经理及其报酬事项,并根据经理的提名决定聘任或者解聘企业副经理、财务负责人及其报酬事项;
(9)制定企业的基本管理制度;
(10)企业章程规定或股东大会授予的其他职权。

(三)监事会

监事会作为企业的监督机构,是由股东大会选举的监事和企业职工民主选举的监事组成的,任期三年,对企业的业务活动进行监督和检查,监事会行使如下职权:
(1)应当对董事会编制的定期报告进行审核并提出书面审核意见;
(2)检查企业的财务状况;
(3)对董事、公司总经理和其他高级管理人员执行公司职务的行为进行监督,对违反法律、行政法规、公司章程或者股东大会决议的董事、总经理和其他高级管理人员提出罢免建议;
(4)当董事、总经理和其他高级管理人员的行为损害公司的利益时,要求其予以纠正;
(5)提议召开临时股东大会;在董事会不履行《公司法》规定的召集和主持股东大会职责时召集和主持股东大会;
(6)向股东大会提出提案;
(7)发现企业经营情况异常,可以进行调查;必要时,可以聘请会计师事务所、律师事务所等专业机构协助其工作,费用由企业承担;
(8)企业章程规定或股东大会授予的其他职权。

(四)高级管理层

企业的高级管理层指的是企业的总经理、副总经理、财务总监、董事会秘书等人员,企业的高级管理层行使如下职权:
(1)主持企业的生产经营管理工作,组织实施董事会决议,并向董事会报告工作;
(2)组织实施企业年度经营计划和投资方案;
(3)拟订企业内部管理机构设置方案;
(4)拟订企业的基本管理制度;
(5)制定企业的具体规章;
(6)提请聘任或者解聘企业副总经理、财务总监;
(7)决定聘任或者解聘除应由董事会聘任或者解聘以外的管理人员;
(8)拟定企业职工的工资、福利、奖惩制度,决定企业职工的聘用和解聘;
(9)董事会授予的其他职权。

股东大会作为最高权力机构,分享企业利润的同时具备表决权;董事会由股东大会选举产

第九章

公司治理：创业不易，守业更难

生并对其负责，是企业的决策机构，具备战略决策权；高级管理层作为企业的执行机构，由董事会任免并对其负责，管理企业的日常运营；监事会作为监督机构，对企业的经营管理活动进行持续的监督。"三会一层"构成了立体、全面、制衡的公司治理结构，这些权力的行使为企业的日常运转提供了可靠的动力。

引导案例 阿里、京东、小米如何用好"双重股权结构"

> 如果我丧失了京东的控制权，我就彻底退出，拿钱走人。
>
> ——刘强东

双重股权结构是上市公司的一种新型股权设计制度，在这一制度下，企业的股票分为高投票权股票和低投票权股票两种。前者每股拥有2到10票的投票权，主要集中在高级管理者手中。后者的投票权只占前者的10%或1%，甚至有些根本就不具备投票权，这些股票通常集中在一般股东手中。作为补偿，高投票权的股票的回报率较低，这也使得企业投资者手中的普通股票拥有大量的收益权和少量的表决权，企业管理者手中的超级投票权股票则拥有大量的表决权和少量的收益权，双方取长补短、互惠共赢。2014年阿里巴巴以双重股权结构在港股上市失败，引发了公众、监管部门和港交所的激烈讨论。为了避免优质企业资源流失，港交所于2018年正式放开了对双重股权结构的限制，随后小米集团和美团点评成了第一家和第二家在香港上市的双重股权结构企业。

一、小米集团的AB股模式

小米集团创立于2010年，是一家以智能手机、硬件和IoT平台为核心的移动互联网企业。自其成立以来就没有停止过扩张的脚步，并凭借庞大的用户群体构建起了属于自己的生态圈，小米生态链公司共投资了超过70家智能硬件生态链企业。大规模的布局也对小米的资金提出了很高的要求，小米的融资轮次越来越多，融资金额也不断增大。由于其主要采取的是股权融资的方式，这就导致创始人雷军手中的股权无法避免地被稀释了。作为创始人与实际控制人，雷军会基于自身的专业知识与经验去做出有利于企业长远发展的决策，所以其不能允许自己手中的控制权被稀释。而采用双重股权结构上市则能够完美解决融资与维系控制权两者间的矛盾，所以小米集团最终采用了双重股权结构。

小米集团的招股说明书披露，雷军通过AB股架构的方式将公司的控制权牢牢掌握在自己手中。雷军作为公司执行董事、董事会主席兼首席执行官，手中持有31.4%的A类股，A类股的特别之处就在于其只为雷军与林斌两位创始人所持有，每股拥有10票投票权。而B类股则为其他投资者所持有，每股只具备1票投票权。因此，尽管雷军只持有31.4%的股份，但其凭借着AB股架构，具备了超过半数的投票权，达成了同股不同权的目标。

二、阿里巴巴的合伙人制度

阿里巴巴于2009年创造了"阿里合伙人制度"，并于2010年正式开始试运营，直到2013年准备重新在港股上市前才对外公布。然而，港交所却拒绝了阿里巴巴的上市请求，理由是其无法接受阿里的合伙人制度，最终阿里巴巴赴美上市，并于2019年在香港二次上市。

阿里巴巴的合伙人制度保证了创业者可以凭借少量的股份取得对董事会的绝对控制。要想成为阿里的合伙人,需要在阿里巴巴工作超过 5 年;此外,合伙人不光要拥有强大的管理能力,还要高度认同阿里巴巴的企业文化;最后,候选合伙人需要经现任合伙人一人一票选出,只有当其获得超过 75%的合伙人认可之后方可当选,新晋合伙人还要经过长达 3 年的考察,而永久合伙人只有马云与蔡崇信两人。

为了取得对董事会的控制,阿里巴巴一半以上的董事是由阿里合伙人提名的,再由股东大会投票,从被提名的董事候选人中选举出董事。长期以来,阿里董事会由马云、蔡崇信、软银和雅虎四方组成,各方在董事会都拥有一席投票权。同时,马云、蔡崇信和软银、雅虎协议约定,在将来的董事投票中,须为阿里合伙人提名的董事投赞成票,这从根本上限制了阿里最大股东的权限,让阿里合伙人控制董事会毫无悬念。马云作为阿里的永久合伙人,即使退休离开了阿里巴巴,也还是阿里合作人,还可以在对合伙人的提名和退出上拥有很大的话语权。这也保证了永久合伙人在离开阿里后仍然可以对阿里施加重大影响力。因此,马云等创始团队成员,掌握着企业的实际控制权,即使企业股份被大量购入,外来人也难以左右企业。

三、京东的双重股权结构

2020 年 6 月 18 日,京东集团正式在港交所上市,上市当天京东市值即超过 950 亿美元。京东与小米一样,也实行了 AB 股计划,其中 A 类股允许交易,每股设有一个表决权,B 类股不允许公开交易,每股设有 20 个表决权。B 类股全部归刘强东所有,其表决权占比超过 78%。不仅如此,京东还实施了"投票权委托",也就是通过协议约定,某些股东将其投票权委托给其他股东行使。京东第一次上市前,共有十余家投资人把自己的投票权委托给了刘强东行使,因此,尽管刘强东手中持有的股份不多,却能够拥有超过半数的投票权。

京东的双重股权结构在董事会席位设定上也有所体现,目前京东的董事会成员有五人,分别是刘强东、刘炽平、黄明、谢东莹和许定波。其中,刘强东是京东董事局主席兼首席执行官,腾讯公司总裁刘炽平从 2014 年 3 月起担任京东董事,黄明、谢东莹和许定波作为企业的独立董事,并不在京东内部任职。京东公司章程规定,如果董事人数不足的,董事会可以补选董事,补选董事时需经刘强东同意、且获得一半以上董事同意才可以当选,而董事会投票时如出现票数相同的情况,则由刘强东投决定票,如果刘强东不出席董事会会议,会议甚至无法被召开。通过 AB 股计划、投票权委托和董事会规则设定等手段,刘强东成了京东毫无疑问的掌权人。

思考题:
作为创业者,你是否经历过控制权流失的问题?你会通过何种手段来保障自己对企业的控制权呢?

第二节 股权结构

如果说治理是企业经营的土壤,那么股权结构就是公司治理的基石。股权结构决定了股东结构与股东大会,从而对整个内部监控机制的构成及运作起到了决定性作用。不同股权结构下的股东行为有着显著差异,这种差异也影响了公司治理机制所发挥的作用,因此,股权结构设置是否合理会对公司治理的效率产生深刻的影响。

一、股权结构类型

企业的股权结构类型主要有以下三类:分散型股权结构、集中型股权结构和制衡型股权结构,三者各有优缺点,创业者可以根据自身情况的不同合理选用。

(一)分散型股权结构

在分散型的股权结构中,不存在所谓的大股东,企业的所有者和管理者分离,每一个股东所持有的股份都在10%以内。

分散型的股权结构在股权高度分散的情况下,股东持股数较为接近,权力分配较为平均,有利于经营者充分发挥自己的创造性,也能形成股东之间的制衡机制,有利于民主决策。

由于信息的不对称,经营者获取的信息会显著多于其他股东,可能会造成管理者做出损害其他股东利益的决策;此外,股权的高度分散,会导致企业股东不能够在集体行动上达成一致,从而影响企业的工作效率;股权的分散同样会招来"野蛮人"通过大量买入股份从而成为企业的实际控制人。

(二)集中型股权结构

在集中型的股权结构下,企业的大股东通常拥有企业股份的50%以上,拥有企业绝对的控制权。

这种股权结构能够有效应对其他股东"搭便车"的行为,大股东具备对管理层实施监督的能力,也有动力这么去做。控股股东手中所持有的投票权是其直接参与企业经营管理的保障,从而改善企业的经营业绩,提升企业效率水平,最终实现全体股东的诉求。

但集中型的股权结构可能会造成"控制权私人收益",控股股东可能会凭借其权利和地位掏空企业,从而损害了其他股东及企业的整体利益。因此,为了避免大股东利用控制权谋取私利,企业及其他股东应当对其控制权的行使加以监督与约束。

(三)制衡型股权结构

在制衡型的股权结构下,公司在存在相对控股股东的同时还拥有其他大股东,其所持企业股份在10%~50%之间。

利益分配不均会在大股东之间形成一种制约,从而使一些损害中小股东利益的决策无法审议通过,这也在无形中形成了一种利益均衡机制,能够显著减少侵害小股东利益的行为。

然而,大股东之间的利益不均衡也有不利影响,若是大股东专注于控制权的争夺从而弃企业于不顾,会导致企业陷入管理困境。此外,大股东所具备的专业背景与经验各不相同,在很多情况下对投资项目的远景、回报率等看法无法达成一致,因此造成一些优秀的项目被放弃。

真功夫是国内首家将门店开遍全国的中式快餐连锁企业,是国内快餐行业前五强中唯一的本土品牌。其创办之初,创始人潘宇海将自己的甜品店改为蒸品店,并吸引进来两个股东:一个是他姐姐,一个是他姐夫蔡达标,夫妻俩凑了4万元,占了50%的股份,形成了双方各持一半的股权结构,就此埋下祸根。由于尚处于创业初期,所以双方并未签订明确权利与义务的《合伙协议》,也没有考虑到后期企业因发展壮大而产生的种种矛盾,造成各方在巨大利益诱惑前都不愿退让,围绕真功夫的控制权展开了激烈争斗,最后蔡达标等人因涉嫌挪用资金、职务侵占等被警方逮捕,获刑14年,潘宇海接管了真功夫。尽管最后潘宇海拥有了控制权,成了获胜的一方,然而旷日持久的内部争斗让真功夫在本该快速发展的阶段停住了脚步,融资遇挫,上市失败,市值大幅缩水,险些被后来崛起的小企业所取代。

二、股权与控制权

在企业中,不同的股权比例所对应的控制要素是不同的,如表9-3所示。

表9-3 股权比例与控制要素

股权比例	控制要素
绝对控制权:67%	能够修改公司章程、分立、合并、变更主营项目等重大决策
相对控制权:51%	可以进行简单的决策并控制公司
安全控制权:34%	股东持股超三分之一,在没有其股东的股份与其冲突时拥有一票否决权
要约收购线:30%	在已经持有一家上市公司的股份达到30%,收购人想要增持股份时需要采取要约方式进行
同业竞争警戒线:20%	持股超过20%后,如果存在和企业类似业务的,则可能存在同业竞争
临时会议权:10%	有权召开临时股东大会,可提出质询、调查、起诉、清算、解散公司
重大股权变动警示线:5%	股权达到5%及以上,需要披露权益变动书
临时提案权:3%	可以临时向股东大会提出议题或议案
代位诉讼权:1%	可以间接提起监事会或董事会调查与起诉

三、股权控制方式

作为初创企业,在融资的过程中势必会引入其他股东,股东与管理者之间的关系是一个长久的命题。创业者要如何在自己的股份被稀释之后继续保持对企业的控制力呢?

(一)超级投票权——A/B双层股权结构

这类方式适用于允许"同股不同权"的资本市场。企业可以发行拥有不同表决权的两类股票,一类为一股一权,由投资人持有,另一类为一股多权,由创业者和管理层持有。通过同股不同权的方式使创业者得以凭借少量的股份取得大量的投票权,从而使其他投资人难以介入企业的经营管理。

谷歌就是采用A/B双层股权结构上市的,佩吉、布林、施密特等公司创始人和高管手中持有的是B类股,每股的投票权是其他股东手中持有的A类股票的10倍。2012年谷歌又新增了不带有投票权的C类股用于增发新股。这样一来,哪怕在企业总股本不断扩大的情况下创始人想要减持,也不用担心新进入的股东威胁到他们的控制权和表决权。2015年,谷歌的创始人手中所持有的股票占比不到20%,但已然享有近60%的投票权。当下采用双重股权结构的企业以互联网、科技、传媒领域的居多,这与该类企业获得外部投资较多有关联,很多中概股为了避免被外资控制,采用的就是这种股权结构。

（二）设置限制性条款

设置限制性条款对创业者的控制权无法起到强化作用，其更多起到的是防御作用，其在企业章程之中较为常见。比如说，限制性条款能够使管理层获得"一票否决权"，让其对企业的重大事项如合并、分立、解散、融资、年度预算结算、重大人事任免、董事会变更等做出最终决定。如此一来，即便管理层的股权被稀释得较为严重，也不会导致被"扫地出门"。需要注意的是，在设立限制性条款时，必须时刻避免触犯法律制度尤其是《公司法》的框架。

创业者需要科学理性地设置和行使限制性条款，曾经在大街小巷随处可见的 ofo 小黄车自创办以来，累计投放了上千万辆共享单车，为全球 20 多个国家的两亿用户提供了四十亿次的出行服务，其鼎盛时期各大城市的大街小巷都停满了它标志性的小黄车。就是这么一家共享出行领域的独角兽，却在 2019 遭遇了寒冬，排队退押金的人数一度达到上千万人。究其原因，有一部分是出在了"一票否决权"上，马化腾就在朋友圈中指出，ofo 失败的原因"是一个 veto right（否决权）"。在 ofo 不断融资的过程中，越来越多的领投方拥有了"一票否决权"，其第一次被触发是在 2017 年，彼时共享单车领域的两个竞争对手：摩拜单车与 ofo 正在腾讯、滴滴和金沙江创投的主导下寻求合并，拟定的方案是程维任董事长，戴威与王晓峰为联席 CEO，条件之一是 ofo 创始人戴威要放弃手中的一票否决权，戴威没有接受，动用了手中的"一票否决权"，合并谈判宣告失败。合并失败后的几次潜在的融资，或多或少地卡在了"一票否决权"的问题上。

（三）持股平台

有一种特殊的企业形态，叫"有限合伙"，这类企业从法律结构上实现了投票权和收益权的分离，将合伙人分为普通合伙人（GP）与有限合伙人（LP）。普通合伙人负责企业的经营管理，哪怕手中持有的股份很少，也拥有很大的话语权；有限合伙人没有经营管理权，没有话语权，但是可以享受收益。双方也可以协商收益权，不一定要完全按照出资比例，至于投票权，可以在合伙协议里约定，较为灵活，能够实现普通合伙人的主导地位。

根据蚂蚁集团的招股说明书披露，杭州君瀚股权投资合伙企业、杭州君澳股权投资合伙企业一共持有其 50.5177% 的股权。作为蚂蚁集团的控股股东，这两家企业的控制权却在另一家企业杭州云铂投资咨询有限公司手中。其注册资本为 1010 万元人民币，由马云对其完全控股，并通过其控制了蚂蚁集团的控股股东。最终，马云用了 1010 万元，就控制住了目标市值超过 2000 亿美元的蚂蚁集团。

（四）投票权委托与一致行动人协议

投票权委托指的是企业一些股东通过协议约定，将其投票权委托给其他特定股东来行使。京东在上市之前很长一段时间都无法盈利，消耗了很多资金，也进行了多轮股权融资，造成其创始人刘强东的股份被稀释。因此，京东对后来的投资人进行了协议约束，委托刘强东来行使，在京东上市前刘强东的股份并不多，然而却拥有超过半数的投票权。

一致行动人协议是指企业在不存在控股股东或实际控制人的情况下，由多个股东一同签署一致行动人协议，从而提高共同的表决权数量，对企业施加一定的影响力，类似于在股东大会之外又构建了一个具备法律保障的团体。每次在股东大会表决或者协议约定事项进行时，在一致行动人之间可以先确定一个结果作为其对外的唯一口径，然后再在股东大会中决议此事项是否通过。

创新创业基础

引导案例　蚂蚁集团如何实现"财散人聚"

员工的离职原因林林总总，只有两点最真实：钱，没给到位；心，受委屈了。

——马云

蚂蚁集团是中国最大的移动支付平台支付宝的母公司，也是全球领先的金融科技开放平台，坐拥支付宝、余额宝、花呗、相互宝、网商银行、芝麻信用等子业务板块。2020年8月25日下午，蚂蚁集团在港交所、上交所同时披露招股文件，成立16年以来，它神秘的财务面纱首次被揭开。根据彭博社报道，蚂蚁集团上市的目标估值为2250亿美元（约合1.56万亿元人民币）。如果估值成真，上市后的蚂蚁集团将力压工农中建、人寿平安、京东美团，成为排在阿里、腾讯、茅台之后的中国第四大上市公司。

从2015年到2019年，剔除与阿里巴巴集团的股票和知识产权置换，蚂蚁集团经历了4轮融资，累计融资1413亿元。根据蚂蚁集团招股说明书中披露的股权结构，上市前蚂蚁集团的股东可以分为三类：第一类是阿里系高管和员工的两大持股平台杭州君瀚股权投资合伙企业和杭州君澳股权投资合伙企业，合计持有蚂蚁集团50.5177%的股份；第二类是大股东阿里巴巴，持股比例为32.65%；第三类主要是中资机构投资者，包括社保基金、中国人保等。蚂蚁集团的上市被视为2020年最大的互联网造富行动，招股书显示，包括马云、彭蕾、井贤栋在内的40位蚂蚁集团和阿里系高管合计持有约70.34亿股，上市后的市场价值约3630亿元，在不计算马云个人财富的情况下，蚂蚁集团的上市将诞生至少4位百亿富翁和35位十亿富豪。值得一提的是，得益于蚂蚁集团的股权激励计划，除了这40位明星高管外，蚂蚁集团的1.66万名普通员工也将获得巨额回报。截至招股书签署日，蚂蚁股权激励计划一共授予员工30.79亿股，上市时这些股票的市场价值约为1590亿元，这笔巨大的财富将由1.66万名蚂蚁员工和部分阿里系员工共同分享。

一、股份经济受益权

2014年蚂蚁集团成立后，当时的第一大股东杭州君瀚股权投资合伙企业便向阿里巴巴和蚂蚁集团的员工发放股份经济收益权（share economic rights，简称SER）。股份经济收益权不是期权，跟真实的股权也没有关系，而是一种"虚拟股权"，它基于蚂蚁集团的估值来核算价值并以现金的形式予以兑现。对比常规的股权激励方式，蚂蚁集团相当于在集团内部模拟了一个股票市场，并且只针对自己的员工发行股票并制定相应的规则。员工在蚂蚁集团规定的数量范围内，按企业核算出来的价格购买股份经济收益权，购买的价格也并非固定不变，而是会定期更新并予以公布。手持股份经济收益权的员工，虽然不是股票的所有者，但是拥有分享企业收益的权利，股份经济收益权无法自由交易，员工一旦离职，必须将其持有的份额全数卖给企业。除了蚂蚁集团的员工外，阿里的员工也有机会获得蚂蚁集团的股权激励。通过两大持股平台以及股份经济受益权的方式来实施股权激励，不仅可以调动员工的积极性，还可以解决企业激励人数过多，在工商层面频繁变动的问题，同时避免股东超过200人，从而影响企业上市，可谓一举三得。

二、限制性股票单位计划

限制性股票单位计划与股票期权计划类似,而所谓的"受限制"则体现在股票发放时间和行权时间两方面。员工在取得限制性股票单位后,必须要在企业待满一年才可以行权,每一份限制性股票单位的发放则需要四年的时间,每年只授予四分之一。而员工每年的奖金中又含有新的限制性股票单位奖励,这也造成员工手中所持有的限制性股票单位的数量会逐年上升。年复一年,员工手中永远都存在一部分还未行权的期权,所以只能选择继续留在蚂蚁集团或阿里。阿里为此还特意设立了一个部门"期权小组",专门负责限制性股票单位的授予、行权、转让等事务。限制性股票单位可以选择是通过内部还是外部渠道进行转让,但前提是需要向"期权小组"申请,通常对向外转让的申请审核时间在3至6个月。蚂蚁金服和阿里利用员工逐年取得期权的方法,来保持团队的稳定性和提高员工的积极性。

蚂蚁集团的股权激励计划在激励员工的同时,又不释放企业的股权,非常适合初创型的企业,特别是互联网公司。因为互联网企业的股权价值相比传统企业要更明显,如果过早地释放,不仅价格比较低,而且员工不一定愿意接受。而股份经济受益权就能够很好地解决这一问题,员工符合条件,在获得股份经济受益权后就可以享有企业的分红。对员工而言,短期内能够享受到收益,对企业而言,又不用太早释放股权,双方都愿意接受。同时,通过股权激励计划,员工和企业还能够互相发现各自的价值,只有双方达成了共识,企业才会走得更长久。

思考题:
作为创业者,你经历或实施过股权激励计划吗?站在你的立场上,你认为在实施股权激励计划时需要注意哪些事项呢?

第三节 股权激励

科学的公司治理依赖于有效的激励机制和约束机制。然而激励和约束本身具有一定的矛盾性,如果激励和约束不对称,比如激励过重而约束不足,或者名为激励而实为约束,那么均不会对企业治理产生任何正向效果。治理结构和股权结构的设置解决的就是如何进行企业内部约束与制衡,本节需要解决的问题是如何进行股权激励。

一、股权激励的意义

股权激励就是使企业员工以取得企业股权的形式,享有一定的经济权利,得以以股东的身份分享利润、参与决策、共担风险,从而使其具有主人翁意识,与企业构成利益共同体,有助于企业与员工共同成长,以帮助企业实现价值创造的最大化。

股权激励的意义在于融智和融资,企业可以通过股权激励的方式吸引、留住并激励核心人才,完成人才的储备与新老交替;目前,投资机构对被投资企业的治理结构有一定的要求,因为投资机构在投资时并不是投资创业者一人,而是投资整个创业团队,因此一般要求被投资企业设置股权激励池。

二、股权激励的对象

企业在确定股权激励的对象时,要遵守宁缺毋滥的原则,对少数重点关键人才进行激励。接受股权激励的应当是对企业有价值的核心人才,其往往具备关键技能、掌握核心业务或是能够为企业带来核心资源。创业者在判断员工是否为核心人才时,可以综合考虑其岗位价值、素质能力水平及其对企业的历史贡献,据此做出评价。

企业的核心人才通常包括高管、掌握核心技术的人才、为企业取得收入的营销类人才等,如表9-4所示,创业者可依照企业的行业属性和企业岗位重要性做具体化区分。

表9-4 企业核心人才范围

核心人才范围	简要说明
高管层	企业核心经营管理团队,包括董事长、总经理、副总经理、财务总监等
技术类	负责关键技术研发或具备核心技能的员工,包括研发总监、高级工程师、技术总监等
营销类	能够为企业带来客户或渠道资源的员工,包括市场总监、核心项目经理人员等

三、股权激励的基本模式

(一)股票期权

股票期权计划是指事前已经约定好的,员工可以用一个固定的价格,在未来一定时期内去购买一定数量的股票的激励模式。适用于市场有效性较好的企业,也可以用于处于初创期和快速成长期的企业。

微软就是典型的股票期权使用者,其为董事、高管和员工制订了详细的股票期权计划,微软员工的工资只占其收入来源的一小部分,而大部分来自手中持有股票的升值,形成了独特的"低工资高股份"现象。

(二)期股

期股指的是员工在取得期权资格之前,必须先自己付钱完成部分首付,再以分期付款的形式取得企业股份的激励模式。适用于想要留住人才的处于初创期和快速成长期的企业。

(三)业绩股票

业绩股票是指创业者先设立一个通过努力就可以达成的目标并将其告知员工,同时说明达成目标后其所能够获得股票奖励。假如员工保质保量完成了业绩目标,企业就将对应数量的股票奖励给他。这种激励模式适用于业绩稳定型的企业,处于成长期后期和成熟期的企业也同样适用。

(四)干股

干股是指赋予员工一定比例的分红权利,其实也就是利润分享计划,适用于业绩起伏不大、现金流状况稳定的企业。

早年的联想集团在柳传志的领导下采取的就是干股分红激励方式。每年取得的可供分配的利润里,中科院可分得20%,计算所可分得45%,其余的35%属于联想集团的管理层和员工。

通过分配干股的方式，兼顾了各方的利益诉求，使得激励方案的实施获得了较好的效果。

（五）限制性股票

限制性股票是企业为了实现预定目标而设置的激励方式，在预定目标实现后自动触发条件，将一定数量的股份赠予或以较低的折扣价格授予员工。这种股权激励方式适合那些想要留住关键人才的企业。

万科的限制性股票激励计划是在其达到一定的业绩指标的情况下，借助信托管理方式，于特定时间购入万科的股票，历经储备期与等待期，在其股价不低于前一年均价的前提下，才可以将其奖励给管理层。这一方案在激励员工的同时，保障了股东的利益，管理层要想得到股票激励，就必须完成相应指标并保证万科的股票不受短期波动的影响而发生下跌。

（六）虚拟股票

虚拟股票是由股票期权模式衍生而来的，将一种"虚拟"股票赋予员工，员工可以根据持有的虚拟股份享受对应数量的分红权和虚拟股票的升值收益，但是员工离职后会自动失效。这类激励模式适用于现金流比较充裕的企业。

（七）股票增值权

股票增值权和期权相仿，它们之间的区别在于股票增值权不需要激励对象购买，而是由企业直接将差价支付给员工，可以直接支付现金，也可以以股票的形式支付。这类激励方式适用于现金流比较充裕且比较稳定的企业。

（八）延期支付

延期支付是企业为员工设计的一个风险薪酬收入计划，只有当员工完成风险收入指标时才能获得相应的收入。此类激励方式同样适用于业绩稳定的企业。

中信银行从2014年起开始尝试延期支付模式，对象是高层薪酬中的绩效奖金部分，高层在当年只能取得全额奖金的50%，后两年每年再获得10%，最后的30%将在第四年获得。

（九）员工持股计划

员工持股计划是一种特殊的报酬计划，是为了吸引、保留和激励企业员工，通过让员工持有股票，使员工享有剩余索取权和经营决策权的利益分享机制。

西北航空在早年遭到了来自航空业的激烈竞争，政府财政补贴被取消、油价的不断上涨导致其游走在破产的边缘。就在此时，西北航空提出了员工持股计划，出让了55%的股份给员工持有，凭借广大员工的共同努力，最后企业终于起死回生。

四、不同发展阶段下的股权激励

在创业初期，企业成立不久，迫切需要人才，此时主要针对合伙人级别进行股权激励，往往采用实股股权进行激励；当企业迈入成长期后，事实上进入了快速增长阶段，是实施股权激励最好的阶段，可以选择给核心高管以实股，给核心技术人员和中层人员以虚拟股权的方式；成熟期的企业已经具有较大规模与行业地位，企业会考虑进入资本市场，在上市前通常会进行一轮以实股股权为主的股权激励；高速成长之后便是企业的衰退期，此时股权已经没有什么吸引力了，应该以现金激励为主。

五、退出机制

对于初创企业而言,如果不设置合理的退出机制,将无法适应初创企业频繁发生的人员更迭,只有事先设定好科学的退出机制,才能将这一问题合理解决。

(一)股权分期兑现

股权分期兑现有以下四种方式(以约定四年为例)。

(1)每年兑现四分之一。

(2)为了预防短期投机行为,设置任职满两年兑现50%,满三年兑现75%,满四年兑现100%。

(3)逐年增加,在企业工作时间越久,兑现的股权就越多,如第一年兑现10%、第二年兑现20%、第三年兑现30%、第四年兑现40%。

(4)以干满一年为兑现前提,后面每一个月兑现一点,如干满一年兑现四分之一,剩下的在三年之内每个月兑现四十八分之一。

(二)约定回购机制

股份约定回购机制的关键在于回购的价格定多少最为合适。创业者可以在企业刚创立时便约定好,如果合伙人离职,双方按照协商的价格回购股份,回购价格的确定可以参照原来购买股份的溢价或参照企业的净资产,还可以参照企业最近一轮融资估值的折扣价。

拓展延伸 华为的股权激励历程

华为成立于1987年,是全球领先的信息与通信基础设施与智能终端提供商,其员工超过19万,业务遍布世界上的170余个国家和地区,服务用户超过30亿。作为一家拥有出色业绩的企业,华为的股份都是由其员工所持有的,其利润也由员工共同分享。华为很早就通过工会实行员工持股计划,累计参与员工超过十万人,与大部分同等规模的企业不同,华为股权的持有者中并没有机构或投资者。作为一家民营企业,股权激励贯穿于华为的发展历程,对于创业者而言具备一定的参考意义。

一、员工持股计划

1990年,初创期的华为面临着扩大生产和提高研发能力的双重需求,对资金的需求较大,为了缓解资金压力,华为首次提出内部融资、员工持股的设想。1997年,华为将员工所持股份托管给工会,将员工持股计划逐渐转变为一项激励制度。为了吸引人才,华为以1元的股票发行价格面向内部员工发行股票,并以税后利润的15%作为股利发放。在这一制度下,华为员工的薪酬主要由工资、奖金和股票分红三部分组成。在员工进入华为并工作一年以上后,企业根据其职级、业绩、任职资格等情况派发股份,员工可以用奖金购买这些股份,假如奖金不够,差额部分企业会帮助员工取得银行贷款以完成购买。

通过这种融资方式,在帮助华为缓解了现金流压力的同时,提升了员工的归属感与认同感,减少了人员的流动。

二、虚拟受限期股计划

2000年,受互联网泡沫破裂所引发的经济危机影响,华为出现融资不畅的局面,华为遭遇成立以来的第一个危机。面对不利的融资局面,华为在内部实施名为"虚拟受限股"的期权改革。虚拟股票是指企业授予员工一种虚拟股票,这类虚拟股票不具备投票权和所有权,也无法转让与出售,但是员工可据此享受一定数量的分红权和股价升值权,在员工离开企业时自动失效。该类期权的行权期限以4年为周期,每年兑现四分之一。至此,华为从初创期的全员激励转为以核心技术员工和管理层为重点进行激励,虚拟股票的发行大大提升了管理层对企业的控制能力。

2003年,SARS病毒引发的危机导致通信行业的出口受到影响,同时华为还面临着严重的人才流失。为了留住人才,华为调整了股权激励计划,明确了配股锁定期,规定员工在3年内不得兑现,一旦离开期权立刻作废。与此同时,华为将每年的兑现比例下调到十分之一,从而遏制住了人才的不断流失。

三、饱和配股

2008年,美国次贷危机引发了全球性的经济危机,华为也在这场危机中遭受了重大损失,员工纷纷将手中的股票赎回,面对这一局面,华为也重新制订了股权激励计划。当年12月,华为披露"配股"公告,此次配股的股票价格为每股4.04元,年利率超过6%,配股范围几乎囊括了所有在华为工作时间一年以上的员工。在配股数量上,不同级别的员工能够持股的数量也是不同的,级别越高的员工持股的数量也就越多,达到上限则无法参与此次配股,也就是所谓的"饱和配股"。

四、TUP计划

2014年,华为又提出TUP(time unit plan)计划,每年依据员工的岗位及级别、绩效,配送一定比例的期权,这事实上是一种特殊的奖金,是根据员工历史贡献及未来发展前景来制定的一种长期但非永久的奖金分配权力。这种期权不需要花钱购买,周期一般是5年,购买当年没有分红,前三年每年分红三分之一,第四年获得全部分红,同时最后一年获得股票增值结算,然后股票数额清零。当员工工作2~3年后,由于离开华为便无法取得所有分红,所以通常会考虑选择留下,工作5年后,不符合华为价值观的员工会主动或被动地离开,从而将获得虚拟受限股的机会让给真正的奋斗者。

纵观华为的股权激励历程,不管其如何变化,本质上就是把员工与企业紧密联系起来,形成一个利益共同体。企业一方面借助股权激励增加了资本比例,缓解了企业的现金流压力,另一方面让员工获得了股权,得以分享企业的利润,把员工的个人利益与企业的发展深度绑定,增加了员工的主人翁意识,减少了人才流失。

创业术语

一致行动人(persons acting in concert)是指投资者通过协议、其他安排,与其他投资者共同扩大其所能够支配的一个上市公司股份表决权数量的行为或事实。

停牌(suspension)是指证券交易所对在本所上市的有价证券要进行定期或不定期的审核或复核,如发现某上市证券不宜继续上市时,交易所可开具"停止证券上市通知书",暂停其上市的规定。

委托代理理论(principal-agent theory):20世纪30年代,美国经济学家伯利和米恩斯因为洞悉企业所有者兼具经营者的做法存在着极大的弊端,于是提出"委托代理理论",倡导所有权和经营权分离,企业所有者保留剩余索取权,而将经营权利让渡给管理者。

剩余索取权(residual claim)是指对资本剩余的索取。简单来说就是对利润的索取,即分享利润。

信息不对称(asymmetric information):在市场经济活动中,各类人员对有关信息的了解是有差异的;掌握信息比较充分的人员,往往处于比较有利的地位,而信息贫乏的人员,则处于比较不利的地位。在委托代理理论下,企业管理者掌握企业的信息较所有者更为充分。

门口的野蛮人(barbarians at the gate)这个称谓源于《门口的野蛮人》一书,特指一些投资者,对其他企业进行恶意收购。这些"野蛮人"本来是企业经营管理圈之外的人,当看好某家企业的时候,就开始通过各种手段持有该企业的股份,达到一定比例成为控股股东后就接管了企业,并将原来的股东、经营管理层边缘化。

中国概念股(China concept stocks)简称"中概股",是指外国投资者对所有海外上市的中国股票的统称。

联席CEO(Co-CEO)是指两个或多个人共同负责CEO这个角色的体制。

招股说明书(prospectus)是股份公司公开发行股票时,就募股事宜发布的书面通告。

分红(dividend)是上市公司对股东的投资回报,是股东收益的一种方式。

本章小结

1. 公司治理和公司管理都是现代企业中不可或缺的活动,公司治理是企业运作的一种制度构架,是引领企业发展方向的一种基本安排,而公司管理是在这种基本的构架和安排下,通过计划、组织、控制、指挥、协调和评价等功能的具体实施来实现企业的目标。

2. 股东大会是企业的最高权力机构,享受企业利润分红的同时具备表决权;董事会由股东大会选举产生并对其负责,是企业的决策机构,享有企业的战略决策权;高级管理层由董事会聘任并对其负责,是企业的执行机构,负责企业的日常经营管理;监事会是企业的监督机构,对企业的业务活动进行监督和检查。"三会一层"构成了立体、全面、制衡的公司治理结构。

3. 创业者可以通过设置A/B双层股权结构、限制性条款、持股平台、投票权委托和一致行动人协议来保持对企业的控制力。

4. 创业者在进行股权激励时,可以选用股票期权、期股、业绩股票、干股、限制性股票、虚拟股票、股票增值权、延期支付和员工持股计划等方式,同时需要设置好股权退出机制以应对创业初期频繁的人员更迭。

思考与讨论

1. 请举例说明,在企业日常运营的过程中,"三会一层"是如何互相制衡的?
2. 假如你是企业的创始人,你会如何分配股权呢?

3.假如你是企业的创始人,你会使用哪种股权控制方式来维持你对企业的控制力?

4.请举例说明,你会如何选取股权激励的方式?

5.思考并讨论,造成各个区域公司治理模式不同的原因是什么?

头脑风暴

学生分为若干组,各组利用头脑风暴的方法,对以下问题提出不同的看法,并尽量多地将它们列示出来。

讨论问题:你们团队的项目中存在公司治理问题吗?尽可能详细地列出所有可能发生的风险后,结合未来的融资计划,写出你们项目的股权架构和股权激励的方式。

第十章

创业风险：有效识别，合理控制

在担任CEO的8年多时间里，只有3天是顺境，剩下的8年几乎全是举步维艰。

——本·霍洛维茨

很难想象，这句话出自被誉为"硅谷最牛的50个天使投资人"之一的互联网先驱本·霍洛维茨。他在创业时期，曾多次带领公司于绝境中起死回生，多年后，他写下了《创业维艰》一书，并用这样的一句话总结了他的创业时光。

创业从本质上来说，就是一个幸存者的游戏，从创办企业的第一天起，创业者便会面临着数不清的风险，如何让企业从风险中全身而退，成为那一个"幸存者"，便是本章所要学习的内容。

知识目标
了解风险与不确定性的相关概念；
熟悉创业企业面临的几类常见风险；
掌握四类风险的应对策略。

能力目标
学会运用风险管理程序控制风险。

素质目标
树立创业者的危机意识，培养其在创业过程中勇于承担风险，敢于应对挑战的精神。

第十章

创业风险：有效识别，合理控制

引导案例　乐视网的崩塌

可以想象，一位用户回到家中，躺在沙发上，喝着红酒，看着超级电视里正在播出的乐视影业出品的电影——《小时代》，上述的生活场景正在成为现实。

——贾跃亭

2019年10月13日，乐视网创始人贾跃亭于美国申请个人破产重组。而乐视网作为曾经创业板的明星股，在鼎盛时期的市值一度高达1700亿，甚至于贾跃亭一度计划搭建一个能够与Netflix、特斯拉、苹果相匹敌的商业帝国。但自2016年底曝出资金危机后，仅仅两年多的时间，乐视网却于巅峰迅速跌落神坛。

究竟是什么原因导致了乐视网在短短几年间的大溃败呢？让我们将目光投向2010年，那年的乐视网，如果光看访问量，还远远落后于它的竞争对手们，然而其财务指标却一枝独秀，排在行业前列，自2010年到2016年，乐视网连续7年盈利，净利润总值超过了21亿元。在财务数据的背后，是贾跃亭自创的"生态化反"概念，其核心是"价值重构、共享和全球化，最终由此形成由垂直闭环的生态链和横向开放的生态圈组成的完整生态系统"。贾跃亭以乐视网作为基础，开启了乐视生态的激进扩张，逐步构造乐视生态的七大板块，分别涉及内容、手机、汽车、体育、互联网金融、大屏和云生态等。他希望7个子生态能在碰撞协作中，彼此吸引，传递用户，共享消费者。让消费者从平台、内容到终端、应用都选择乐视的产品，零切换、习惯性地无缝对接。具体表现为，2011年乐视影业成立；2013年以超级电视为主要产品的乐视致新成立；2014年乐视体育成立并于当年推出乐视汽车；2015年踏入智能手机市场。一个接一个的新业务的推进，不断地蚕食着乐视网的现金流。然而，在危机被彻底触发之前，接连推出的新项目却将乐视网的股价不断推向高潮。2014年，乐视网以410亿元的市值成为创业板市值第一的企业，贾跃亭成为创业板首富。2015年5月，乐视网市值达到1700亿元，达到自己的顶峰，一跃成为当时国内甚至全球唯一同时拥有三大智能硬件产品的"超级公司"。

然而，转折发生在2016年年底，当年乐视网营收大幅跳水，成了当年的A股亏损王，业绩大幅下跌的背后，是"生态化反"的资金链发生了问题，2016年底，又接连曝出其拖欠供应商货款，拖欠金额超过100亿，供应商纷纷将其诉至法庭。而早在乐视网债务危机爆发前的2015年，中央财经大学的刘姝威教授就已经指出了乐视网的持续经营能力出现了问题，质疑了乐视网的烧钱模式无法持续。从世界范围来看，当时几乎没有公司可以在硬件的意义上完全实现生态化，究其原因不难得出，如果硬件公司无法垄断技术的迭代，那么其就无法控制用户选择自己的产品。此外，硬件互联的技术还未完全成熟，如果无法实现生态互联，那么乐视网所做出的产业布局，无论是电视机、手机、汽车、金融还是地产及智能家居，都无法形成一个相互关联的整体，只能在所属的行业中各自为战，而这些战场中的竞争对手，任何选择一个，乐视网都无法在资本、技术、人才和品牌积累等方面战胜它。

所以，当各个巨头旗下的视频网站也开始烧钱时，版权费的暴涨使得没有财团支持的乐视

创新创业基础

网无力迎战；在彩电巨头们联合内容商的夹击之下，乐视超级电视的销量也陷入瓶颈，规模生产和物流成本让亏本的生意难以为继；随着国内市场逐步饱和，手机利润在降低，但市场对于技术研发投入的需求却越来越强烈；业界最看好的乐视体育则在融资资金被抽走输入手机和汽车之后，陆续丢失了几大联赛的版权；还有网约车、电商、网酒网、互联网金融，一个个业态都亟待重金投入，但缺乏现金奶牛的乐视的资金却被大量抽到了超级汽车这个无底洞中。如果说布局太大致使乐视网的资金链摇摇欲坠，那么因为扩张太快而导致团队搭建跟不上，从而出现的管理低效与混乱问题，则让乐视的财务状况雪上加霜。

后来的故事就如我们所熟知的那样，2016年贾跃亭坦承乐视网的现金流存在风险。第二年孙宏斌入股乐视，为其带来了150亿元的资金，试图将其从危机边缘解救出来，然而最终还是失败了。乐视网关联交易纠缠，还款遥遥无期，其股权被多家银行冻结导致重组搁浅。最终，贾跃亭出走美国，孙宏斌卸任董事长，乐视网这艘巨轮终究还是停摆了。

思考题：

乐视网的危机由来已久，其绝非溃败于一朝一夕，作为创业者的你，又从中得到了怎样的启示呢？

第一节 风险的相关概念

一、风险的概念

（一）不确定性

创业者在进行经营决策时往往需要对未来发生的事项进行判断，但未来事项充满了未知性，这种未知性我们便将其称为不确定性。对于单一事件而言，事件的本身就充满了未知，其是否发生不确定，什么时候发生也不确定；对于事件组合而言，触发事件的条件不确定，事件导致的后果不确定。这五类情况就是不确定性的所有形式。

（二）风险的概念

风险和不确定性在某些领域互通，许多情形下也可以互换，但就创新与创业领域而言，不确定性与风险存在一定的差别。风险指的是结果低于预期甚至使个体遭受损失的不确定性。从风险的概念可以得出，风险与不确定性的主要区别在于其结果是否有低于预期的可能，只可能获得收益的不确定性不能被称之为风险。风险在日常生活中普遍存在，本书主要围绕初创企业可能遇到的风险展开。

为了了解风险的不同程度，可以将风险（不确定性）的不确定程度划为三个等级，由下而上不确定性逐渐递增，如图10-1所示。

总的来说，第一级风险指的是某项活动可能引发多种结果，但是每一种结果发生的概率是

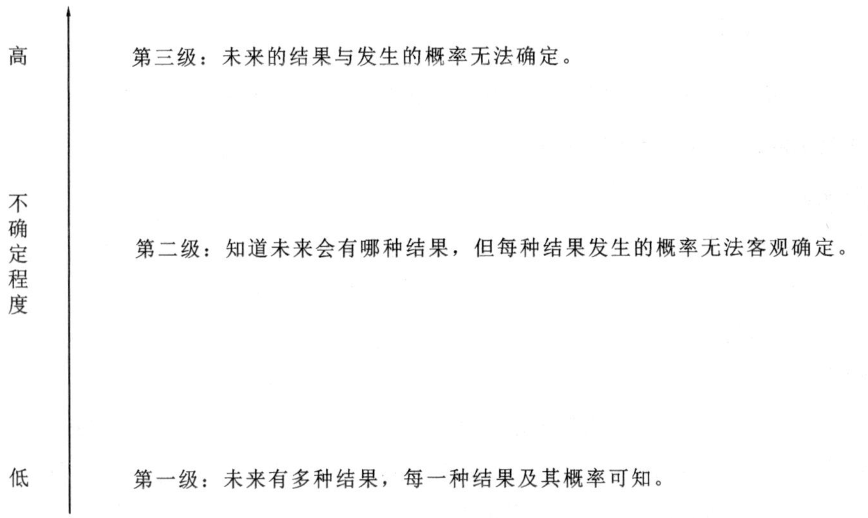

第十章
创业风险：有效识别，合理控制

```
高  |  第三级：未来的结果与发生的概率无法确定。
    |
不   |
确   |
定   |  第二级：知道未来会有哪种结果，但每种结果发生的概率无法客观确定。
程   |
度   |
    |
低  |  第一级：未来有多种结果，每一种结果及其概率可知。
```

图 10-1　风险的不确定程度

可知的；第二级风险指的是这项活动的结果可知，但是其发生的概率不得而知；最后一级风险指的是该事件可能产生的结果及其概率一律不得而知。

二、风险的特点

通常来说，风险有如下五个特点。

（一）客观性

风险是客观存在的，不会因为个人的想法而发生改变，创业者能够采取预防与补救措施以抵御或降低风险，但是无法完全将其消除。

（二）偶然性

风险是基于不确定性的，正是不确定性赋予了风险以偶然性，风险产生的原因、持续的时间、造成的影响都具有偶然性。

（三）普遍性

对于企业与个人而言，风险是无处不在的，市场、环境、财务等风险伴随着企业的成长。而随着科技的进步和社会的发展，新事物的产生更是丰富了风险的种类，这也给创业者预测风险带来了更大的难度。

（四）可测性

尽管风险的发生带有偶然性，但只要其发生的次数够多，特征够明显，创业者就可以从中找出共性与规律，从而利用科学的手段预测其发生的概率。

（五）可变性

风险并不是一成不变的，其具有可以转化的特征。不同种类的风险、同种类但程度不同的风险在某些特定环境和条件下可以互相转化。

三、风险的分类

在不同的标准下,风险的种类也各不相同,创业者必须要掌握不同标准下的风险分类。

(一)按照风险造成的结果划分

1. 纯粹风险

纯粹风险指的是只存在损失可能,不存在获利可能的风险。在纯粹风险下,企业未来只会发生两种可能,要么是发生风险、产生损失,要么是什么也不发生。自然灾害、生产安全与员工生命安全风险等都是纯粹风险。

2. 投机风险

投机风险与纯粹风险不同,其既可能产生收益也可能造成损失。在投机风险下,企业未来存在三种可能:从风险中获利、在风险中遭受损失和什么也不发生。企业所处的市场是随机性的,瞬息万变的市场行情对一些企业来说是有利的,会获得收益,而对另外一些企业来说则是不利的,会导致其蒙受损失。市场行情变化可能导致企业发生盈利或亏损,因而这类风险就属于投机风险。

(二)按照产生风险的环境划分

1. 静态风险

静态风险是指在社会政治经济环境稳定的前提下,由于自然力量的非常变动或人类行为的错误导致损失发生的风险。比如不可抗力产生的自然灾害等由于自然原因造成的风险;决策失误、资金链断裂、员工遭受意外伤害等由于个人有意或无意行为造成的风险;贪污舞弊、恶意欺诈等由于个人道德缺失或违法违纪行为造成的风险。

2. 动态风险

动态风险则是指社会、经济、科技或政治变动所产生的风险。其发生的频率、影响的规模以及程度均远超静态风险。

(三)按照风险发生的原因划分

1. 自然风险

自然风险是指因为不可抗力而造成的危害经济活动、物质生产或生命安全的风险。典型的自然风险有地震、洪水、火灾、霜冻、干旱、蝗虫、瘟疫等。

2. 社会风险

社会风险是指由于个人或企业的过失、不当行为而使企业与社会发展和人们的生活遭受损失的风险。

3. 经济风险

经济风险是指在经济活动过程中,受市场因素影响或经营不善而造成经济损失的风险。

(四)按照风险致损的对象划分

1. 财产风险

财产风险指的是个人或企业所拥有、控制或保管的财产遭受损毁、灭失或贬值的风险。

2. 人身风险

人身风险是指在日常生活及生产经营活动中,生命或身体遭受各种形式的损伤,导致其生产能力降低或丧失的风险。

3. 责任风险

责任风险是指在法律或相关合同约束下,因行为人的作为或不作为造成他人财产损失或人身伤亡,而由行为人担负经济赔偿责任的风险。企业为员工缴纳社保本质上就是企业为个人分担了风险,并通过缴纳一定费用的方式将其转移给了社会其他部门。

(五)按企业活动的性质划分

1. 金融风险

金融风险是与金融市场相关的风险,有以下几类:(1)信用风险,指的是交易对手无法履行合同中的义务而造成经济损失的风险;(2)流动性风险,是指处置资产时的出售价格低于资产潜在公允价值的风险;(3)市场风险,是指资产的市场价格与汇率波动的不确定性。

2. 非金融风险

非金融风险是指与金融市场无关的风险,其来自企业生产经营活动的内外部环境,主要有以下几类:(1)操作风险,是指员工操作失误或错误造成企业生产经营活动中发生损失的风险;(2)清偿力风险,是指企业缺乏足够的现金从而无法开展经营活动的风险;(3)监管风险,是指监管环境发生改变从而使企业承担额外成本或导致企业生产经营活动受限制的风险;(4)政府或政策风险,是指政策发生改变造成企业承担额外成本的风险;(5)法律风险,是指未来法律活动导致后果的不确定性;(6)会计风险,是指企业会计政策与估计的判断不正确所造成的风险。

除了以上的几类,风险的划分标准还有很多,创业者掌握风险分类的目的是能够加深对风险的认识与理解,从而得以更准确地识别风险,进而应对风险。

从风险的特征可以得知,创业者在创业过程中所遇到的风险并不是孤立存在的,它们之间是会相互作用及相互转变的。比如企业能够以购买期权合约的方式规避市场风险,如果市场价格下跌,那么企业可以从期权合约中获得补偿收益。但是创业者必须要考虑到,市场价格的大幅下跌可能会导致期权合约的违约风险升高,从而导致企业面临更大的信用风险,信用风险则可能进一步触发更为严重的流动性风险,从而使企业的资金链与现金流出现风险,最终导致企业面临清偿力风险。

风险的相互作用是无处不在的,创业者在分析风险时一定要加以关注,特别是在企业面临多个风险或财务困境时,风险之间的相互作用可能会为企业带来猝不及防的损失。作为创业者,需要对各类风险的产生与后果进行详细的分析与把控。

引导案例 小米的"逆袭"

世界上没有任何一家手机公司销量下滑后,能够成功逆转的,除了小米。

——雷军

2017年2月28日，小米发布了澎湃S1芯片，这也标志着小米成为继苹果、三星与华为之后，全球第四家具备手机SoC芯片研发能力的手机品牌。雷军在发布会上说道："做芯片九死一生，但芯片是手机科技的制高点，小米要成为伟大的公司，必须要掌握核心技术。"然而，正是这么一家志在成就伟大的公司，在过去的两年内，却陷入了始料未及的低谷。

时间回到2012年8月16日，身穿黑色T恤和蓝色牛仔长裤的雷军站在小米手机的发布会上，他通过整整两个小时，向参与发布会以及在线上观看的发烧友们详细介绍了即将上市的小米手机，其装扮及发布会的模式让媒体感叹："雷军昨日的出场扮相，像极了乔布斯，而整个小米手机发布会现场也与每年苹果的产品发布会如出一辙。"在发布会后，小米手机一度成为当时最受欢迎的手机产品，在很短的时间内销售量便突破100万台，且不借助任何线下渠道，所有的销售均采用线上渠道。这一成绩对于传统制造业者而言，几乎是不可能达到的。雷军认为，经营时要注重七个字，那就是"专注、极致、口碑、快"，这一理念颠覆了传统的制造业。此外，雷军认为，在风云激荡的大环境下，创业者一定要勇敢地拥抱趋势，"站在风口上，连猪都会飞起来"。此时的雷军想不到的是，危机正在悄然到来。

其实，乐视网并不是第一个提出打造互联网硬件生态闭环的公司，自2013年雷军就决心拓展小米模式，进入更广的产品领域，方式是"从零开始，孵化生态链企业，每家公司只做一个产品，最终形成一支舰队。"基于这一逻辑，小米推出了几款具备标杆意义的产品，例如小米手环和路由器，这几个产品在短时间内占领了市场，取得了竞争优势，并逐步做到行业第一。但是，小米的生态链战略在取得多点开花的同时，却因为缺乏核心产品而陷入了空心化危机。此外，互联网思维一方面帮助小米手机在线上销售上取得了空前的成功，另一方面也导致其完全放弃了线下市场，线下渠道的缺失给予了小米手机的竞争对手们一个宝贵的赶超机会。2015年，小米手机没有达到销售预期，2016年销量下滑更甚。这段时间也是互联网手机品牌的洗牌期，互联网红利的逐渐消失以及过分追求性价比、销量让互联网手机品牌死伤无数。OPPO和vivo为了获取数量庞大的年轻消费者，加快了在下沉市场扩展的脚步，而在高端手机市场上，主打性价比的小米则遭遇苹果与华为的阻击，从而陷入进退两难的困境。

看似乐视网的历史又将再次上演，但幸运的是，雷军认识到了错误并立刻着手纠正，他快速识别出了风险并调整了战略，将小米的"铁人三项"理论再次升级，变更"软件＋硬件＋互联网"为"硬件＋新零售＋互联网"。新零售模块首次被提出，构成了以小米商城、全网电商、小米之家和米家有品组成的体系。2016年，小米宣布将重点转移到线下，大力铺设地面渠道，并提出在三年内开出一千家"小米之家"。小米的新零售并不止是手机，还包括整个小米生态链产品，自成立以来，小米累计投资了上百家生态链企业。凭借覆盖日常生活各个角落的生态链产品，小米之家不仅是线下零售店，更是集手机、智能家居和生活用品为一身的线下新零售集群。经历了这一次风险之后的小米，用了整整一年时间才慢慢走出了低迷期，2017年9月，小米手机打破了其销量纪录，在当月共计销售1000万部小米手机。在发布会上，雷军感慨："世界上没有任何一家手机公司销量下滑后，能够成功逆转的，除了小米。"

思考题：

同为打造互联网生态，为何在乐视走向覆灭时小米却能力挽狂澜？

第二节 风险管理

一、风险管理的定义

风险管理是指创业者通过管理风险进而影响企业价值创造的企业活动。具体而言,风险管理是创业者从战略制定到日常经营活动中对待风险的一系列信念与态度,确定可能影响企业的潜在事项并进行管理,从而最小化风险,保证企业的目标能够实现。

二、风险管理的框架

风险管理的首要目标是实现初创企业的价值最大化。在风险管理过程中,创业者可以获取帮助其有效评估企业资本总体需求及提高资本配置的重要风险信息。这些能力一方面能够帮助创业者实现利润目标、避免资源流失,另一方面能够帮助创业者合理制定战略、有效配置资源,以达成企业的目标,规避风险,在整个过程中实现企业价值的最大化。所以,企业风险管理涉及企业的方方面面,可以应对初创企业融资、投资和商业计划中的各个要素,如策略计划、营销计划、运营计划、研发计划、管理及组织计划、融资计划及业务控制等。

为了避免创业者在面对风险时手足无措,其在进行风险管理时需要遵循一个相对标准的框架,一个完整的风险管理框架应当包括以下内容。

(1)创业者需要为风险管理制定相应的规范,将风险管理正式化。

(2)确定企业的风险容忍度。通常情况下,收益越高则风险也越高,企业在做出经营和投资决策时需要充分考虑到其可能带来的风险,根据自己企业的风险偏好,设定风险的上限和下限,这就是风险容忍度。

(3)识别并评价企业所面临的风险。

(4)管理并应对风险从而取得对企业最有利的风险组合。

(5)监控风险敞口。在进行风险管理后,企业识别潜在风险、评估风险及应对风险的能力会得到显著提升,创业者可以利用对企业风险的了解制定防范措施并随时监控风险是否发生。

(6)在企业内部就风险管理展开沟通。通过这一措施,既能够培养企业员工的风险意识,还能使与该项风险有关的人员参与风险管理,为风险的识别、评估及应对提供最全面的信息,最大程度避免决策失误。

(7)进行策略风险分析。

企业风险管理不光是一种防御机制,还能够影响初创企业的增长、风险及回报,将商机最大化。偏好风险的创业者会希望通过接受风险以获得更多的收益,厌恶风险的创业者会通过规避风险以抵御风险可能带来的损失。除此之外,创业者在识别风险时所采取的活动可以帮助相关人员深入思考并通过全面考虑各种可能的事件以识别和把握各种机遇。

三、风险管理的程序

在实施风险管理程序之前,创业者需要制订适合初创企业的风险管理计划,主要是为了确定风险容忍度,明确风险管理的责任分担,完成风险管理的准备工作。风险管理最终能否成功在很大程度上取决于企业的风险容忍度,创业者要在自己能够承受的风险与想要取得的收益之间达成平衡。创业者可以借助风险管理策略书来表达风险管理的准备工作中的相关事项。在完成了准备工作后,创业者可以从风险识别、风险评估、风险应对及风险监控四个步骤展开风险管理。

(一)风险识别

创业者可以采用风险识别的方法来找出企业内外部存在的风险。在识别风险前,创业者需要清楚企业可能面临的风险、风险可能造成的损失以及发生损失的具体领域。也就是说,创业者需要通过风险识别的具体方法将那些企业中经常发生的、发生后会造成重大影响的、企业有能力应对的风险识别出来。风险识别程序要求创业者能够在第一时间及时识别风险,并据此设计适当的防范及应对措施,以降低风险给企业带来的损失。

1. 风险清单

风险识别方法的选用是风险识别程序能否成功的关键。风险识别方法很多,不同类型的风险使用的识别方法也各不相同,创业者可以逐一排查,也可以枚举,其基本方法是列举风险清单,这是所有风险识别方法的前提。

风险清单是由专业人员设计的,主要以表格和问卷的形式出现,其中详细列举了该企业中可能出现的所有风险。因此,风险清单一般都很长,相关人员在编写风险清单时希望其能够尽可能详细,以囊括企业所有的潜在风险。风险清单中不仅会列举所有潜在的风险发生的可能性及其对企业的影响程度,还包括企业修理或重新取得资产的成本以及法律责任。创业者在使用风险清单时,需要对照每一项风险回答:"我们公司会面临这样的风险吗?"在这个过程中,逐渐构建出初创企业的风险框架,其模板可以参照本章拓展延伸中的内容。

风险清单的优点是节省成本、便于编写,适用于初创企业、初次进行风险管理的企业或缺乏专业风险管理人员的企业。风险清单能够帮助企业尽可能多地识别出基本风险,减少重要风险未被发现的可能性。风险清单也有其局限性,一方面,风险清单模板适合于所有行业的企业,缺乏针对性,不利于具体企业具体分析,从而忽略专属于企业的特殊风险。另一方面,风险清单中只考虑了纯粹风险,不涉及投机风险,也就是说,只有使企业遭受损失的风险才会被记录进去。创业者在使用风险清单时,要认识到这些局限性,并采取一些辅助手段来配合风险清单的使用,以弥补其不足。常用的风险识别辅助方法有头脑风暴法、财务报表分析法、流程图法、事故树分析法和现场检查法等。

2. 头脑风暴法

头脑风暴法指的是创业者将风险管理的相关人员召集在一起,让其将心中第一个想到的风险迅速罗列出来,再由创业团队对所罗列出来的风险进行分析,找出关键风险。其优点是相对快捷且易于执行,缺点是其主观性较强且不够详细,会导致风险识别不充分。

3. 财务报表分析法

财务报表是初创企业日常经营活动的主要体现,所以针对财务报表展开的研究分析相对可靠与客观。此外,财务报表的获取难度很低且可信度较强,无须风险管理人员消耗大量的时间与资源去获取相关资料。此外,财务报表中涉及的经营活动和投资活动信息可以用来识别企业的投机风险。

企业的主要财务报表有资产负债表、利润表和现金流量表等。资产负债表提供资产损失风险,利润表反映企业盈亏风险,现金流量表则反映现金流的风险。

4. 流程图法

流程图法是根据生产或管理流程来识别风险的方法。使用流程图法时,先要将企业的生产经营活动的各个环节按照流程顺序绘制成流程图。其优点在于能够形象清晰地展示各个环节的风险,从而揭示出生产经营活动中的风险。其缺点是只注重结果,不关注损失的原因。

5. 事故树分析法

事故树是一种树状图,其与流程图较为相似,都是由节点和连线组成的,节点表示具体环节,连线表示这些环节之间的相互关系。与流程图法主要关注结果不同,事故树追溯的是发生事故的原因。它遵循逻辑演绎的分析原则,从事故的结果开始,分析引起这起事故的原因。创业者可以通过事故树法识别系统的风险因素,同时还可以求出事故发生的概率。其优点是简单、形象,逻辑性强,应用得较为广泛。

6. 现场检查法

如果创业者采用了以上几类方法依旧无法将全部风险识别出来,那就需要创业者采取现场检查法,实地查看各个环节的运作,观察企业的各项资产以及员工的操作,以识别存在的风险。创业者在现场检查前要做好充足的准备,对所要调查的部门及其风险情况做到心中有数。

现场检查法的优点是,创业者能够借此取得第一手资料。然而,尽管这是创业者最直接发现风险的方法,但创业者无法时刻待在现场,所以对企业运作最了解的应该是一线员工,但其又不具备敏锐的风险意识,所以需要创业者从他们的介绍中察觉到风险,这就要求创业者具备一定的交流与沟通能力,这种交流可以是口头的常规性报告,也可以是书面的定期报告。一整套完善的沟通制度是现场调查的有效补充,依靠这些交流,创业者不仅可以识别出现场调查时没有识别的风险隐患,还能随时掌握在两次现场调查之间出现的新风险。现场检查法的最大缺点则是需要花费创业者大量的时间,成本较高。

(二)风险评估

在创业者完成风险识别程序后,接下来就要对风险发生的可能性和重要程度进行评估。风险评估是指在风险发生之前或者之后,对该事件造成的后果及其可能性进行的评估。

创业者可以通过制作风险评估系图的方法来进行风险评估,其可以识别某一风险是否会对企业产生重大影响,并将此结论与风险发生的可能性联系起来,此外,这种方法还可以为确定风险的优先次序提供框架。如图10-2所示,在风险评估系图中,风险点2发生的可能性较低且一旦发生对企业的影响较小,与之相比,风险点1发生的可能性就较高,且一旦发生对企业的影响也更大,因此风险点1更加值得创业者关注。值得注意的是,每个风险的重要程度及影响会因企业结构的不同而有差别。

创业者还可以使用情景设计法来评估风险,这是一种通过内部讨论来形成关于企业未来风险情况看法的方法。

除了以上两种方法,创业者还可以使用敏感性分析、决策树、计算机模拟等方法来进行风险评估。创业者在进行敏感性分析时可以从已识别的风险及造成这些风险的因素着手,评价结果对这些因素变动的敏感程度。决策树主要用于目标管理,根据每种结果出现的可能性及涉及的现金流量,以此来评估项目的期望值。计算机模拟则是利用概率分布和重复运行,为企业识别各种可能的情景与结果。

对于创业者而言,接下来的一步十分重要,那就是对已经识别出来的风险进行风险评级,形成一份列明潜在风险的清单。在创业者进行风险评级时,需要额外关注风险间的相互影响和相互作用。例如,信用风险可能会造成企业的现金流出现风险,而企业员工舞弊风险则会导致名誉或法律风险。创业者按照已评估的风险的重大程度及发生的可能性计算风险评分,将那些创业者认为最严重的风险挑选出来,按照所评估的严重程度对风险进行优先次序的排列。评分较高的风险被记入图10-2所示的右上角象限中,作为风险推动因素或主要风险,创业者必须把注意力放在这些主要风险上。

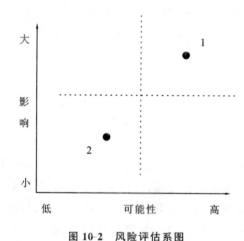

图 10-2 风险评估系图

在创业者针对风险进行优先次序排列时,一方面要关注其在财务方面的影响,更主要的是关注对实现企业目标的潜在影响。不是所有的风险都是重要风险,对于那些一般风险,企业应当定期对其进行复查,并保证在企业内外部环境发生改变时其没有转变为重要风险。因此,对已识别风险的持续监督是必要的。

(三)风险应对

风险应对策略是指创业者和企业应对风险的态度与方式,其实施的前提是所有风险必须经过科学的评级。创业者针对已确定的核心风险采取应对措施,可采用应对策略有风险降低、风险消除、风险转移和风险保留中的一个或多个。

1. 风险降低

风险降低是指将风险造成的损失降到可接受的水平,创业者可以根据不同的情况采取不同的风险降低方法。创业者可以通过风险分散的方式来降低风险,不愿"将所有的鸡蛋放在一个篮子里"的企业采用的就是风险分散策略。

2. 风险消除

风险消除是指阻止风险的发生,从源头上拒绝损失。当创业者预见到某个项目的潜在风险损失高于其为企业带来的收益时,可以采用风险避免的方式来消除风险,其他方法包括风险化解、风险终止等。例如,为了避免山体落石风险,可以把企业建在远离山体的地方;为了避免某项投资可能为企业带来的现金流风险,可以选择直接放弃该项投资。

3. 风险转移

风险转移是指将风险转移给其他企业或机构的应对方法,可以通过合同和财务协议的形式来实施。从本质上来说,被转移的风险的严重程度并没有降低,仅仅是从一方转移给了另一方而已。在转移风险时,创业者要综合考虑各方的目标、转移能力、存在风险的情形以及成本和效益。常见的风险转移方式是购买保险,企业通过向非关联的第三方付款,让其代为承担风险,接受被转移风险的一方通常要收取保费,企业所支付的保费应当低于风险可能为企业带来的损失。企业帮员工缴纳社保也是风险转移的一种形式。但是,就算企业采取了风险转移措施,往往也无法完全置身事外。例如,初创企业将某一项目的风险转移给承包人,然而承包人未能有效地管理风险,导致项目被推迟交付,尽管承包人会因推迟交付而受到处罚,然而项目推迟已经无法避免,企业依旧需要承担相应的后果。

4. 风险保留

风险保留也就是接受风险,这是一种被动的应对策略。风险保留包括风险接受、风险吸收和风险容忍。当创业者发现,项目带来的潜在损失远远小于其为企业创造的收益,或是企业采取的风险应对措施的成本远远高于风险带来的损失时,可以采用风险保留的策略。由于企业的内外部环境是不断变化的,所以创业者在执行风险保留策略前,必须确定在短期内没有其他备选方案,并保证已经对所有可能的消除、降低或转移风险的方法进行了分析,同时清楚实施这一方案对企业的影响及风险发生的可能性。

风险应对策略是风险管理程序中极为重要的一环,创业者在选择风险应对策略时需要参考以前的各项活动。由于企业的内外部环境是在不断发生变化的,所以创业者必须紧跟风险识别和风险评估程序,立即着手实施风险应对策略。创业者应仔细分析以上四种策略,一旦确定了风险应对类型,就需要制定具体的措施来将这一应对策略落实到底。

(四)风险监控

由以上的环节可以看出,对主要风险的识别并不是一个单一的过程,被识别的风险所处的环境,将随着这些已识别风险性质的改变而迅速出现变化。在企业内外部环境发生改变后,风险可能会造成更严重的威胁。企业必须设立长效机制,对已识别的风险进行监控,风险监控是实时监测风险状况、监控风险管理目标的程序,其贯穿于风险管理的始终。

企业风险管理小组的成员需要持续提供最佳的风险状况信息,创业者据此展开分析和预测,并对这些风险展开调研,持续更新已识别风险的评估结果。企业应合理利用信息加强跟踪反馈,以便进行风险管理,精确调整损失控制程序,并采取进一步措施以减少损失。如果创业者可以将可能导致重大损失或经营中断的主要风险准确识别出来,并采取有效措施减少这类风险,那么风险评估和改进流程的最终目标便得以实现。

精准的监控程序是风险管理中必不可少的环节。尽管企业执行了为识别重大风险而精心设立的程序,但仍然需要定期对风险进行监控,并在必要时做出调整。

引导案例　无处不在的"黑天鹅"

你不知道的事比你知道的事更有意义，许多黑天鹅事件正是在不可预知的情况下发生和加剧的。

——纳西姆·尼古拉斯·塔勒布

在澳大利亚黑天鹅被人发现之前，所有的欧洲人都坚信，所有天鹅都是白色的，这被他们认为是一个常识，因为多年来没有任何一个人见到过别的颜色的天鹅，"黑天鹅"成为他们写作和聊天中的一个惯用语，用以指代不存在的事物。在他们第一次见到黑色的天鹅时，他们的认知被颠覆了。如今，黑天鹅指代的是不可预测的重大稀有事件，它们真实存在且会对企业和个人造成极大影响，但大家却总是视而不见，并尝试着用自己的生活经验来告诉自己其不存在，最终被现实击溃。

黑天鹅事件指的是发生概率较小的稀有事件，它有以下三个特征：不可预测；具有巨大冲击性；事后人们倾向于为其编造理由，使其比实际看上去更具预测性和解释性。从金融危机到企业的衰败再到每一个人的日常生活，黑天鹅事件的影响无处不在。在商业世界中，有很多最终失败的企业在鼎盛时期都预料不到自己最后的结局，创业者认为自己可以永远保持大而不倒，而当危机真正来临时却往往表现得毫无招架之力，辛苦构筑的商业版图也在短时间内轰然倒塌。有人曾经请教过巴菲特，问他如何才能避免黑天鹅事件的发生？巴菲特给出了两条意见：首先，只接受可以正确评估与衡量的风险，再对所有的相关因素进行谨慎评估；其次，要尽可能地找出任何看似毫不关联的风险之间可能存在的相关性。这两条建议想要实现无比困难，在创业者创办企业的过程中，想要避免任何黑天鹅事件发生的可能性，本身就是一个黑天鹅事件。

社会的发展不是缓慢爬行的，而是跳跃发展的，它从一个断层跳到另一个，其间很少有波折，人们喜欢相信那些能够预测的逐步演变，而对未来可能发生的风险视而不见。在塔勒布看来，黑天鹅事件虽然不可预测，但在此事件中，创业者并不是无所作为，而是可以通过"反脆弱"能力来让自己的企业变得更加强大，脆弱的反义词不是强韧，也不是牢固，而是反脆弱。从初创企业的角度看，在经济寒冬下，如果企业衰亡了，那就是脆弱的企业，如果顽强地生存下来了，那就是强韧的企业，如果企业在寒冬下营收反而因此获得了更高的增长，那就是反脆弱型企业。

脆弱的企业喜欢一成不变的安宁环境，反脆弱的企业喜欢在混乱中成长。验证自己是否活着的最好方式就是验证你是否喜欢变化，如今很多行业都面临着前所未见的突变时刻，对于创业者而言，唯一的选择就是把自己的企业培养成为一个反脆弱性的组织。

思考题：

在商业世界里，你还知道哪些黑天鹅事件呢？

第三节　初创企业面临的一般风险

创业就本质而言,是一个幸存者的游戏,面对纷繁复杂的商业世界,黑天鹅事件无处不在。作为一个创业者,我们已经学习了风险管理的方法,而风险管理的前提是创业者必须对初创企业所面临的风险有着清晰的认识,为此,本节盘点了十项初创企业可能会面临的一般风险。

一、法律风险

法律风险是指在法律或合同的约束下,由于企业法律环境发生变化或法律主体的作为及不作为,从而导致企业承担负面法律责任或后果的可能性。比如企业所生产的产品或者使用的方法是否符合国家相关政策规定,是否不违背社会公共利益。如果企业的产品被认定为违反国家的相关规定,那么企业可能被关停。还要注意企业的产品是否侵犯其他企业的专利权、著作权、商标权,一旦被其他企业或个人起诉至法院并被判侵权,那么可能导致企业面临巨额赔偿。

2008年9月16日,国家质检总局通报全国婴幼儿奶粉三聚氰胺含量抽检结果,三鹿集团的所有产品均检测出三聚氰胺,含量超出卫生部公布的"人体耐受量"40倍。同日,董事长田文华遭河北警方刑事拘留。2009年2月,三鹿集团破产,田文华被判无期徒刑。

二、竞争风险

寻找蓝海是创业的良好开端,但不是每一个初创企业都可以找到蓝海。况且,不存在永远的蓝海,企业在竞争中取得优势才是最重要的。对于初创企业而言,学会直面竞争风险是必不可少的。当创业者选择的赛道竞争十分激烈时,其不可避免地会受到来自竞争对手的打压,先入局的企业具有先发优势,若是竞争对手的规模较大且初创企业不具备核心技术时,竞争对手会凭借其已有的资源进行价格战,通过降价将可能威胁其市场地位的初创企业排挤出去。所以创业者需要思考怎样应对现在或未来的竞争者,一定要不断充实自己的核心竞争力,来谋取长远的、持续的竞争优势。

三、管理风险

管理风险与创业者缺乏管理能力与管理经验有着密切的关系,很多创业者因为有好的创意和雄厚的资金在创业初期轰轰烈烈,但是很快就销声匿迹了,主要还是因为管理方面的问题。创业者盲目决策、信息与沟通渠道不畅、用人不当、分配不均、好高骛远等都可能是造成管理风险的因素,这在创业团队的专业技能单一、缺乏经验和资源短缺时体现得尤为明显。与之相对的是,很多企业没有惊艳的开局,但渐渐做到了后来居上,其创业者往往具备优秀的领导力和丰富的管理经验。

四、资金风险

资金风险在创业初期会持续伴随在创业者的左右。能否获取足够的资金通常是创业者在创业时遇到的第一个难题。企业成立后,创业者还需要考虑是否有足够的资金以维系企业的日常运作。

孙宏斌于1994年创办顺驰,将其一手打造成为房地产界的一匹黑马。然而,2004年,顺驰陷入财务危机,急需大笔资金的孙宏斌迫不得已把股份尽数转让给了香港路劲基建,成为当时最为轰动的一条新闻。对于初创企业而言,哪怕只有几个月入不敷出或是由于其他原因造成资金链的断裂,都会给企业带来很大的风险。初创企业的资金短缺会影响产品的研发以及市场的开拓,更严重的情况则会导致企业破产倒闭。

五、信用风险

创业者想要在市场中长久地立足,良好的信用是必不可少的。产品会迭代、技术会更新、人才会更替,只有创业者的信用是无价的。信用良好的企业在获取银行贷款、履行社会责任、与客户寻求合作、商谈付款要求时都能够占得先机。

在企业面临现金流风险时,孙宏斌积极配合当地政府,解决了与银行的债务纠纷,妥善安排了被遣散的员工。在创业最困难的时期,孙宏斌尽力保全的不是资产,而是信用。不久,孙宏斌创立融创,并于2010年赴香港上市。与之相反的是尚德集团的施正荣,作为海归博士,他创业五年就成了中国首富,更被英国《卫报》评为"能够拯救地球的50人"之一。然而在2008年,受金融危机影响,光伏产业进入寒冬,尚德也陷入困境,市值大幅缩水。在企业遭受巨大打击之时,施正荣却选择保全自己,他拒绝与地方政府合力解救尚德,而是选择利用自己控制的企业将上市公司的资产掏空。2013年尚德宣布破产,无锡政府被迫以极大的代价将其接手。如乐视的贾跃亭一样,施正荣的信用也早已破产,这是比财务破产更可怕的厄运。

六、缺乏核心技术风险

2008年全球十大手机品牌分别是诺基亚、摩托罗拉、爱立信、SONY、黑莓、阿尔卡特、苹果、三星、LG和HTC,其中有4家欧洲公司、2家美国公司、2家韩国公司、1家日本公司和1家中国台湾公司;而到了十年之后大家却发现,前8位里面除了有一家美国公司和两家韩国公司,剩下来的全部都是中国公司,这在10年前是根本无法想象的。手机行业之所以在短短的十年内发生了翻天覆地的变化,是因为在这10年内,我们进入了智能手机时代,所有与手机有关的核心技术都发生了巨大的迭代,在手机行业的生态突变中,如果没有跟上核心技术的研发脚步,那么企业最终就会被市场所淘汰。对于志在实现企业长远发展的创业者而言,其目标必然是将自己的企业做大做强,这就要求企业必须具备属于自己的核心技术,构筑技术壁垒。这在创业初期市场中同质化产品还不多时体现得不是很明显,然而企业要想发展壮大,获得持续的竞争优势,核心技术是必不可少的。

七、商业模式创新风险

市场是商业模式创新的起点和终点,商业模式创新存在不被市场接受的风险。在创业者进行商业模式创新时,还需警惕其被模仿的风险,其他企业的创新性模仿通常会削弱初创企业的竞争优势,侵占企业的市场份额。最后,政策的变化、技术的进步等外部环境的变化也会导致企业丧失其基础优势。

第十章
创业风险：有效识别，合理控制

聚美优品作为曾经的电商明星企业，只成立了四年就成功赴美上市，创始人陈欧则是当时纽交所史上最年轻的中国CEO，其巅峰市值曾高达57.8亿美元。聚美优品崛起于化妆品团购领域，然而到它上市时，所处的行业却发生了翻天覆地的变化，流量红利消退，社群运营突起，靠广告投放的大规模流量聚焦、平台交易的模型被击穿，取而代之的是依靠评论的小红书、通过供应链直接控制产品，形成自己的独有品牌的网易严选、以裂变的方式传播产品的拼多多，以及云集和环球捕手等后起之秀。聚美优品如今的市值已经缩水到2.4亿美元，一个很重要的原因就在于它的商业模式被固化了。

八、业务分散与跨界经营风险

在聚美优品急速坠落之后，其创始人陈欧想利用企业家个人的流量带动企业的运营发展，并接连进入了共享充电宝、影视投资、区块链等和主营业务不太相关的行业，导致业务分散不聚焦，最终让市场看不清方向。创业者想要取得成功，需要制定符合企业整体价值的战略目标，并且在此基础上设定企业的经营方向。创业者在实施跨界经营时，需要对自身企业的核心竞争力了如指掌，并提前做好相应的市场调查，结合自己的核心竞争力逐步进行相关领域的投资，以降低相应的风险。让企业的整体价值不断提高，而不是盲目跟风、投资热门行业，为了眼前的短暂利益而损害企业的未来发展。

九、公司治理风险

一个优秀的团队是保证初创企业发展的核心力量。然而，团队越是强大，其中蕴含的风险也就越大。当团队的核心成员与创业者在企业的战略决策、利益分配等问题上出现分歧且无法达成一致时，很有可能会使得初创企业遭受剧烈震荡。此外，很多创业团队在创业之初确定股权结构时，便出于各类原因忽视了股权机制的合理设计，进而造成团队成员的利益分配不均，直到一方离开公司为止。由公司治理风险引发的创业失败屡见不鲜，相关案例也已经在本书的第九章中做了详细阐述。

十、库存和周转风险

从财务角度来说，库存产品也是一种资产，企业维持一定数量的存货能够提高日常经营管理的机动性，然而若是库存产品太多则会导致企业库存周转率降低。此外，大量的积压产品在产生仓储保管成本的同时还在不断地折旧，对库存产品的定期盘点也会消耗企业的资源，从而造成企业的现金流压力，引发更为严重的风险。

凡客诚品崛起于2010年，员工人数在短短的半年时间里从3000人增长到了1.3万人，然而就是这么一家估值超过30亿美金的独角兽，在2010年年底的库存高达14.4亿元，当年总亏损近6亿元。在引领了潮流之后，凡客诚品突然迷失在了品类选择上，其主打产品从常规的衬衫T恤和帆布鞋迅速扩展到其他商品，导致库存和周转出现了很大的问题，尽管这不是凡客诚品最终失败的最主要原因，但最后其创始人陈年在一次讲座中亲口坦承"库存和周转对于一个品牌来说真的是唯一的生死线。"

面对初创企业所面临的种种风险，塔勒布在《反脆弱》一书中认为，企业要拥抱不确定性和变化，如果一个企业能够正视和拥抱不确定性，那么它就能做好充分的准备，在危机中不但能免受冲击，还能从中受益，从而茁壮成长。而如果一家企业机构臃肿、机制僵化、文化保守、缺乏活力，那么它不仅无法把握这个成长的机会，还会孕育更大的风险。所以一家反脆弱的企业，必须建立组织内部的淘汰机制和流动机制，形成打破僵化的有效手段。最后，企业的业务要有凸性特征和选择权，其中，凸性的意思是企业在试错的时候会犯小错误，但凸性特征能够从细小的局部错误中获得潜在的大收益，而选择权是打造凸性的关键，当企业决定往某个方向发展的时候，要在相对的方向再补一条路，当自己的主要选择被证明是错误的时候，企业还能够再赢回来。

拓展延伸　企业风险清单

表 10-1 所示为石油企业风险清单示例（部分）。

表 10-1　石油企业风险清单示例（部分）

一级风险	二级风险编号	二级风险名称	三级风险编号	三级风险描述	四级风险编号	四级风险描述	固有风险评级		
							发生可能性	影响程度	固有风险评级结果
战略风险	1.01	宏观经济风险	1.01.01	国内宏观经济及经济周期影响			低	高	重要
			1.01.02	行业周期影响	1.01.02.01	国际市场原油价格波动影响石油工程业务量和价格	低	中	重要
	1.02	战略规划风险	1.02.01	战略决策不当			低	高	重要
	1.03	战略执行风险	1.03.01	组织架构与战略不匹配			极低	中	一般
			1.03.02	商业模式不适宜战略需要			极低	低	一般
	1.04	投资决策风险	1.04.01	投资决策机制不当	1.04.01.01	投资决策未按决策程序执行	低	高	重要
	1.05	品牌风险	1.05.01	品牌管理混乱			极低	中	一般

第十章 创业风险：有效识别，合理控制

续表

一级风险	二级风险编号	二级风险名称	三级风险编号	三级风险描述	四级风险编号	四级风险描述	固有风险评级		
							发生可能性	影响程度	固有风险评级结果
财务风险	2.01	筹资管控风险	2.01.01	筹资策略不当			低	中	重要
			2.01.02	对资金现状缺乏认识			极低	中	一般
	2.02	资金管理风险	2.02.01	资金管理业务差错或舞弊			中	中	重要
	2.03	财务报告风险	2.03.01	财务报告编制方案不当			极低	中	一般
			2.03.02	资产信息不准确			极低	低	一般
			2.03.03	负债信息不准确			极低	低	一般
市场风险	3.01	竞争风险	3.01.01	行业进入门槛降低/提高			极低	低	一般
			3.01.02	未能恰当应对竞争对手			低	高	重要
	3.02	价格风险	3.02.01	原材料价格波动			高	高	重大
			3.02.02	政府定价调整			中	高	重大
	3.03	信用风险	3.03.01	客户失信违约			中	中	重要
			3.03.02	供应商失信违约			中	中	重要

续表

一级风险	二级风险编号	二级风险名称	三级风险编号	三级风险描述	四级风险编号	四级风险描述	固有风险评级		
							发生可能性	影响程度	固有风险评级结果
运营风险	4.01	治理结构风险	4.01.01	风险管理职能不健全	4.01.01.01	风险评估体系不健全、流程不完备	中	中	重要
			4.01.02	经营决策授权不当	4.01.02.01	未严格落实授权审批、责任追究制度	低	低	一般
	4.02	人力资源风险	4.02.01	人员任用不当			低	中	重要
			4.02.02	激励约束机制不合理	4.02.02.01	未按规定制定内部分配制度和考核兑现办法	中	中	重要
			4.02.03	企业文化不当			极低	中	一般
	4.03	研发管理风险	4.03.01	研究成果转换不当	4.03.01.01	科研成果与新产品的转换没有和市场需求相结合	中	中	重要
	4.04	内部舞弊风险	4.04.01	企业高层滥用职权	4.04.01.01	发生贪污、受贿、挪用公款等腐败行为	低	高	重要
			4.04.02	内部人员侵占企业资产			极低	中	一般

第十章
创业风险：有效识别，合理控制

续表

一级风险	二级风险编号	二级风险名称	三级风险编号	三级风险描述	四级风险编号	四级风险描述	固有风险评级		
							发生可能性	影响程度	固有风险评级结果
合规风险	5.01	经营合规风险	5.01.01	财务日常核算/档案保管违规			极低	低	一般
			5.01.02	资金管理违规			极低	中	一般
			5.01.03	生产活动违规			极低	中	一般
			5.01.04	产品定价违规			低	低	一般
	5.02	侵权风险	5.02.01	知识产权申请/登记/保管不当			极低	高	重要
	5.03	诉讼风险	5.03.01	诉讼权利行使或义务履行不当			极低	中	一般

创业术语

风险敞口（risk exposure）是指未加保护的风险，一般与特定风险相连。

风险容忍度（risk tolerance）也叫风险忍耐度，是指在企业目标实现过程中对差异的可接受程度。

风险偏好（risk appetite）是指主动追求风险，因为通常情况下，风险越大，预期可能会获得的收益也越大。

风险组合（risk combination）是指将各种不同风险进行搭配，通过优化组合，以达到减少整体风险损失的目的。

资金链（capital chain）是指维系企业正常生产经营运转所需要的基本循环资金链条。企业要维持运转，必须保持现金—资产—现金（增值）循环的良性运转，如果资金链不能保持良性循环，企业会承受很大的风险。

黑天鹅事件（black swan events）是指非常难以预测，且不寻常的事件，通常会引起连锁负面反应甚至颠覆。

反脆弱(antifragile)。脆弱是因为不确定性而承受损失,反脆弱则是避免这些损失,甚至因此获利。

本章小结

1.风险具备以下五个特点:客观性、偶然性、普遍性、可测性和可变性,根据不同的标准可以被划分为纯粹风险、投机风险、静态风险、动态风险、自然风险、社会风险、经济风险、财产风险、人身风险、责任风险、金融风险和非金融风险等。

2.创业者可以遵循风险识别、风险评估、风险应对和风险监控四个步骤开展风险管理,其中风险应对的策略有风险降低、风险消除、风险转移和风险保留,创业者可以同时选择一个或多个策略。

3.创业就本质而言,是一个幸存者的游戏,面对纷繁复杂的商业世界,黑天鹅事件无处不在,初创企业可能面临法律风险、竞争风险、管理风险、资金风险、信用风险、缺乏核心技术风险、商业模式创新风险、业务分散与跨界经营风险、公司治理风险以及库存和周转风险等。

思考与讨论

1.请举例说明,在企业日常运营的过程中,哪些风险或不确定性是可以互相转换的?
2.请举例说明,对于一个初创企业而言,可能会面临哪些投资风险?
3.请举例说明,在创业者进行企业风险管理时,如何使商机最大化?
4.在进行风险识别时,你更倾向于使用哪一种(或几种)方法呢?为什么?
5.尝试利用所学的风险管理程序,对你所在的项目进行风险识别和评估。
6.说说你所经历过的黑天鹅事件。

头脑风暴

学生分为若干组,各组利用头脑风暴的方法,对以下问题提出不同的看法,并尽量多地将它们列示出来。

讨论问题:你们团队的项目中存在哪些风险?将这些风险按照严重程度和发生的可能性大小排序,并列示出来。

第十一章

创业计划推荐：
实践真知，落地见效

计划的制订比计划本身更为重要。
——戴尔·麦康基

创业计划是创业者叩响投资者大门的"敲门砖"，一份优秀的创业计划往往会使创业者达到事半功倍的效果。

知识目标
掌握创业计划书的主要内容；
掌握吸引投资人的演讲策略。

能力目标
学会通过路演打动投资人，并学会编写创业计划书。

素质目标
树立创业者的计划意识，培养其社会沟通交流能力，养成创业者乐观抗压、勇于创新实践的企业家精神。

引导案例　奥巴马就职演讲与创业路演

如果有一天神秘莫测的天意将从我这里把我的全部天赋和能力夺走,而只给我留下选择其中一样保留的机会,我将会毫不犹豫地要求将口才留下,如此一来我将能够快速恢复其余。

——丹尼尔·韦伯斯特

演讲活动自古以来就是人类社会的一项重要活动。演讲者通过宣传,让自己的见解为听众所理解和接受,进而号召大家采取一致的行动。演讲者要达到预想的演讲效果,必须研究语言表达的艺术。

美国总统的就职演讲是一种在特定场合下的演说,其听众可达百万并向国内外进行现场直播。总统的就职演讲可以说是新政府向民众交出的第一份答卷,其需要在就职演讲中抒发自己的治国理想,分析国家面临的困难和挑战,宣布自己的施政纲领及如何实现民众的希望。作为美国的第44任总统,奥巴马在就任之际正逢全国性的危机,奥巴马在演讲中多次提到我们表示危机、精神和奋斗等意义的词语,通过反复的强调使整个国家的听众感受到总统战胜危机、继续推进国家发展的决心和信心。美国总统奥巴马于2013年1月21日在国会山发表其第二任期就职演讲,其在演讲中通过阐述就业、医保、移民、财政、同性恋及气候变化威胁等多项议题与现实有力契合。

一、创业项目路演技巧

与总统的就职演讲一样,创业项目的路演也是有一定技巧的。

首先,路演展示最好由创业者自己完成。

创业者是企业的核心人物,起到决策战略、把握企业未来发展方向的作用。初创企业是创业者一手创建起来的,对于创业者而言,企业就像他的孩子一样,没有人比创业者更了解自己的企业。企业创立的原因、发展的历程都和创业者密不可分,他们最有发言权。而有些创业者是技术出身,不善于表达,这就需要在路演前进行多轮演练,练习如何在既定的故事逻辑框架下将所要表达的信息完全演绎出来。往往最打动台下人的不是那些在台上夸夸其谈的人,而是那些懂专业又务实的人。

其次,要说出痛点,讲出亮点。

讲故事要有亮点,台下的人才爱听,创业者需要强调自己的产品究竟切实解决了哪些用户痛点以及行业痛点。为了凸显企业优势,创业者可以结合所在行业的特点,从产品技术、核心团队、市场渠道、商业模式等方面来阐述。例如,在重视技术的行业中,你的企业具备核心技术,专利数量比竞争对手多,这就是企业最大的亮点。在互联网行业中,企业提供的产品能够解决用户需求和痛点,与其他竞争对手相比,能够实现独特的价值,这也是亮点。投资人每天都会面对很多场路演,如果创业者无法在最开始3分钟展示出自己企业的亮点,吸引投资人的注意,那么投资人投资你的可能性会大大降低。

第三,要对所在行业了解得比投资人多。

创业者需要对行业有更多了解才足以打动投资人,投资人也拥有自己擅长的领域,往往对其关注的赛道有较为全面的了解,但对细分行业未必了解得足够透彻。在有限的路演时间内,创业者不能刚上台就谈产业概念、风口,这些投资人作为资本的提供者显然更为清楚,而是要详细地讲出所处行业的现状、企业所处的阶段、在产业链中的位置、竞争对手的情况以及你的竞争优势等。

第四,要突出团队优势,尤其是核心人物。

投资人在投资时不光是投资企业,更多的是投资创业者本人,对于很多风险投资者来说,投资企业就是投资人,一个有实力的团队在企业融资过程中是至关重要的。

第五,不要说假大空的话,要力求务实。

在谈到技术层面时,有些创业者喜欢用"第一,全球领先"等词语和句子,千万别低估投资人的能力,他对行业的了解未必就少。创业者在谈到竞争对手时,不要说没有对手,这一点没有企业可以做到。在资金方面,创业者需要详细阐述其融资计划,需要多少钱,这些钱又用在何处,可以适当提到企业发展的困境,需要获取哪些资源等。

二、如何在黄金10分钟内打动投资人

如何在较短时间内打动投资人,首先要考虑的问题就是:当你给投资人展示商业计划的时候,他们最想要了解的是什么?答案不是商业模型,也不是财务或市场,而是创业者本身,"人"才是投资人所最注重的。在整个路演过程中,创业者的主要任务便是让你面前的投资人清楚,自己就是他们将要投资的创业者,你会帮助他们取得大量投资回报。那么,如何才能做到这一点呢?

(一)创业者需要传达给投资人的特质

创业者在路演时只有很短的时间展示自己,通常来说,路演的时间分配是这样的:创投天使在15分钟左右,其他的不超过30分钟。而一个人的注意力只会集中18分钟,然后便开始下降。所以,创业者必须学会如何在短时间内将投资者需要的以下信息传递过去。

1. 诚信

诚实守信是最为重要的。作为投资者,一定是更愿意在一个诚实的人身上下注,而不是一个道德缺失,可以随意违约的人。

2. 激情

经济学家熊彼特说过,创新就是"创造性破坏",创业者的定义就是要除旧布新。所以,创业者是否具备创新的激情是投资人关注的一点,如果创业者对自己的企业都没有激情,那又如何让投资人相信你会将自己的心血倾注到企业中去呢?

3. 经验

作为创业者,需要向投资人传达一个信息,那就是"我之前干过这个"。这意味着你曾经尝试过创业和创造价值,并且从头坚持到尾。这就是为什么有些投资人更青睐连续创业者,因为创业者第一次失败了,但只要他能够从失败中吸取教训,总有一天会取得成功的。

4. 知识

作为创业者,需要具备充足的专业知识,需要对自己的产品、核心技术、行业与市场情况、竞争对手、财务状况、现金流量等了如指掌,而不是一问三不知。

5. 运营能力

作为创业者,需要具备运营一个企业的能力,包括技术能力、市场营销能力、管理能力等。

然而不是每一个创业者都能同时具备以上所有能力的,所以其需要组建一个互补的创业团队。

6．领导力

作为创业者,要具备足够的说服力,还要具备很强的感染力和有效的管理方式,能够鼓舞、激励他们成为你团队的一部分,并让人们心甘情愿地追随你。

7．坚持到底

作为创业者,要学会坚守,而不是轻言放弃。创业过程中遍布荆棘,投资者希望创业者能够坚持到最后一刻,不断让投资者的钱周转,从而获得更多的投资回报,而不是投资一位一遇到困难就退缩的创业者。

8．视野

作为创业者,需要具备大局观,要能够看到企业未来发展的方向,并坚信你们可以改变世界。同时又要清醒地认清现实,尽管改变世界是最美好的事情,但那并不常常发生,在改变世界之前,总会有各种难题,而创业者要想解决这些难题,就要有理性的计划。

9．善于聆听

最后,当创业者向投资人融资时,不仅仅是因为投资人的钱,还因为投资人本身就能够为创业企业带来人脉、技术、渠道等资源。创业者要善于倾听,听从他人的有益指导,因为作为行业中的投资者,他们都有很多经验,也希望你是真心想去听、去学这些经验的。

(二)如何在10分钟内传递这些信息

作为创业者,直截了当地索要资金显然不太合适,创业者需要在整个演说过程中不露声色地将其流露出来。创业者必须要有时间观念,心中要有一个计时器,在踏入房门的一刻起,你需要在10分钟内让投资人从对你一无所知到认可你、相信你、愿意将资金投资给你。创业者需要逐渐带动投资人的情绪,并想方设法让自己的演讲在1~2分钟快速升温,要在短时间内抓住投资人的情绪、吸引投资人的注意力,让投资人把目光聚焦到自己身上。在拥有一个成功的开场之后,创业者要让投资人沉浸在你的演说中,从开始直到结束,然后在情绪的最高峰,用创业者的情绪调动投资人的情绪,让投资人完全沉浸其中,恨不得立刻投资创业者。那么,如何能做到这一点呢？

首先要循序渐进,不要总想着一步登天,就好比在爬楼梯时,发现有些台阶不见了,或者台阶的高度不一样,你就会停下来,努力弄清楚这是怎么回事一样。作为创业者,需要有合理的递进,逐步地解释你为什么以及如何去创业,你要告诉投资人:你会怎么做？你要做什么？又该如何做？

(三)最好的学习方法就是学习成功的人

对于创业者来说,最好的学习方法就是多学习成功者,看看别人是怎么做的。然而,像比尔·盖茨和史蒂芬·乔布斯一样去演讲却又会显得你的演讲太过于冗长,容易让投资人抓不住要点。莎士比亚说过"简洁的语言是智慧的灵魂,冗长的语言是肤浅的藻饰",简短的要点才是投资人更为偏爱的,图片是解决这一问题的最好答案,一张能够传递信息的图片可以向投资人传达许多信息,还能使投资人更为专注。

(四)演讲中需要注意的要点

在演讲的过程中,一定要让投资人将目光牢牢地锁定在创业者身上,所以创业者并不需要

第十一章

创业计划推荐：实践真知，落地见效

在PPT上列示太多的信息，而是要让投资人把目光转向自己，把注意力集中在创业者身上。创业者可以通过一个15~30秒的介绍来抓住投资人的注意力，紧接着用不到5分钟的时间对企业的现状做一个简短的介绍，让投资人清楚企业的背景，也让投资人对创业者将要演讲的整体内容有所准备，便于投资人把之后的信息和已知的信息联系起来。接下来创业者所要介绍的是企业的管理团队，如果创业团队有过创业经验则会让投资人默默为其加分。还要对投资人想要了解的市场大小、市场长期前景、产品和服务等内容进行详细的阐述。在了解了企业的产品情况和市场情况后，创业者需要对企业的商业模式进行详细描述，因为投资人想知道你将产品卖给谁？你的客户群是谁？你有没有分发渠道，或者生产合作伙伴？结合市场中的竞争情况以及企业自身的核心竞争力来判断创业者的商业模式是否与市场相符。最后一部分是企业的财务状况，包括过去几年的财务报表以及未来几年的财务预测。投资人想了解的是未来企业的盈利能力、发展能力、运营能力以及偿债能力，以判断投给创业者的这笔钱是否能给自己带来收益，或是如何帮助创业者实现蓝图。最后的最后，在向投资人展示了所有关键内容之后，创业者需要对之前演讲的内容做一个明确总结来结束这次展示，这个总结要涵盖所有的要点，以帮助投资人重新回顾所有的重点，同时重申投资人应该对你进行投资的理由。

在创业者演讲结束后，投资人内部会就你和你的初创企业进行讨论。如果反馈结果并不是很理想，也不用太灰心，要时刻保持昂扬乐观的心态，不能轻言放弃。因为每个投资人都有自己的品位、兴趣和目标，很多时候投资人第一次虽然拒绝了你，但是会在下一次见面时转变他的看法。因此，创业者需要与现有的投资人时刻保持联系，虚心接受宝贵意见，了解自己如何才能变得更好，提升自己打动投资人的概率。投资人见过很多创业者，听过很多次路演，在衡量初创企业成功潜力方面，具备大量经验和技能。此外，认真学习和理解投资人的反馈，可以提升日后打动其他投资人的概率。

（五）注意点

在演讲时，有些注意点需要创业者留心。在创业者演讲的过程中，演讲技巧和内容设置固然重要，但也不要忘记为投资人准备一份详细的讲义，这样才能确保投资人不会遗漏重要的内容。创业者在演讲的过程中，也不需要一直盯着屏幕，而是要面向投资人，建立并保持和投资人一对一的联系，让屏幕出现在身后，起到的是补充的作用而不是替代创业者。此外，使用好类比、比喻以及用个人经历讲解某个事项时，能够让投资者更为感同身受。

投资人希望可以从创业者的演讲中看到一个团结、平衡的团队。创业者可以带上联合创始人，甚至是3~4个非创始人管理人员，组成一个团队参与路演。当团队其他成员坐在创业者身边的时候，你应该让他们进行自我介绍，而不是由你一一介绍，这样不仅可以缓解尴尬，还可以提升创业者获得融资的概率。创业者也可以让团队成员每人都就自己的工作领域进行介绍，这样可以让投资人对整个团队的专业技能和团队成员的个性加深了解，提升投资人对创业团队的认识。

思考题：

现在有很多人抱怨自己的项目找不到好的投资人，如果你对自己的项目足够有信心，你要如何说服站在你面前的投资人？

第一节　创业者创业计划推荐准备

很多创业者参加了一次又一次的创业路演活动,其最终的目的是让项目融资成功,而项目能否顺利融资,取决于创业者是否能在路演时吸引投资人。创业者需要了解在创业路演前需要准备哪些材料才能够成功吸引到投资人。

一、准备一份简洁清晰的路演PPT

一份简洁清晰的PPT,不仅能够使演讲者的思路更清晰,更能使在场的投资人对项目的重点更为了解。路演PPT在内容上一定要简洁,同时又要抓住项目的重点,重点的内容一定要醒目,少一些不必要的赘述,在排版上要做到多图少文,字体的使用以及颜色的搭配一般不宜超过三种。

二、准备一份完整的创业计划书

如果说路演PPT是一本书的目录,那创业计划书就是这本书的内容。当路演PPT成功引起投资人注意的时候,完整的创业计划书能够使投资人更详细地了解你的项目。创业计划书的内容需要尽可能详尽、完整,让投资人全方位地了解这个项目。

三、准备好有趣、有条理的演讲稿

比一个项目的项目介绍、市场分析、竞争对手分析等更重要的是,要让投资人在最短的时间内清晰地知道这个项目到底是做什么的。所以创业者可以在一开场先用讲故事的形式讲一下产品的使用场景,也可以直接使用产品进行讲解,在整个演讲的过程中每个问题的衔接之处可以设置好一些互动问题,跟在场的投资人进行互动,尽可能地吸引他们的注意力。

路演稿准备流程包括:明晰路演时间——撰写路演大纲——分配模块时间——撰写路演词——试讲调整稿件这五步。路演大纲包括开场、主内容和结尾,需要根据项目情况分配各模块演讲时间。创业者撰写路演词时要和PPT呼应,体现项目亮点,最后研磨稿子反复操练,控制好语速,直至最后成型。路演稿的基本内容包括三大块,分别是客户痛点、产品服务和盈利模式,在创业者准备过程中,要注意路演稿的加分项和减分项,加分项包括技术壁垒、核心优势和运营现状等;减分项是尤其要注意避免的,第一是与竞品过多的比较,第二是暴露过多项目的劣势,第三是盲目预估市场,将未来设定得过于美好。

还需要强调下列4条关于路演的答辩要点。

1. 讲故事

讲一个好故事就成功了一半,好的故事更容易引起共鸣,进而代入产品。如客户故事、团队故事、创业初心、创业磨难、未来梦想等(故事要有逻辑性,不可虚构和强行插入环节,要和产品相互呼应)。

2. 说"人话"

在针对技术类项目进行路演时,如果在演讲和回答时全篇都是技术性语言表述,很难给投资人留下印象。可以巧用"生活化场景"把项目和生活例子结合起来,不仅能让投资人快速了解项目,而且更容易给投资人留下深刻的印象。

3. 讲数字

没有什么能比数据更有说服力。

4. 谈梦想

谈未来的梦想、社会的价值,以及项目的格局。

在路演过程中,还有一些常见的答辩问题,比如:用一句话概括你的项目;你的项目的核心优势是什么?你如何保持优势,且不易被复制?你的产品应用场景有哪些?你的项目的盈利模式是什么?谈谈你的项目的竞争对手及其市场策略。你的项目会遇到哪些风险,怎样规避?你的项目的核心客户是谁?项目的应用场景有哪些?准备好这些,你就可以寻找一些适合你的项目的创业路演活动,开启你的创业路演之旅了。

四、投资人喜爱的创业计划书

在创业者编写创业计划书的过程中容易犯两类错误,一类是把创业计划书做得太过简单,缺少基本的要素,让投资者无从看起;另一类是在编写时太注重形式,把创业计划书做得花团锦簇。创业者在编写创业计划书时一定要站在投资人的角度来思考,想要写出一份投资人爱看的创业计划书,需要注意以下几点。

(一)创业计划书的本质是和投资人的一种沟通方式

创业者想要设计出投资人喜欢看的创业计划书,首先要清楚创业计划书的本质是什么。创业者撰写创业计划书的目的是获取投资者的投资,创业计划书作为维系创业者和投资者的纽带,承担的是沟通的作用。投资者虽然手握资金,但也有自己的投资逻辑以及投资原则,并不是见人就投的。投资者作为本行业中的佼佼者,不会轻易踏足自己不熟悉的领域,这也意味着其对于创业者所属的领域存在一定的了解。在投资者选择该领域的被投企业时,一定会有自己的想法,如创业者的项目要考察哪些参数、初创企业的用户规模、市场占有率、商业模式、竞争对手等,毕竟,当今市场中,仅仅凭借一时激情而选择创业者的投资人并不多见。在市场日益完善、信息越发对称、投资人专业水平越来越高的今天,创业者无法只凭几页创业计划书就说服投资者,从而获取资金。创业者如果对投资者没有充分的了解,并据此撰写出能够打动投资者的创业计划书,几乎没有赢得融资路演的机会。

总而言之,只有创业者对投资者有所了解,才能写出一份符合投资者口味的创业计划书,站在投资者的逻辑角度,快速地让其了解自己的创业项目,并做出专业判断,这就是创业者撰写创业计划书的本质。

(二)投资人爱看的创业计划书的特点——简洁明了

要写出一份符合投资者口味的创业计划书,就要求创业者了解投资人的职业习惯。很多创业者都以为在撰写创业计划书时,要事无巨细将企业的大小事务全部记录进去,将创业计划书填充得越厚越好,认为只有这样才显得自己做了充足的准备并能够展示创业项目的前景。事实上,在表述清晰、重点明确的前提下,简洁明了的创业计划书才是投资人最喜爱的。很多投资人每天都要翻看上百份创业计划书,和上百位创业者讨论创业项目,时间极为宝贵,几乎是以分钟计算的。对于业务如此繁忙的投资者而言,简洁明了的创业计划书能够让他们用最短的时间掌握最多的信息,所以创业计划书并不是越厚越好。

(三)怎样写出简洁明了的创业计划书

创业者在撰写创业计划书时可以灵活使用以下几个技巧。将大段文字做成信息量大的图片,直观明了的图片能够让投资人迅速抓住重点,在很大程度上节约了投资人的时间,帮助投资人用最短的时间了解你的项目和团队;把数据做成表格,将散落的数据表格化的目的是方便投资人进行数据之间的比对;以PPT的形式编制创业计划书,这不单是路演的需要,也是为了更加清晰、明了地展示信息。

创业者在撰写创业计划书时,往往越写越多,写得简洁反而倒是一件困难的事情。创业者在向投资人讲述自己的创业项目和团队时,自然而然会产生一种想法:让投资人尽可能地聚焦项目和团队的优点,这也就导致创业计划书越写越厚。那么,如何撰写创业计划书,才能既把自己的创业项目和团队向投资人表述清晰,又能兼顾简洁明了呢?

1. 挖掘创业项目的核心竞争力,将其放在创业计划书的摘要里,重点介绍

创业者需要尽可能多地挖掘自己企业所具备的核心竞争力并将其创业计划书中放大,这才是投资者最希望从创业计划书中看到的内容,也是最吸引他们的部分,企业的核心竞争力越多,其获得投资者青睐的可能性就越大。创业者可以将核心竞争力放在创业计划书的摘要里进行重点描述,以保证投资人在拿到你的创业计划书时能在第一时间关注到它。例如,你的创业团队里有几个核心技术人员曾经在硅谷的知名互联网企业中工作过,这就是你的核心竞争力,创业者应该把创业团队介绍放在创业计划书的摘要里进行重点描述。

2. 团队介绍,详细描述工作业绩和能力,重点描述团队的科研实力

创业团队的介绍在创业计划书中有着不可替代的作用。在传统的创业计划书里,很多创业者会对团队里有留学经历的人和有相关行业经验的人进行重点描述。现在的投资人在看团队介绍时更为谨慎,他们希望看到一个具备领导能力的创业者以及一个优势互补的创业团队,尤其是对于创始人。这就需要创业者在撰写创业团队介绍时将其描述得更为详细,把过去的详细工作业绩和能力描述清楚。

3. 项目描述,用数据简明扼要地介绍你的创新点和商业模式

对于创业计划书里的项目描述,创业者要简明扼要地介绍项目的创新点和商业模式。例如,你的项目是基于什么行业痛点及消费者需求创新出来的?你是如何解决这些痛点的?在创业者描述创业项目时,要能够自圆其说,要尽可能地多用数据,避免用抽象的语句来描述,数据是说服投资人的有力武器,他们可能对你的项目前景持怀疑态度,但你的用户规模、市场占有率、销售数据可以打动他们,用数据描述创业项目往往比冗长的前景描述更为有效。

4. 市场分析

很多创业者都喜欢在创业计划书里的市场分析部分过多地着墨,试图向投资者展示美好的企业前景。事实上,投资者对于市场的了解并不匮乏,所以创业者无须长篇大论向投资人展示项目的前景。创业者撰写市场分析的目的并不是告诉投资人你的项目多有前景,而是要让投资人知道你对项目的市场份额一清二楚。

5. 融资方案

融资方案是创业计划书里的核心部分,其决定了此次路演的成败。创业者在描述融资方案时,可以分以下两部分进行描述。

首先,需要出让多少股份以及需要多少资金。创业者在融资时,出让的股份比例一定不可以太高,一般情况下都不会超过20%。因为作为一个创业项目,并不是只经过一轮融资,一个企业在上市前往往要经过种子轮、天使轮、pre-A轮、A轮、B轮、C轮、D轮、F轮等多轮融资,如果每轮都出让20%以上的股权,那么即便创始人在最初拥有100%的股权,几轮融资过后也不可能保持34%的相对控股权,企业也可能因为股权过于分散而遭遇风险。

第二,创业者会如何花这笔钱。这一问题是投资人最为关注的问题,因此在提到融资方案的这一部分时,创业者要具备资金的把控力,制订一个详细可行的融资使用计划,让投资人知晓你会把钱花在什么地方,而花钱的目的一定是为了保证创业项目的有效推进和持续盈利。

一份完整的创业计划书一般都包含市场分析、产品介绍、商业模式、发展规划、竞争分析、团队介绍、财务规划与预测、融资需求、退出机制等内容,一般按照叙述的逻辑展示即可。

第二节　大学生创业计划演讲

一、大学生创业项目路演

正如引导案例中所说,创业项目路演是一个展示项目的平台,通过平台把项目传递给投资人和用户。对高校大学生的项目而言,可以通过参与互联网+、创青春、挑战杯等比赛,把创意好、想法好的项目传到投资者那里,传到市场上去,让市场来检验项目。在这个过程中,成功与否并不那么重要,重要的是在学生时代有创业的经历和实践的经验,有了这种经验对今后走上社会锻炼自己、蜕变自己会起到非常好的作用。

任何一场高水准、高质量的比赛,从校赛选拔,到省赛再到国赛,这本身就是一个历练的过程。从海选到筛选到训练营到一对一(多)的辅导直至最后打磨,这个过程就是一笔宝贵的财富,无论最后的成绩如何、结果如何都不重要。创新创业教育就是要依托完善的教育管理、教学评价、学分认证、大数据分析等,深化创新创业的实践教育,通过创业思维和实践使得创业带动就业,促进自身和团队综合素质的提高,这才是核心所在。

下面回到创业项目路演需要注意的事项上来。第一是路演的内容,路演的内容要体现对项目的掌控力。10分钟的路演,能否把时间分解好,基本做到严丝合缝。比如,思路清晰、股权合理、项目的核心价值明确、商业模式清晰、融资计划的详细介绍等,还要有现有业绩和预期数据的对比,足够能支撑数据对比的依据。第二是问题的准备,能清晰回答历史存在的问题和当下要解决的问题。比如,公司已经发展3年,前3年取得了哪些业绩,今年有何远景目标规划,对未来的美好憧憬。投资人看项目的角度主要围绕投入和产出,比如,天使轮融资500万元,考虑两年有可能进入A轮融资,进入A轮融资后,理论上已经挣钱了,考虑何时退出等问题,各种问题都要做一些设计和应对。第三是路演人的选择,一种创始人是能吹能秀的,这种创始人是以营销型、管理型、外向型为特征的创始人,他们不会怯场,能把项目讲得很好;另一种创始人是以技术为驱动的,他们能把产品和技术讲得很透彻,但在项目计划书的展示上就会欠缺生动性。进入省赛和国赛后会明显呈现表演的一些特质,上场时的感觉显得尤为重要,调整心态很关键,要让投资人看到你的优势。比如,你是一个很有能力的创始人,你的项目具有高度的可行性,能够把市场机会变成商业模式,从而为项目有机会成功,提供尽可能多的证据。

二、大学生创业项目路演时的注意事项

忌讳一:汇报没有激情。

创业者在汇报项目时,如果语气平淡,音调也没有起伏,那么以这种形式路演的效果一定无法达到预期。路演的舞台是为参加创业大赛的创业者准备的,而创业本身就需要创业者具备激情,如果创业者在汇报自己的项目时都无法表露出激情,进而打动台下的评委,那么无论你的内容准备得多么充分,此次路演汇报都谈不上成功,这样的状态很难让评委打出高分。因此,创业者在项目路演汇报时,一上场就要充满创业的激情,语气要抑扬顿挫,配合一定的肢体语言以提高汇报的效果,在短时间内抓住专家评委的注意力,增加评审现场的气场能量,以争取评委对你的好感。

忌讳二:汇报没有自信。

有些创业者在汇报项目时声音很小,表情不够自然,不敢正视评委,充满了不自信,这种形式的路演也是注定不会成功的。参加创业大赛的选手都是经过层层选拔的,一定要保持高度的自信,千万不能出现对自己的项目缺乏自信的表现,对自己项目都缺乏自信的创业团队是无法说服评委为其打高分的。因此,创业者在进行项目路演汇报时,一上台就要充满自信,正视评委,放松身心,将自己项目中最有亮点的信息传递给评委,要通过路演汇报告诉评委你的团队是最优秀的,你的项目是最有创新性、竞争力和发展潜力的,你的项目是最好的。

忌讳三:汇报语速太快。

有些创业者在汇报项目时语速太快,让人听不清楚,汇报时中间没有停顿,汇报的重点内容也不突出,这种形式的路演也难以取得成功。创业者在汇报项目时要明确,所有的关键信息都

要以让评委成功接收为目的,而不是像完成任务一样汇报完就行,一定要让评委听清楚听明白,否则的话,哪怕项目很好,也无法得到高分。因此,创业者在进行项目路演汇报时,要自信从容地向评委完整地介绍你自己的创业项目,语速不能太过急促,咬字要清晰,要让评委尽可能地了解你的项目。在汇报时,创业者要注意在项目重点和亮点内容处尽量地放缓语速,加重音量和语气,以期给评委加深印象。

创业术语

路演(road show)是国际上广泛采用的证券发行推广方式,指证券发行商发行证券前针对机构投资者的推介活动,是在投融资双方充分交流的条件下促进股票成功发行的重要推介、宣传手段。路演的主要形式是举行推介会,在推介会上,公司向投资者就公司的业绩、产品、发展方向等作详细介绍,充分阐述上市公司的投资价值,让准投资者们深入了解具体情况,并回答机构投资者关心的问题。随着网络技术的发展,这种传统的路演同时搬到了互联网上,出现了网上路演,即借助互联网的力量来推广。网上路演现已成为上市公司展示自我的重要平台,推广股票的重要方式。

本章小结

1. 在创业路演前,创业者需要准备一份简洁清晰的路演PPT、准备一份完整的创业计划书、准备好有趣有条理的演讲稿;在撰写商业计划书时,首先找到创业项目的核心竞争力,把它放在创业计划书的摘要里,重点描述,在介绍团队时详细描述其工作业绩和能力,重点描述团队的科研实力,创业者还要能够用数据简明扼要地介绍你的创新点和商业模式,最后再撰写市场分析和融资方案。

2. 创业项目路演是一个展示项目的平台,通过平台把项目传递给投资人和用户,对高校大学生的项目而言,通过参与互联网+、创青春、挑战杯等比赛,把创意好、想法好的项目传到投资者那里,传到市场上去,让市场来检验项目。大学生在进行创业计划路演时,切忌汇报时没有激情,没有自信和语速太快。

思考与讨论

1. 创业计划推荐需要注意些什么?
2. 作为创业者,你会如何推荐你的创业计划?
3. 如何用吸引人的开场白来介绍你的项目?
4. 创业计划推荐有哪些需要注意的事项?
5. 作为创业者,你认为投资人最喜欢看的创业计划书要具备哪些要素?

6. 作为创业者,如何写出一份受投资人欢迎的创业计划书?

7. 一份受投资人欢迎的创业计划书应该包括哪些要素?

学生分为若干组,各组利用头脑风暴的方法,对以下问题提出不同的看法,并尽量多地将它们列示出来。

讨论问题:请根据之前所学的内容,结合本章学习创业计划书的编写方法,写出你所在项目的创业计划书框架,并准备一份简洁清晰的路演PPT,所涵盖的内容要尽可能完整。

第十二章
创业计划解析：
他山之石，可以攻玉

希望你们扎根中国大地了解国情民情，在创新创业中增长智慧才干，在艰苦奋斗中锤炼意志品质，在亿万人民为实现中国梦而进行的伟大奋斗中实现人生价值，用青春书写无愧于时代、无愧于历史的华彩篇章。

——习近平

青年是国家和民族的希望，创新是社会进步的灵魂。习总书记对参加第三届中国"互联网+"大学生创新创业大赛"青年红色筑梦之旅"的同学们的寄语寄托了总书记对青年学生的希望。作为大学生，要积极投身创新创业大赛，以创新引领创业、以创业带动就业，主动服务经济提质增效升级。

知识目标

熟悉各类创新创业大赛的特点与举办方式；

掌握大学生创业计划书的内容与分析方法。

能力目标

学会编制大学生创业计划书。

素质目标

通过对创新创业类大赛和大学生创业计划书的解析，培养具备创新思维能力、逻辑思维能力和系统分析能力，符合未来发展的创新型人才。

引导案例　电梯演讲与创业计划

人不能创造时机,但是他可以抓住那些已经出现的时机。

——雪莱

通用电气公司的 CEO 曾经聘请管理大师彼得·德鲁克作为企业的管理咨询顾问。德鲁克来开会时提出的第一个问题就是:"请告诉我,你们公司是做什么的?"与会人员七嘴八舌讨论了很久也没有得到一个统一的答案。按照常理来说,讲清楚一家企业做什么应该不难,其实不然。在很多情况下,当人们获得了某种知识之后,就想象不到不具有这种知识的人是怎么想的了。人们总倾向于认为别人和我们有一样的背景,以至于他们很容易理解我们说的事,然而事实上大部分人很难听懂。

每个创业者也面临着同样的问题,作为创业者,你所做的项目属于你所熟悉的领域,为了取得成功,你在这个领域中花费了数月甚至数年的时间。当创业者介绍项目给投资人或者合作伙伴时,往往会忽略一个问题,他们很难通过创业者简单的介绍来了解项目,创业者可能滔滔不绝讲了几十分钟,对方依然一头雾水。那么,如果你是创业者,只给你 30 秒的时间去打动投资人,你会如何运用好这 30 秒呢?你能在短时间内说清楚你的项目是做什么的吗?

为了达到这样的目标,创业者需要在短时间内讲清楚自己产品的价值,而不是聚焦于产品细节。假如你是一个销售,你在推销一个产品时要尽可能让产品隐于无形,消费者更关心的是产品所能给他们带来的价值。与消费者一样,投资人在最初接触项目时,也希望能够更多地了解产品的价值,而不是产品细节。展示自己产品价值的方式有很多,创业者首先需要明确自己的价值所在,在创业者明确了要展示的价值之后,就需要思考如何才能在介绍项目时说得更清楚,更吸引人。创业者如果不能在短时间内把价值讲清,很容易让投资人对项目丧失兴趣,从而错失投资的机会。创业者需要具备把复杂的事情简单化并让人听懂的能力,不要总是担心自己介绍得不够完整与详细,过分追求完整和详细无助于创业者在短时间内打动投资人,甚至还会起到相反的作用。为了传达企业价值,创业者可以采用二维定位法:首先提出一个大家熟悉并喜闻乐见的产品作为比较对象,然后说出自己产品与其的区别。为了让对方了解产品是什么,创业者反其道而行之,通过告诉他们产品不是什么来达到同样的效果。因为让别人从零开始理解你的产品是什么的难度很大,而如果你设置了一个参照物,再告诉他们你们的产品和参照物的差距,那就很容易让人理解了。创业者在介绍产品时要让听众在轻松的氛围下体验产品的价值,就像打广告一样,先是讲故事,将受众们带入场景,再启动观众的感性认知,然后提出问题来引发受众的共鸣,最后解决问题,打出广告语,很自然地把产品介绍给消费者。创业者向投资人介绍项目也是一样,为了引起投资者的注意,创业者需要在短时间内转移其注意力。

一、什么是电梯游说

提到快速吸引投资人的方法,就不得不提到电梯游说,电梯游说指的是用极具吸引力的方式简明扼要地阐述自己的观点。就好比在电梯里,销售人员遇到了一位关系企业前途的重要客

第十二章
创业计划解析：他山之石，可以攻玉

户,其利用坐电梯的一分钟推销自己的产品并取得了成功。对于优秀的创业者来说,只需要与天使投资人同乘一部电梯的时间,就能抓住投资人的心。

假如创业者在电梯里遇到投资人与其交谈的时间是一分钟,如果创业者在一分钟的时间内还没讲到重点,而电梯已经停了,那对于每天要面对很多创业者的投资人来说,你的一分钟并没有引起他的兴趣,反而将他推出了电梯。作为一个优秀的创业者,要具备一开口就勾住投资人注意力的能力,这就要求创业者要能简洁地定义一个现实的问题,并提出解决方案。例如,"我们刚研发出一套系统,在某市使用我们系统的个人或企业的销售额平均提升了40%,我需要你的资金以帮助我们企业将这个系统推向全省甚至全国。"这时候投资人会想要知道你们的系统是如何将平均销售额提升40%的,这就勾住了投资人的注意力,让其有了继续听下去的欲望。拥有了一个吸引人的开头后,接下来要做的就是把创业者的项目简洁但不失单调地介绍出来,包括产品和服务解决了用户什么痛点、企业是如何盈利的、团队成员是如何互补的、企业有哪些核心竞争力等。创业者在寻找投资的时候,既不能因为过于追求完美而铺陈直叙,忽略了效率,也不能因为过于追求效率而忘记向投资者展示其想要表达的重点与亮点,电梯演讲的技巧让创业者巧妙地将完美表达和效率联系在了一起。

二、在30秒内完成有效生动的自我介绍

创业者可以采用电梯游说的方式来向投资者推销自己的项目,以筹得资金。在很多企业的面试中,也采用电梯游说的方式作为面试过程中了解申请者的一个重要方法。这看似简单的几十秒内暗藏玄机,一个成功的电梯游说需要包含以下要素:有趣生动的引子,热情,适当的幽默和回答问题的机会,想要让自己的电梯游说足够精彩,不妨记住以下几个要点。

1. 介绍自己首先要认识自己

你的特点和经历是什么？你对自己未来的规划是什么？你能够创造的价值是什么？你必须在有限的时间内用最简略的语言展示自己的与众不同。

2. 包装自己、推销自己

当你对自身有了一个全面的分析和认识后,如何在介绍中突出强项、淡化短处是最为关键的下一步。就像讲好一个故事一样,你需要有贯穿前后的故事情节,以及令人印象深刻的中心思想,让面试官在听完介绍后,对你有一个正面的认识。

3. 投其所好

讲好故事的核心是有一个与申请的岗位相辅相成的理念与愿景。每个企业都有独特的亮点,如何把你的强项和企业的亮点相结合,是"投其所好"的精髓。

4. 不断练习

反复的演练是成功的关键。你不仅要确保讲话不会超过规定的时限,还需要通过模拟练习来找到自己的不足,从而进一步完善你的介绍。最好用摄像机拍下面试过程,注意所有的细节:语速是否适当？是否有礼貌？声音是否合适？吐字是否清晰？有没有保持微笑？通过你的电梯游说,给面试官创造想象的空间,让他认为你可以顺利地与企业融为一体,只有反复的练习才能达到满意的结果。

5. 坚持写作

成功的电梯游说源于纸笔,好的故事素材是写出来的,而不是说出来的。写作是取得基本自我认知最好的途径。

6. 主动说出来

在进行电梯游说时要采取主动但不强迫的态度，充满信心地"说出"你的故事、想法、感受。谁都不会在意一个永不吱声的人，要学会通过表达自己来创造机会。

7. 了解自己的价值观

你还需要表达出你最看重的价值观是什么？自我认知是对自身价值观的一个理解和评估，你可以试着回答这几个问题，作为了解价值观的第一步：回忆你最开心的一刻、最自豪的一刻、你认为自己创造价值的一刻以及你最被感动的一刻。

8. 价值观与故事的统一性

每一个人最根本的不同在于价值观的不同，在你对你自己的价值观有了清楚的认知后，下一步就是通过故事向其他人阐述出来。需要注意的是，所有你所提供的个人资料（包括简历、文书等）都一定要和你的价值观相吻合，有贯穿性的故事才最有可信度和说服力。

9. 准备不代表死记硬背

充分的准备工作与练习是成功展开电梯游说的前提。然而一段令人难忘的自我介绍绝对不是依靠死记硬背出来的，死记硬背的结果只能是产生沟通障碍，成功的电梯游说是通过不断的揣摩，带着自然的感情色彩而流露出来的。

10. 要保持真实

没有人愿意听取谎言，特别是当他人希望借此谎言来达到某个目的时更是如此。面试官阅历无数，你的任何谎言或不真实的叙述都无法躲过他的审视。不如把精力放在多多了解自己，提高沟通能力上面，用生动的语言展现自身最闪亮的一面。

11. 说好第一句话

一个精彩的开场白，可以立刻抓住听众的注意力，调动他们的积极性以及好奇心，为接下来的具体介绍赢得更好的机会。在你设计第一句话时，首先需要问自己一些问题：这句话是否会引起潜在客户的思考？这句话是否能把我和其他人区分开来？这句话是否把我的优势最大化或是将劣势最小化？

12. 令他人对你产生好感是成功的基础

不管你的履历有多好，成绩有多优秀，如果面试官由于某些原因不喜欢你，那么你准备得再充分也是白费力气。针对不同的人群，让他人对你产生好感的方法也不一样。

三、电梯游说方式

电梯游说是怎么做到在短短的一分钟内打动对方的？下面以介绍360杀毒软件为例。传统介绍方式是：360杀毒软件采用的是360公司自主研发的QVM独立自主引擎，病毒查杀率在90%以上；且因其独特的防护能力，获得国际AV-Comparatives大奖。而电梯游说的介绍方式则是：选择360杀毒软件，只用一键即可解决你电脑病毒的困扰；全国已有近一亿用户用360一键解决了电脑病毒困扰问题；360杀毒软件不做软件捆绑，并且终生免费。

如果你是电梯游说的受众，在听完一分钟的产品介绍后，你会因为哪一种介绍而选择产品？调查显示，大多数的客户在听完第二种介绍后有了进一步了解产品的冲动或直接做了使用产品的决定。因为传统的介绍方式主要是立足产品，不断告知客户产品性能的优越性以及是否能满足客户需要，从而让客户自己来做出判断，客户最终选择产品的原因只能是因为产品本身的优秀。而在电梯游说中，游说者从客户需求的角度出发直达主题、直奔结果，直接告知客户选择这

第十二章

创业计划解析：他山之石，可以攻玉

一款产品可以解决问题，且运用可衡量的事实进行证明，最后再用产品的优势（差异性），帮助客户进行正式选择，此时客户选择产品的最终原因是觉得这款产品适合我，且足够优秀。这两种介绍方式就好比商场中两类销售人员面对体重超过200斤的客户时选择的不同销售方式：一类销售人员为了销售主推的紧身衣而滔滔不绝介绍衣服面料、设计，至于顾客体重，他们视而不见；另一类销售人员则能根据顾客的体型，为其推荐了不是主推款的加宽码的衣服，进而向顾客介绍衣服的用料和设计，这两种方式哪种成交率高一些，答案不言自明。

思考题：

作为创业者，试着在5分钟内演讲完自己的项目，让投资机构在最短的时间内了解你的产品。

第一节 创新创业类大赛解读

"大众创业，万众创新"是李克强总理在达沃斯论坛上提出的口号，为的是支持和鼓励中小微企业参与到创新创业中去。2015年3月10日，国务院办公厅发文《国务院关于大力推进大众创业万众创新若干政策措施的意见》（国发〔2015〕32号）。意见提出：要营造创新创业文化氛围，支持创新创业公共服务，鼓励科技人员和大学生创业，坚持创新引领创业、创业带动就业。为贯彻落实《国务院关于大力推进大众创业万众创新若干政策措施的意见》有关精神，共同推进大众创业万众创新蓬勃发展，国务院同意建立由国家发展改革委员会牵头的推进大众创业万众创新部际联席会议制度。各级政府、省市和地区积极贯彻落实中央精神，推动创业教育、传播创业理念、提升创业技能、促进创业就业，各种主题的创新创业大赛层出不穷。

同时，创新创业教育是素质的教育，能够培养符合未来发展的人才，创新型人才应具备三种能力：其一是创新思维能力，可通过参加大赛对能力进行锻炼；其二是逻辑思维能力，可以通过描摹商业计划书对逻辑思维进行锻炼；其三是系统分析能力，也就是说服力。本节为大家介绍几个全国性的大学生创新创业大赛，分别是挑战杯、"创青春"全国大学生创业大赛和"互联网+"大学生创新创业大赛，这三大赛事有机结合，互相补充，按照国家提出的具体要求对于创新创业大赛氛围的营造及项目的实施、落地和执行都起到了积极的作用。

一、共青团中央"挑战杯"竞赛

1998年5月，清华大学首届创业计划大赛正式拉开了我国高校大学生创业计划大赛的序幕，在比赛中，有一个创业团队获得5250万元的风险投资，在全国高校学生中引起了强烈反响。此次大赛的成功举办引起了教育部、共青团中央等有关部门的高度重视。1999年1月，国务院在批转教育部《面向21世纪教育振兴行动计划》的通知中，首次提出要"加强对教师和学生的创业教育，鼓励他们自主创办高新技术企业"。为了引导和激励高校学生实事求是、刻苦钻研、勇于创新、多出成果、提高素质，培养学生创业精神和实践能力，并在此基础上促进高校创业活动的蓬勃开展，发现和培养一批在创业方面有作为、有潜力的优秀人才，1999年3月，由共青团中央、教育部、中国科学技术协会（中国科协）、中华全国学生联合会（全国学联）联合主办，每两年举办一次的大学生"挑战杯"创业计划竞赛正式启动。"挑战杯"创业计划竞赛在我国共有两个并列项目，一个是"挑战杯"中国大学生创业计划竞赛，另一个则是"挑战杯"全国大学生课外学术科技作品竞赛。这两个项目的全国竞赛交叉轮流开展，每个项目每两年举办一届，该项比赛是全国目前最具有导向性、示范性和权威代表性的全国大学生竞赛活动。"挑战杯"竞赛采取学校、省（自治区、直辖市）和全国三级赛制，分预赛、复赛、决赛三个赛段进行。

（一）"挑战杯"中国大学生创业计划竞赛

"挑战杯"中国大学生创业计划竞赛，简称为"小挑"，又称为商业计划竞赛。创业计划竞赛是20世纪80年代在美国高校兴起的以推动成果转化为目标的活动，它借助风险投资运作模式，要求参赛者组成学科交叉、优势互补的竞赛团队，提出一项具有市场前景的技术产品或服务，并围绕这一技术、产品或服务，完成一份完整的创业计划书，以获得风险资本的投资。"挑战杯"中国大学生创业计划竞赛被誉为中国大学生创业创新类比赛的"奥林匹克"盛会，是目前国内大学生创业创新类最热门、最受关注的竞赛。

1999年，由共青团中央、中国科协、全国学联主办，清华大学承办的首届"挑战杯"中国大学生创业计划竞赛成功举行。竞赛汇集了全国120余所高校的近400件作品，在全国高校掀起了一轮创新、创业的热潮，产生了良好的社会影响。经过十几年的市场洗礼，一部分学生的创业公司正在逐步走向成熟，大学生创业计划竞赛使大学校园创新意识、创业能力的教育与培训工作得到了进一步发展，成为共青团、学生会组织参与素质教育的新载体，成为学生科技活动的新形式。

（二）"挑战杯"全国大学生课外学术科技作品竞赛

"挑战杯"全国大学生课外学术科技作品竞赛，简称"大挑"。"挑战杯"全国大学生课外学术科技作品竞赛是由共青团中央、中国科协、教育部全国学联和地方政府共同主办，国内著名大学、新闻媒体联合发起的一项具有导向性、示范性和群众性的全国竞赛活动。"大挑"和"小挑"的比赛侧重点不同，"大挑"注重学术科技发明创作带来的实际意义与特点，而"小挑"更注重市场与技术服务的完美结合，商业性更强。"小挑"奖项设置为金奖、银奖、铜奖，而"大挑"设置特等奖、一等奖、二等奖、三等奖。

二、"创青春"全国大学生创业大赛

2013年11月8日，习近平总书记向2013年全球创业周中国站活动组委会专门致贺信，特别强调了青年学生在创新创业中的重要作用，并指出全社会都应当重视和支持青年创新创业。党的十八届三中全会对"健全促进就业创业体制机制"做出了专门部署，指出了明确方向。为贯彻落实习近平总书记系列重要讲话和党中央有关指示精神，适应大学生创业发展的形势需要，在原有"挑战杯"中国大学生创业计划竞赛的基础上，共青团中央、教育部、人力资源和社会保障部、中国科协、全国学联决定，自2014年起共同组织开展"创青春"全国大学生创业大赛，每两年举办一次。大赛下设3项主体赛事，包括"挑战杯"大学生创业计划竞赛、创业实践挑战赛和公益创业赛。其中，大学生创业计划竞赛面向高等学校在校学生，以商业计划书评审、现场答辩等作为参赛项目的主要评价内容；创业实践挑战赛面向高等学校在校学生或毕业未满3年的高校

第十二章
创业计划解析：他山之石，可以攻玉

毕业生，且已投入实际创业3个月以上，以经营状况、发展前景等作为参赛项目的主要评价内容；公益创业赛面向高等学校在校学生，以创办非营利性质社会组织的计划和实践等作为参赛项目的主要评价内容。

大赛还设立MBA和网络信息经济等专项竞赛，由共青团浙江省委协调相关单位负责具体组织，组织执行机构另设，奖项单独设立。其中，MBA专项赛由赛事承办方会同部分高校发起，组织和邀请国内设有MBA专业的各高校参加，参赛对象为就读于MBA专业的在校学生，参赛形式是通过申报创业项目计划书参加该项赛事；网络信息经济专项赛由赛事承办方直接面向国内各高校开展，参赛对象为高校在校学生，参赛形式是通过提交基于网络信息经济领域的创业项目计划书参赛。

三、"互联网＋"大学生创新创业大赛

中国"互联网＋"大学生创新创业大赛是由李克强总理2015年倡导发起，由教育部等12个中央部委和地方省级人民政府共同主办的重大创新创业赛事。以2020年的第六届"互联网＋"大学生创新创业大赛为例，大赛主题为"我敢闯、我会创"。旨在深化高等教育综合改革，激发大学生的创造力，培养造就"大众创业、万众创新"的主力军，推动赛事成果转化，促进"互联网＋"新业态的形成，服务经济提质增效升级，以创新引领创业、创业带动就业，推动高校毕业生更高质量创业就业。第六届大赛将举办"1＋6"系列活动。"1"是主体赛事，包括高教主赛道、"青年红色筑梦之旅"赛道、职教赛道和萌芽赛道。"6"是6项同期活动，包括"智闯未来"青年红色筑梦之旅活动、"智创未来"全球创新创业成果展、"智绘未来"世界湾区高等教育峰会、"智联未来"全球独角兽企业尖峰论坛、"智享未来"全球青年学术大咖面对面、"智投未来"投融资竞标会。

高教主赛道中的参赛项目类型包括："互联网＋"现代农业、"互联网＋"制造业、"互联网＋"信息技术服务、"互联网＋"文化创意服务和"互联网＋"社会服务。根据参赛项目所处的创业阶段、已获投资情况和项目特点，分为创意组、初创组、成长组、师生共创组。创意组的参赛项目必须具有较好的创意和较为成型的产品原型或服务模式，且在参赛前尚未完成工商登记注册；初创组的参赛项目的工商登记注册要未满3年，且获机构或个人股权投资不超过1轮次；成长组参赛项目的工商登记注册在3年以上，或工商登记注册未满3年但获机构或个人股权投资2轮次以上（含2轮次）；师生共创组是基于国家级重大、重点科研项目的科研成果转化项目，或者教师与学生共同参与创业且教师所占权重比例大于学生（如已注册成立公司，教师持股比例大于学生）的项目。

"青年红色筑梦之旅"赛道主要鼓励大学生"敢闯敢试、敢为天下先"，走进革命老区、偏远山区和城乡社区，聚焦脱贫攻坚，用创新创业的生动实践书写无愧于时代的壮丽篇章。根据项目性质和特点，"青年红色筑梦之旅"赛道分为公益组和商业组。公益组的参赛项目要以社会价值为导向，在公益服务领域具有较好的创意、产品或服务模式的创业计划和实践。参赛申报主体为独立的公益项目或者社会组织；商业组的参赛项目要以商业手段解决农业农村和城乡社区发展的痛点问题，助力精准扶贫和乡村振兴，实现经济价值和社会价值的融合。在这一赛项中，注册或未注册成立公司的项目均可参赛，在已完成工商登记注册参赛项目的股权结构中，企业法人代表的股权不得少于10%，参赛成员股权合计不得少于1/3，同时，如已注册成立机构或公司，学生须为法人代表。

职教赛道包括"互联网＋"现代农业、"互联网＋"制造业、"互联网＋"信息技术服务、"互联网＋"文化创意服务以及"互联网＋"社会服务。赛道分为创意组与创业组,创意组的参赛项目要具有较好的创意和较为成型的产品原型、服务模式或针对生产加工工艺进行创新的改良技术,且在参赛前尚未完成工商登记注册;创业组的参赛项目要在参赛前完成工商登记注册,且公司注册年限不超过5年。

萌芽赛道的设置旨在推动创新创业素质教育,探索基础教育阶段创新创业教育的新模式,引导中学生开展科技创新、发明创造、社会实践等创新性实践活动,培养创新精神、激发创新思维、享受创造乐趣、提升创新能力,其参赛对象是普通高级中学在校学生。

在比赛赛制方面,大赛采用的是校级初赛、省级复赛、国总决赛三级赛制。赛程安排方面:①每年4—5月参赛团队可通过登录"全国大学生创业服务网"或微信公众号任一方式进行报名;②每年6—9月进行初赛、复赛;③全国总决赛在每年的10月中下旬举行,大赛专家委员会对入围全国总决赛项目进行网上评审,择优选拔项目进行现场比赛,决出金奖、银奖和铜奖。每届大赛的主题与口号都蕴含了创新理念,同学们的选题应贴近大赛的主题。在参赛准备方面,同学们应该重点考虑选择什么样的产品和项目去参赛,并如何根据整个项目的周期进行规划和准备,参加大赛的产品应该具有真实的使用价值,满足市场的真实需求,因此,为项目做真实的市场调查极为重要。

中共中央政治局常委、国务院总理李克强曾对"互联网＋"大学生创新创业大赛做出重要批示。批示指出,大学生是实施创新驱动发展战略和推进大众创业、万众创新的生力军,既要认真扎实学习、掌握更多知识,也要投身创新创业、提高实践能力。中国"互联网＋"大学生创新创业大赛紧扣国家发展战略,是促进学生全面发展的重要平台,也是推动产学研用结合的关键纽带。

第二节 大学生创业计划解析

了解了常见的几类创新创业大赛之后,本节将具体阐述大学生创业计划书的编制。

一、三大产业概述

在编制大学生创业计划书之前,首先要明确项目属于哪一个产业,对于产业的划分,各个国家的标准并不一致,但基本可以划分为三大类:第一产业、第二产业和第三产业。第一产业主要指生产食材以及其他一些生物材料的产业,包括种植业、林业、畜牧业、水产养殖业等直接以自然物为生产对象的产业(泛指农业);第二产业主要指加工制造产业(或指手工制作业),利用自然界和第一产业提供的基本材料进行加工处理;第三产业是指第一、第二产业以外的其他行业(现代服务业或商业),范围比较广泛,主要包括交通运输业、通信产业、商业、餐饮业、金融业等。

其中,制造业是指机械工业时代利用某种资源(物料、能源、设备、工具、资金、技术、信息和人力等),按照市场要求,通过制造过程,转化为可供人们使用和利用的大型工具、工业品与生活消费品的行业。制造业能够直接体现一个国家的生产力水平,是区别发展中国家和发达国家的

第十二章

创业计划解析：他山之石，可以攻玉

重要因素，制造业包括：产品制造、设计、原料采购、设备组装、仓储运输、订单处理、批发经营、零售等，在世界发达国家的国民经济中占有重要份额。在未来的中国，以大批量生产、低成本取胜的劳动密集型产业外迁到东南亚已成为趋势，先进制造业将成为主流。先进制造业是相对于传统制造业而言的，主要指制造业不断吸收电子信息、计算机、机械、材料以及现代管理技术等方面的高新技术成果，并将这些先进制造技术综合应用于制造业产品的研发设计、生产制造、在线检测、营销服务和管理的全过程，实现优质、高效、低耗、清洁、灵活生产，即实现信息化、自动化、智能化、柔性化、生态化生产，取得很好经济收益和市场效果的制造业总称。大力发展先进制造业，是加快推进城市化和实现工业化的客观要求，也是城市走新型工业化道路、尽快缩小与国际制造业先进水平差距的重要途径。

服务业是电子信息时代的产业总称。根据2012年2月22日，国家科技部发布的第70号文件，现代服务业是指以现代科学技术特别是信息网络技术为主要支撑，建立在新的商业模式、服务方式和管理方法基础上的服务产业。它既包括随着技术发展而产生的新兴服务业态，也包括运用现代技术对传统服务业的提升。伴随着信息技术和知识经济的发展产生，发展用现代化的新技术、新业态和新服务方式改造传统服务业，创造需求，引导消费，向社会提供高附加值、高层次、知识型的生产服务和生活服务的现代服务业成为当务之急。现代服务业是相对于传统服务业而言的，是为了适应现代人和现代城市发展的需求而产生和发展起来的具有高技术含量和高文化含量的服务业，主要包括以下四大类：

(1) 基础服务（包括通信服务和信息服务）；
(2) 生产和市场服务（包括金融、物流、批发、电子商务、农业支撑服务以及中介和咨询等专业服务）；
(3) 个人消费服务（包括教育、医疗保健、住宿、餐饮、文化娱乐、旅游、房地产、商品零售等）；
(4) 公共服务（包括政府的公共管理服务、基础教育、公共卫生、医疗以及公益性信息服务等）。

二、大学生创业计划书的分析方法

通常，评审第一眼看到的是创业计划书的封面，所以大学生设计的创业计划书的封面一定要能够引起评审的注意，要能够结合项目的特点体现出独特的美感。在内容的设计上，封面中的项目名称要醒目，能够用一句通俗易懂的话描述项目是解决何种问题。在大学生创业计划书的内容上，一份完整的创业计划书可以从五个角度来分析，分别是 What、Why、How、Who、How much。

首先是 What，一份合格的创业计划书首先要讲清楚产品是做什么的，参赛者必须用一句简明扼要的话讲清楚项目是做什么的，同时在封面上也要同时体现出来，这句话非常关键，需要与创业导师或项目组其他成员进行充分沟通、反复推敲，建议可以在创业团队内部为此开展一次头脑风暴；其次，创业计划书中要明确体现出用户的痛点和针对人群，要反复强调项目要解决的核心问题是什么；再接下来，创业者需要清楚地将产品所能带来的价值和好处列举出来；最后，创业计划书要体现项目的定位、模式和目标。一个好项目，它的定位一定要精准，一定不是把所有人都认为是你的用户，一定要有精准的用户分类。比如你的目标客户是男性用户还是女性用户居多？是年轻用户还是中年用户或者老年用户甚至是婴幼儿群体？参赛者在用户群体的精准性上一定不能含糊其词。

其次是 Why,这部分主要是展示项目的市场前景和想象空间。想象空间要立足实际,未来有几万亿的市场客观存在,创业者要考虑的是在这几万亿市场里有多少是你能占有的市场,并从宏观维度、中观维度、微观维度来进行展示。宏观维度指的是用户的需求、需要解决的痛点、场景的切入等。微观维度就是细分,它能很直观地量化到具体的目标上。中观维度就是找出规模巨大的市场空白,通过数据、调研、网上收集、权威的第三方数据等信息来佐证自己的做法是正确的。

创业计划书的 How 这一部分强调的是如何占有市场,强调用户为你产品买单的逻辑、明确的盈利方式以及明确的产品对比分析。竞品分析也是大赛评审们经常愿意提出的一个问题,参赛者需要找到几个对标企业,在目标企业基础上做一些细分,当你有别人无法比拟的竞争优势时你就成功了。再就是明确的产品研发、生产、市场、销售等的相关策略等都要一一体现。

创业计划书中的 Who 将"是不是一个最佳团队"作为重要的考量依据。这部分要讲清楚团队的人员组成、分工和控股比例。一个优秀的创始团队在股权分配上是趋于合理、科学化的,项目创始人应占大部分的股权比例,联合创始人占不同比例的股权,可预留出一部分做未来融资的股权稀释部分,当然,预留的部分也可由公司代持,也可由创始团队代持,这在计划书中也应有所体现。尤其是进入天使轮后,后期在进行 pre-A 轮、A 轮、B 轮、C 轮融资的时候,对于股权这部分,创业计划书的使用者是非常看重的。再者,团队要有合理、明确的分工,决不能出现漏和空的部分,例如市场没有人做、没有具体负责的人、只有总监没有副总监等问题。另外,创业计划书中还要讲清楚团队的优势所在,一般一个合理的创始团队成员是 5~7 人。在团队管理中常见的几个问题如下。一是团队中没有老大,每个人说话的分量都一样。通常来讲,创始人和联合创始人都具有话语权和表决权,但民主后如何集中是个大问题,老大是整个团队的掌舵人、领航者,创始人的综合素质,体现企业能否持续稳定地发展。大家所耳熟能详的很多互联网企业创始人都很厉害,他们有行业背景有创业经历,能讲故事也能诉情怀,这都是特别重要的。二是贸然和不熟悉的人一起创业。虽然吸纳人才是值得支持和鼓励的,但和不熟悉的人一起创业时磨合成本太高,任何团队任何事情都要有一个打磨、相互了解、彼此增加信任共同促进的过程,所以要尽量和相对熟悉的人一起创业,降低磨合成本。三是团队的背景过于接近。例如,在一个对技术要求特别高的公司,一定要有互补型的成员加入进来。四是团队兼职成员过多,这在青年学生创业中是较为常见的现象。参与的人过多,成本也会变得很高,创业之初资金本来就有限,兼职人员过多是解决不了企业发展的核心诉求的。五是团队之间的年龄差异太大。比如,互联网化的公司趋于年轻化,偏跨界化的公司很少有年龄大的,所以年龄的跨度不要太大,如此才能真正意义上杜绝沟通障碍。不是一个时代的人在沟通和管理团队时会出现很多问题,因为年龄跨度太大的团队其沟通成本很高,而且在方式方法上都无法解决具体问题。

最后是 How much,参赛者需要在数据上说明与证明以上的所有可能性。具体来说,一个是财务预测,一个是现阶段估值。财务预测是通过企业历史数据展开预测,判断企业未来的财务状况、经营成果和现金流量。创业计划书中除了财务预测,还需要体现出目前的市场估值、有无融资的情况,哪怕只在天使轮融资 10 万元,对于大学生创业项目而言也是能拿得出手来讲的,这至少表明投资人对你的商业模式是比较认可的,或者对你的产品、对你提供的服务是认可的。

第十二章
创业计划解析：他山之石，可以攻玉

在创业计划书的结尾部分通常都要有感谢词，比如，谢谢观看、谢谢指导、欢迎批评指正等，也可用自己的话来组织。结尾处还要留下联系人、联系方式，时间允许的话还可做一个项目回顾。至此，大家对创业计划书从封面→具体内容→结束页的内容应该有了一定的了解。

三、大学生创业计划书的基本内容

大学生的创业计划书与上一章创业者路演时准备的创业计划书大体相同，但其最终目标和体现的重点却有很大不同。

第一是创业项目简介，在创业简介中重点要谈到的是"我们是谁，我们在做的项目、核心产品是什么，以及商机在哪里。""我们是谁"就是把你的项目想做什么要讲出来，是"互联网＋"农业还是"互联网＋"文创，或者是"互联网＋"信息技术，还是"互联网＋"工艺，要把这些写清楚，在具体实操过程中要有一个基本思想，这个思想要贯穿整个创业计划书。"我们在做的项目"描述的是你的核心产品是什么？你的目标一定要清晰，核心产品是服务还是硬件或是平台？是现代制造、人工智能、机器人还是新零售？商机就是蓝海和红海的问题，或是风口的问题，目前出现的新零售、大数据、人工智能都是所谓的风口，处于风口时就会有很多人做，做的人多了就出现了蓝海、红海问题，这时我们可以同时做一个行业的细分，从一个维度深入进去分析。

第二是团队介绍，团队这部分重点是要把你团队的核心成员，且这些核心成员做过的、所取得的成绩展示出来，哪怕在学校担任团委、学生会干部都可以写出来，如果没有创业经历的话，那么他们在学校的实践也可以写上去，这样评审老师会觉得你在参与实践中有所提高，包括组织的架构和股权的分配，如上文所说，在股权的分配上，创始人团队应占大多数的股权，还可以预留一部分小股权作为融资。

第三是产品与服务，不论是制造业还是服务业，都要体现出你的核心产品与服务。核心产品和服务能提供的价值到底是什么，要具象化。要能够用通俗的语言把你的产品和服务描述给你的客户，用户是未来项目成长和企业成长的原始驱动力，只有用户才能决定你的项目最终能走多远。

第四是商业模式，重点是讲你的项目将如何实现盈利的，项目一定要有现金流的驱动，不能长期亏损，要靠流量来创造数据，没有现金流驱动的企业是无法走得长远的。

第五是市场分析，市场分析包括内外部环境、市场细分、目标市场占有率和购买者行为分析等。市场分析要有精确的计算作为支撑，通过以往的数据，或是提出具体的量化需求和诉求把项目进行基本的完善和归纳，项目解决方案的描述要趋于科学化和准确化。

第六是竞争者分析，竞争者分析主要运用的是SWOT分析法、五力分析法和PEST分析法等，在这一部分的描述中，要凸显出竞争对手的特征与优劣势、我们的核心优势和核心竞争力等要素。

第七和第八分别是运营状况和发展规划，这两部分主要描述了企业的日常运营和你是否采取了相对科学或者适合本项目或企业发展的运营模式。

第九是财务预测，也就是未来3～5年的财务数据预测以及未来财务计划的说明，初创企业要度过3年危险期后才有资格谈下一个阶段的规划。

第十是融资计划，创业型团队大多用股权的出让形式。参赛者要结合目前的情况来决定是做天使轮的融资还是做pre-A、A、B、C轮融资。这几年各类大赛中呈现出的最终进入国赛前几名的优秀的项目都至少获得了A轮以上融资，这也意味着它们承受住了资本和市场的检验，至少项目本身的质量是非常好的。融资过程中的企业估值、融资金额、出让的股权、出让的比例、融资后的资金如何使用等内容也需要有所体现。尤其注意融资金额的用途要合适,尽量不要用在改善办公环境、添置用车等非必要项目上,创业团队做项目时应该首先考虑把产品和服务做好。

正如习总书记所说的那样:实现全面建成小康社会奋斗目标,实现社会主义现代化,实现中华民族伟大复兴,需要一批又一批德才兼备的有为人才为之奋斗。艰难困苦,玉汝于成。今天,我们比历史上任何时期都更接近实现中华民族伟大复兴的光辉目标。祖国的青年一代有理想、有追求、有担当,实现中华民族伟大复兴就有源源不断的青春力量。希望你们扎根中国大地了解国情民情,在创新创业中增长智慧才干,在艰苦奋斗中锤炼意志品质,在亿万人民为实现中国梦而进行的伟大奋斗中实现人生价值,用青春书写无愧于时代、无愧于历史的华彩篇章。

创业术语

SaaS(software as a service)平台是运营SaaS软件的平台。SaaS提供商为企业搭建信息化所需要的所有网络基础设施及软件、硬件运作平台,并负责所有前期的实施、后期的维护等一系列服务,企业无须购买软硬件、建设机房、招聘IT人员,即可通过互联网使用信息系统。

MBA(master of business administration)是工商管理硕士的简称,是商业界普遍认为晋身管理阶层的一块踏脚石。现时不少学校为了开源,都与世界知名的大学商学院合作,销售它们的工商管理硕士课程。

飞猪理论(flying pig theory)又称风口论,是指小米创始人雷军说过的一句话:创业,就是要做一头站在风口上的猪,风口站对了,猪也可以飞起来。这句话随即成为创投圈流行语,也是"互联网思维"最重要的注脚之一,各行各业尤其是传统产业积极寻找风口,大家都希望成为下一个"飞猪"。

本章小结

1.创新型人才应具备三种能力,其一是创新思维能力,可通过参加大赛对能力进行锻炼;其二是逻辑思维能力,可以通过描摹商业计划书对逻辑思维进行锻炼;其三是系统分析能力,也就是说服力。作为大学生,可以参加的全国性创新创业大赛有挑战杯、"创青春"全国大学生创业大赛和"互联网+"大学生创新创业大赛。

2.在大学生创业计划书的编写上,一份完整的创业计划书可以从五个角度来分析,分别是What、Why、How、Who、How much;大学生创业计划书的基本内容包括创业项目简介、团队介绍、产品与服务、商业模式、市场分析、竞争者分析、运营状况、发展规划、财务预测和融资计划等。

思考与讨论

1.电梯演讲的技巧有哪些?

第十二章

创业计划解析：他山之石，可以攻玉

2.如何在30秒内介绍自己？

3.三大创新创业类大赛之间有什么区别？

4.作为大学生，如何做到以创新引领创业、以创业带动就业，主动服务经济提质增效升级？

头脑风暴

学生分为若干组，各组利用头脑风暴的方法，对以下问题提出不同的看法，并尽量多地将它们列示出来。

讨论问题：请根据之前所学的内容，结合本章学习大学生创业计划书的编写方法，进一步完善你所在项目的创业计划书内容。

参考文献

[1] 蒂尔,马斯特斯. 从0到1[M]. 高玉芳,译. 北京:中信出版社,2015.

[2] 王索斯. 微软打不死雷军:WPS,31年上市路[EB/OL]. (2019-11-20)[2020-06-06]. https://zhuanlan.zhihu.com/p/92791215.

[3] 梁宁. 梁宁产品思维、增长思维30讲[EB/OL]. (2019-11-14)[2020-06-15]. https://www.douban.com/group/677506/.

[4] 芬奇. 如何撰写商业计划书[M]. 邱墨楠,译. 5版. 北京:中信出版社,2017.

[5] 万斯. 硅谷钢铁侠[M]. 周恒星,译. 北京:中信出版社,2016.

[6] 曹鹏程. "基层探索"任何时候不可少[EB/OL]. (2014-12-19)[2020-06-17]. http://politics.people.com.cn/n/2014/1219/c1001-26236039.html.

[7] 巴林杰. 创业计划书——从创意到方案[M]. 陈忠卫,等译. 北京:机械工业出版社,2016.

[8] 达利欧. 原则[M]. 刘波,綦相,译. 北京:中信出版社,2018.

[9] 工业和信息化部人才交流中心. 人工智能产业人才发展报告(2019—2020年版)[R]. 北京:工业和信息化部人才交流中心,2020.

[10] 中华人民共和国国家质量监督检验检疫总局,中国国家标准化管理委员会. 国民经济行业分类[S]. 北京:国家统计局,2017(2017-06-25)[2020-06-30]. http://www.stats.gov.cn/tjsj/tjbz/hyflbz/201710/t20171012_1541679.html.

[11] 艾瑞咨询. 2020年中国直播电商生态研究报告[R/OL]. (2020-06-30)[2020-07-01]. http://report.iresearch.cn/report/202006/3606.shtml.

[12] 德勤咨询. 2020技术趋势报告(中文版)[R/OL]. (2020-03-28)[2020-06-30]. http://www.199it.com/archives/1026761.html.

[13] 艾瑞咨询. 2019—2020年中国产业互联网指数报告[R/OL]. (2020-07-27)[2020-08-01]. http://report.iresearch.cn/report/202007/3624.shtml.

[14] 艾媒咨询. 2020上半年中国K12在线教育行业研究报告[R/OL]. (2020-07-23)[2020-08-01]. https://www.iimedia.cn/c400/72958.html.

[15] Gartner. 华为全球DC业务SWOT分析[R/OL]. (2015-11-23)[2020-06-30]. http://www.199it.com/archives/409071.html.

[16] 唐传晔,于红. 投资人看下沉市场:1024名用户告诉我们的五个关键趋势[EB/OL]. GGV,(2019-10-15)[2020-06-28]. https://36kr.com/p/1724504621057.

[17] 艾瑞咨询. 2020Q1&2020Q2e中国第三方支付市场数据发布报告[R/OL]. (2020-06-29)

[2020-07-01]. http://report.iresearch.cn/report/202006/3601.shtml.

[18] 李然.Tik Tok爆红记:"一夜成名"听起来都太慢了[EB/OL].(2020-06-07)[2020-07-01]. https://www.huxiu.com/article/361433.html.

[19] 裴培.拼多多崛起的深度复盘[EB/OL].(2020-05-17)[2020-07-05].https://www.huxiu.com/article/357162.html.

[20] 张小旺.马斯克终成乔布斯[EB/OL].(2020-08-30)[2020-09-01].https://www.huxiu.com/article/378980.html.

[21] 艾瑞咨询.2019年中国豪华车市场发展白皮书[R/OL].(2019-11-20)[2020-06-01]http://report.iresearch.cn/report/201911/3475.shtml.

[22] 李彤.小米被低估[EB/OL].(2020-05-22)[2020-09-03].https://www.huxiu.com/article/358089.html.

[23] 张国庆,程洪莉,王欢,等.创新创业路径揭秘[M].北京:清华大学出版社,2019.

[24] [瑞士]亚历山大·奥斯特瓦德,伊夫·皮尼厄.商业模式新生代[M].王帅,毛心宇,严威,译.北京:机械工业出版社,2011.

[25] 李肖鸣.创新创业实训[M].北京:清华大学出版社,2018.

[26] [英]R.梅雷迪思·贝尔宾.团队角色[M].李和庆,译.北京:机械工业出版社,2017.

[27] 陈劲,郑刚.创新管理——赢得持续竞争优势[M].3版.北京:北京大学出版社,2016.

[28] 冉涛.华为灰度管理法[M].北京:中信出版社,2019.

[29] [美]克里斯蒂娜·沃特克.OKR工作法[M].明道团队,译.北京:中信出版社,2017.

[30] [美]彼得·德鲁克.管理的实践[M].齐若兰,译.北京:机械工业出版社,2006.

[31] 宋建波.内部控制与风险管理[M].北京:中国人民大学出版社,2017.

[32] [日]稻盛和夫.阿米巴经营[M].陈忠,译.北京:中国大百科全书出版社,2009.

[33] 罗国锋,张超卓,吴兴海.创新创业融资:天使、风投与众筹[M].北京:经济管理出版社,2016.

[34] 罗鸣.OFO经营模式的财务视角分析[J].经营管理者,2018(07):88-90.

[35] [美]约翰·希利亚尔,布赖恩·伯勒.门口的野蛮人[M].张昊,译.北京:机械工业出版社,2004.

[36] 肖奎.公司治理模式:国际比较与演进趋势[J].南方金融,2016(2):68-74.

[37] [美]纳西姆·尼古拉斯·塔勒布.黑天鹅[M].万丹,译.北京:中信出版社,2011.

[38] 吴晓波.大败局Ⅱ[M].杭州:浙江人民出版社,2007.

[39] 吴晓波.激荡十年,水大鱼大[M].北京:中信出版社,2017.

[40] 李明华.商业计划书评析[J].江苏科技信息,2010(8):45-46.

[41] 赵军.风险投资项目筛选评价研究[D].苏州:苏州大学,2009.

[42] 叶卫华.人格特质理论的探讨与运用[J].江西社会科学,2004(10):200-202.

[43] 张玉利,李乾文,李剑力.创业管理研究新观点综述[J].外国经济与管理,2006(5):1-7.

[44] 杨俊.基于创业行为的企业家能力研究——一个基本分析框架[J].外国经济与管理,2005(4):28-35.

[45] 常建坤,李时椿.中外成功创业者素质研究[J].山西财经大学学报,2004(12):66-69.

[46] 李佐文,刘娲路.美国历届总统就职演说情态动词量值取向分析[J].河北北方学院学报,2006(4):14-17+32.

[47] 吴爱华,侯永峰,郝杰,等.以"互联网+"双创大赛为载体,深化高校创新创业教育改革[J].中国大学教学,2017(1):23-27.

[48] 潘亚楠,朱晋伟.路演方式对项目评价的影响研究——以大学生创业竞赛为例[J].经营与管理.2020(6):14-19.

[49] 朱素阳.大学生创新创业大赛商业计划书设计关键技术研究[J].文化创新比较研究,2019(34):190-191.